国家社会科学基金项目“柴达木盆地城镇化现状与制约因素研究”
（12BMZ072）的最终成果
青海大学首批“教学名师培养工程”项目成果
青海省高校第二轮“135高层次人才培养工程”项目成果

NEW URBANIZATION RESEARCH IN THE RESOURCE-ORIENTED REGION OF QINGHAI-TIBET PLATEAU
——WITH QAIDAM BASIN AS AN EXAMPLE

青藏高原资源型区域新型城镇化研究

以柴达木盆地为例

丁生喜◎著

中国经济出版社
CHINA ECONOMIC PUBLISHING HOUSE
北 京

图书在版编目（CIP）数据

青藏高原资源型区域新型城镇化研究：以柴达木盆地为例/丁生喜著.
北京：中国经济出版社，2017.10.
ISBN 978-7-5136-4822-6

Ⅰ.①青… Ⅱ.①丁… Ⅲ.①柴达木盆地—城市化—研究
Ⅳ.①F299.274.4

中国版本图书馆 CIP 数据核字（2017）第 209021 号

责任编辑 葛 晶 冀 意
责任审读 贺 静
责任印制 马小宾
封面设计 金刚设计

出版发行 中国经济出版社
印 刷 者 北京九州迅驰传媒文化有限公司
经 销 者 各地新华书店
开　　本 710mm×1000mm 1/16
印　　张 16
字　　数 246 千字
版　　次 2017 年 10 月第 1 版
印　　次 2017 年 10 月第 1 次
定　　价 59.80 元
广告经营许可证 京西工商广字第 8179 号

中国经济出版社 **网址** www.economyph.com **社址** 北京市西城区百万庄北街 3 号 **邮编** 100037
本版图书如存在印装质量问题，请与本社发行中心联系调换（联系电话：010-68330607）

前言

城市化作为重要的社会经济现象，是人类社会文明进步发展的必然趋势。2014年中国城镇化率已达54.77%，按照国际城市化发展的一般规律，我国已进入城市化的快速发展时期，经济发展与资源环境问题日益突出。[①]为了引导人口分布、经济布局与资源环境承载能力相适应，促进人口、经济、资源环境的空间均衡发展，国务院（国发〔2010〕46号）提出了全国主体功能区规划，确定了有一定经济基础、资源环境承载能力较强、发展潜力较大，集聚人口和经济的条件较好的重点开发区域，重点进行工业化、城市化开发。我国资源型区域城镇化发展面临经济转型、环境保护、生态修复等诸多问题，尤其是西部资源型区域更需要认真分析发展中的问题与制约因素，才能促进新型城镇化与经济社会可持续发展。

一、本书立项与研究过程

本书是2012年度国家社会科学基金一般项目，《柴达木盆地城镇化现状与制约因素研究》（项目编号12BMZ－072）的最终成果。柴达木盆地位于青藏高原，是少数民族聚居区，同时也是国内典型的资源开发型城镇化区域，在自然条件、人文社会基础、经济发展等方面极具特殊性。因此，自2012年6月立项以来，课题组首先进行了城镇化理论、资源型区域城镇化、西部民族地区城镇化等领域相关理论和文献的研读与学习，掌握了基础理论，进一步明确了研究方法。其次，认真学习党的十八大报告精神和地方政府发展战略规划，明确柴达木盆地资源型区域特点与发展方向，力图将理论研究与区域经济发展实际相结合。最后，通过文献资料收集整理，了解和掌握柴达木盆地经济社会发展现状与变动态势方面的数据资料和各类规划文件。与此同时，将资料收集与实地调研密切结合，设计调查问卷并先后多次赴柴达木盆地各市县进行实地调研，获取相关资料的同时切身感受柴达木盆地经济社会发展和城镇化现状。随着研究的不断推进，课题组及时将形成的阶段研究成果整理发表，以增强课题研究的实效性，

① 城市化（Urbanization）也称为城镇化，在本书中可以互换。

并通过开展调研工作与柴达木盆地海西州发展改革委员会进行密切交流与合作，将阶段研究成果转化为地方政府制订“十三五”发展规划的参考资料，促进科学研究成果服务社会。

二、研究内容框架

本书研究内容框架如图 1 所示：

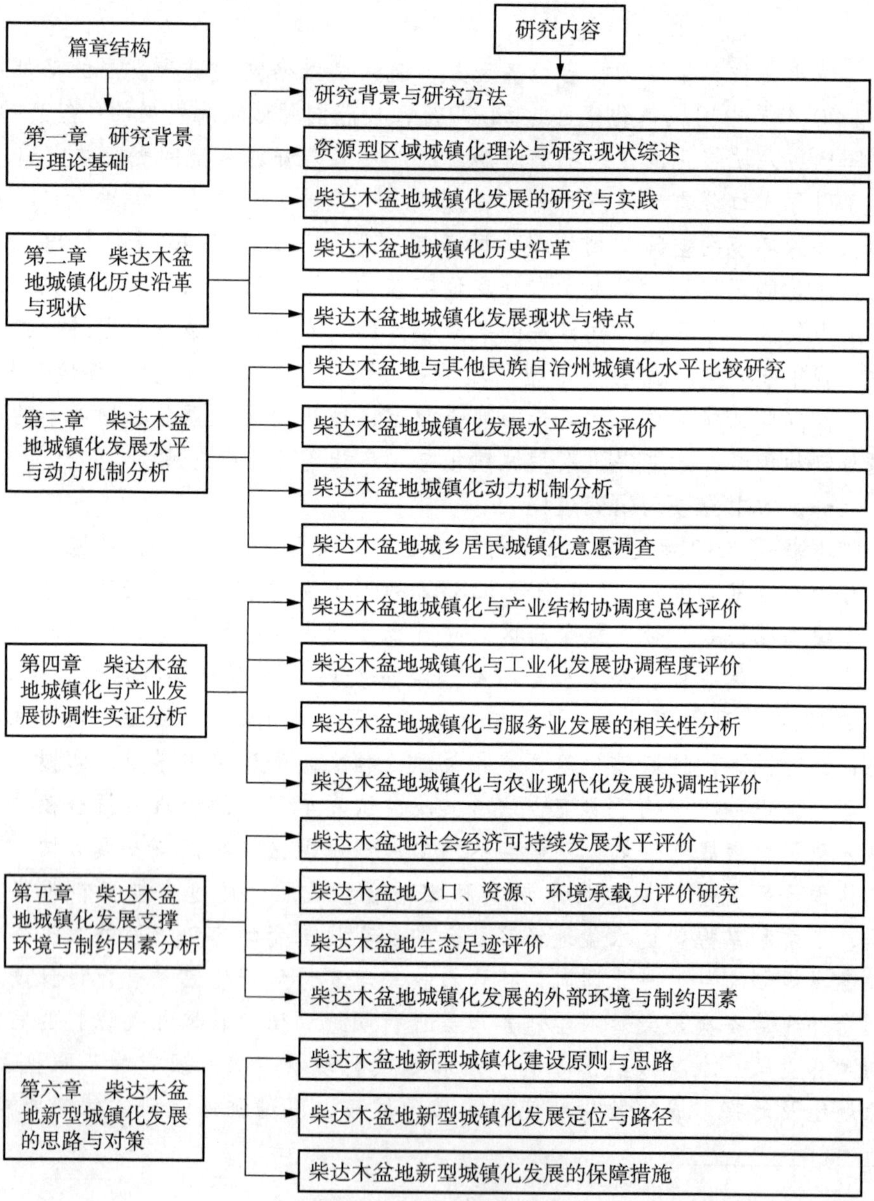

图 1　本书研究内容框架

三、主要研究成果

通过为期三年多的研究，课题组成员已经公开发表阶段研究成果学术论文12篇（见表1）。其中发表于北大中文核心期刊4篇（CSSCI来源期刊3篇），参加国际会议的投稿论文1篇。

表1　本书课题组成员已经公开发表的主要阶段性成果

序号	成果名称	成果形式	出版社及出版时间或发表刊物及刊物年期
1	柴达木盆地城镇化发展阶段与新型城镇化动力机制研究	论文	北方经济，2015（8）
2	基于人口—经济—生态协调发展的青海省新型城镇化研究	论文	生态经济，2015，31（3）
3	柴达木地区城镇化与服务业发展相关性分析	论文	青海师范大学学报（哲学社会科学版），2015（6）
4	柴达木盆地经济可持续发展评价研究	论文	中国农业资源与区划，2014，35（3）
5	柴达木盆地农业现代化与新型城镇化发展的协调度分析	论文	江苏农业科学，2016，44（3）
6	青海省重点开发区域生态足迹评价研究	论文	价值工程，2015（4）
7	城市化与产业结构协调发展研究	论文	安徽农业科学，2014（2）
8	城镇化进程中青藏高原城市适度人口容量分析	论文	生态经济，2014，30（8）
9	我国民族自治州新型城镇化水平比较研究	论文	中国商论，2016（1）
10	Dynamic Evaluation of Eco-environment Carrying Capacity in Key Development Regions in Qinghai Province	论文	International Conference on Public Administration（ICPA 11th），December 9－11，2015
11	青海省科技发展水平动态评价研究	论文	特区经济，2015（9）
12	青海省区域创新环境对科技创新绩效影响的实证分析	论文	科技管理研究，2016（5）

依托本书的研究，课题负责人主持完成青海省发展改革委员会“十三五”规划前期调研课题《青海省重点开发区域人口资源环境承载力评价研究》和海西蒙古族藏族自治州经济和发展改革委员会“十三五”规划前期

调研课题《海西州美丽城镇、美丽乡村建设研究》，分别评价为优秀和良好。在课题研究期间，课题负责人完成民建青海省委会2015年度重点调研课题《青海省扎实推进新型城镇化和城乡区域协调发展研究》，并作为参政议政提案被青海省政协采纳。

四、研究思路

本书的总体研究思路是：理论学习与文献研读→现状调查与分析→实地调研→实证分析→问题分析→对策研究。力图将理论研究与实地调研相结合，规范分析与实证分析相结合，将科学研究与服务社会相结合。

第一章　研究背景与理论基础

城镇化（也称为城市化）是生产力发展所引起的社会经济结构发生根本性变革并获得巨大发展的空间表现，其内涵不仅是生产要素不断向城市集中、区域产业结构不断优化的过程，更重要的是“人”的城镇化过程。城镇化水平和质量的高低，既是体现一个国家或地区经济社会发展水平和文明程度的重要标志，又是加快经济社会发展的必要条件。我国许多资源型区域城市的兴起和发展都是源于自然资源的开发，但是随着自然资源开采消耗增加，资源型城市普遍面临产业结构老化、经济发展停滞、社会不稳定和生态环境破坏的严峻问题。如何促使资源型城市因地制宜实现城镇化与人口资源环境和经济社会可持续发展，是我国各级政府面临的重要发展课题。

第一节　研究背景与研究方法

一、研究背景与意义

随着信息化和经济全球化，以人为本，追求城市协调、可持续发展已逐步成为21世纪城市化研究、实践的目标和理念。改革开放的深化，经济市场化程度的提高，加之现代科学技术进步和新兴产业发展为中国新型城镇化发展提供了机遇和现实可能性，促使城镇化速度加快，但是由此也带来了环境污染、城乡差距拉大、区域发展不协调等问题。党的十八大报告明确提出了“新型城镇化”概念，以实现城乡基础设施一体化和公共服务均等化，促进经济社会发展，实现共同富裕为根本目标，强调城镇化进程中城乡统筹、城乡一体、产城互动、节约集约、生态宜居、和谐发展。但是，我国西部资源型区域在经济基础、地理区位、产业结构、生态环境等制约因素影响下，城镇化发展质量不高。迫切需要对西部资源型区域城镇化制约因素进行系统分析，才有助于找到西部地区新型城镇化发展的途径，为全面实现小康社会夯实经济基础。

位于青藏高原西北部的柴达木盆地，跨东经 90°~99°21′和北纬 35°40′~39°21′，面积近 26 万 km^2，周围由祁连山、阿尔金山、昆仑山环绕成三角形。南通西藏，北达甘肃，西出新疆，是青海、甘肃、新疆、西藏四省区来往的中心地带，在“稳藏”“援藏”方面战略地位极其重要。作为“丝绸之路”辅道，这里也曾是中西文化交流的重要通道。

西部大开发以来，随着优势资源的开发，柴达木盆地经济发展迅速。2014 年末常住总人口 50.54 万人，有汉族、蒙古族、藏族、回族、土族、撒拉族等 29 个民族，少数民族约占总人口的 31.3%。[①] 地区人均 GDP 为 11.13 万元，远远高于同期全国平均水平。城镇化率为 75.1%，是青海省城镇化水平最高的地区。

但是，作为典型资源型区域，柴达木盆地产业结构不合理，2014 年三次产业占 GDP 的比重为 4.64∶76.43∶18.93，就业比重则为 32.88∶36.54∶30.58，尚处于资源大规模开发阶段。区域城镇布局结构不合理，主要的城镇分布在盆地西部工矿业区，东部农牧区相对落后，发展明显不平衡。小城镇经济实力普遍较弱，主导产业关联效应差，基础设施水平低，不但不能有效辐射带动周边农牧区发展，还存在因资源枯竭而衰退的隐患。由于大部分城镇属于专业化工矿城镇性质，客观上限制农牧业人口向城镇转移，区域资源要素非农化的速度远远快于民族人口城镇化，城乡居民收入差距比较显著，二元结构问题依然突出。由于地域宽广，柴达木盆地城镇基础设施建设和城乡社会管理难度都比较大，人力资本缺乏和脆弱的生态环境也极大地制约盆地城镇化和可持续发展。

长期以来，柴达木盆地的自然地理特征和资源开发备受关注，而将其作为一个少数民族集聚与资源开发叠加的复合型区域的城镇化和现代化发展问题重视不够。通过本书研究，深入分析资源富集的柴达木盆地城镇化发展的特点、动力机制，实证分析区域人口资源环境承载力变动与可持续发展态势；分析柴达木盆地城镇化与新型工业化、农牧业现代化以及服务

① 资料来源：《海西州 2014 年国民经济和社会发展统计公报》。

业发展的协调度，担出城镇化存在的问题以及制约因素，探索通过资源开发带动城镇化发展的柴达木盆地资源型区域新型城镇化路径，提出柴达木盆地新型城镇化发展的战略思路。重新认识柴达木盆地，实施可持续发展战略，留给青藏高原民族地区后代一个“聚宝盆”，这也是本书选题研究的重要意义所在。总体来看，本书无论从理论上还是实践角度，对于资源型民族地区的城镇化与可持续发展都具有重要的参考价值。

二、研究内容与方法

（一）研究内容

本书研究内容分为六章：

第一章：研究背景与理论基础。从区域经济学、城市经济学、发展经济学等学科视角，归纳资源型区域城镇化理论基础，整理西部大开发以来资源型区域城镇化以及西部民族地区城镇化问题研究的相关成果。

第二章：柴达木盆地城镇化的历史沿革与现状。对新中国成立以来柴达木盆地的城镇化发展历史脉络进行梳理，对城镇分布、发展水平现状进行调研、认识和描述。

第三章：柴达木盆地城镇化发展水平与动力机制分析。通过柴达木盆地与其他民族自治州城镇化水平的定量分析评价，找到作为少数民族聚居区的柴达木盆地与国内其他民族地区城镇化发展水平差距；建立评价指标体系，揭示柴达木盆地城镇化综合水平动态变化趋势；系统分析柴达木盆地城镇化发展阶段与动力机制变化特点；设计调查问卷，对柴达木盆地城乡居民城镇化意愿进行实地调查。

第四章：柴达木盆地城镇化与产业发展协调性实证分析。首先，进行柴达木盆地城镇化与产业结构协调度总体评价；其次，开展柴达木盆地城镇化与工业化发展协调程度测度与评价；再次，实施柴达木盆地城镇化与服务业发展的相关性分析；最后，对柴达木盆地城镇化与农牧业现代化发展协调性进行定量分析评价。

第五章：柴达木盆地城镇化发展支撑环境与制约因素分析。首先，对西部大开发以来柴达木盆地社会经济可持续发展水平进行动态测度；其次，实施柴达木盆地人口、资源、环境承载力综合评价；再次，对柴达木盆地生态足迹与承载力变动进行测算与分析；最后，系统分析柴达木盆地城镇化发展外部环境与制约因素。

第六章：柴达木盆地新型城镇化发展的思路与对策。从柴达木盆地新型城镇化角度出发，提出柴达木盆地新型城镇化建设原则、思路与发展路径，提出柴达木盆地新型城镇化发展的保障措施。

（二）主要研究方法

将规范研究与实证研究相结合、定性分析与定量分析相结合、突出田野调查。柴达木盆地城镇化是一项系统工程，涉及人口、经济、产业、资源、生态环境等诸多领域。所以本书运用系统分析的方法，综合运用社会学、生态学、经济学、统计学等理论和方法进行跨学科的实证研究。以理论研究为基础，应用研究为目的。具体采用的分析工具包括熵值法、因子分析法、生态足迹法、全局主成分分析法等定量分析手段，确保实证分析结论的可靠性。

三、本书的重点、主要观点与创新之处

（一）本书的重点与难点

本书的重点在第三章、第四章、第五章和第六章。在第三章中，运用定量分析的方法评价柴达木盆地与全国其他民族自治州的城镇化发展水平差距，实证分析西部大开发以来柴达木盆地城镇化水平的动态变化；结合资源型区域的特征，揭示柴达木盆地不同发展阶段城镇化动力机制特点与变动趋势，特别是系统分析新型城镇化的动力机制。在第四章中，重点研究内容是在柴达木盆地城镇化与产业结构协调度总体评价的基础上，分别针对柴达木盆地城镇化与工业化、服务业发展及农牧业现代化发展的协调度进行评价。在第五章中，重点是通过对柴达木盆地社会经济可持续发展水平评价和柴达木盆地人口、资源、环境承载力综合评价，找到柴达木盆地城镇化发展存在的主要问题与制约因素。在第六章中，重点是分析提出柴达木盆地新型城镇化发展的思路、原则以及发展路径。

柴达木盆地新型城镇化动力机制分析是本书的一个难点；构建评价指

标体系，对柴达木盆地人口资源环境承载力进行动态综合评价也是本书的难点。

（二）主要观点

第一，根据《全国资源型城市可持续发展规划（2013—2020 年）》，柴达木地区属于成长型的资源城市，规划要求通过资源合理开发，形成重要矿产资源战略接续基地，成为我国能源资源的供给和后备基地。但是柴达木盆地适合人类居住和产业集聚发展的区域有限，必须在资源环境承载力允许的范围内，发展经济和推进城镇化建设，才能保证人口、资源、环境、经济和社会持续协调发展。通过测算柴达木盆地人口资源环境承载力变动态势，发现盆地综合承载力水平稳定上升，但是在三个指数中，仅有人口经济活动支撑力指数上升，资源供给支持力指数不稳定，生态环境承载力指数则呈现下降趋势；并且盆地内各区域人口资源环境承载力综合水平差异较大，西部较高，东部较低。从生态足迹计算结果来看，盆地已经出现生态赤字；从需求足迹构成分析，柴达木盆地资源型工业是导致生态赤字的主要原因。总体来看，只有通过产业结构优化升级，减少化石燃料生态足迹，柴达木盆地才能出现生态盈余，且发展潜力很大。

第二，柴达木盆地存在典型资源型区域“富饶的贫困”现象，盆地人均 GDP 是全国平均水平的 2.66 倍，但居民收入水平仅相当于全国平均水平的 87%。柴达木盆地城乡二元结构十分明显，农牧民收入和消费水平低于城镇居民，农牧业发展效率更是远远落后于第二产业，农牧区基础设施建设滞后于城镇地区。按照柴达木循环经济试验区发展规划和青海省主体功能区规划关于重点开发区域建设的要求，以生态文明建设为基本目标，调整产业结构，推进绿色经济发展和生态城镇建设，是促进柴达木盆地新型城镇化和区域经济社会可持续发展的有效途径，是就近转移农牧区剩余劳动力、化解城乡二元结构矛盾的关键。

第三，柴达木盆地城镇化的动力机制是多元的、动态的，不同发展阶段城镇化动力机制表现出显著差异。柴达木盆地新型城镇化动力机制十分复杂，叠加了青藏高原少数民族聚居区域、生态环境脆弱区域、西部资源型经济区域、青海省主体功能区规划重点开发区域以及全国循环经济试验区建设等诸多因素。因此，必须密切结合城镇化动力机制的动态变化，设计新型城镇化可持续发展的路径。

第四，柴达木盆地目前城镇化发展与产业结构存在明显不协调，因此新型城镇化发展首先要提高农牧业现代化水平，使盆地农牧业发展成为城镇化的持久基础性推动力；其次要将资源型工业结构转向资源加工型工业结构，在充分发挥传统自然资源禀赋优势的基础上，充分利用各种新要素（包括自然要素中的太阳能、生物质能等新资源，以及人力资本、技术创新等非自然要素），提升制造业技术水平，延长产业链；再次，要充分发挥第三产业对城镇化的持久拉动作用，在传统第三产业发展的基础上，通过基础设施条件改善，积极发展金融、社会服务、旅游等产业；最后，由于柴达木盆地区位偏僻，面积辽阔，城乡布局分散，人口密度低，除了重视交通基础设施建设以增强区内外联系之外，应当充分发挥信息化对盆地社会经济发展的作用，使盆地通过发达的信息网络加强与区外的经济社会联系，弥补区位劣势对经济发展的制约。

第五，柴达木盆地新型城镇化发展应当坚持的基本原则：一是预防和化解“资源诅咒”的传导机制，控制资源的财富挤出效应，改变资源的产业挤出效应，监督资源开采引发寻租效应，减轻资源的技术和人才挤出效应，防止资源的消费挤出效应，减轻资源的环境挤出效应；二是预防和避免陷入资源性经济衰退；三是坚持绿色发展，保护盆地生态安全。

第六，柴达木盆地新型城镇化路径选择，要与特色产业集聚、循环经济发展、生态环境保护相结合，实现城乡一体化。柴达木盆地资源开发大多是在面上，但是盆地城镇化发展应当选择人口资源环境综合承载力较高、区位条件相对较好的增长极点上进行重点开发。具体来看，盆地总体的新型城镇化发展路径为“双中心型发展”，即科学规划格尔木市、德令哈市的城市功能定位，建立合理的分工协作机制，提升中心城市的集聚效应和扩散效应，更好地带动区域经济发展；盆地西部工矿城镇新型城镇化发展路径为“产城一体化发展”，重视发展资源型特色产业，用“新四化”的思路来规划园区的发展，促进产城一体化和产业生态化发展；盆地东部地区新型城镇化发展路径为“文化旅游服务驱动特色城镇发展”；盆地腹地规模较小的乡镇实施“功能完善独立单元”点轴发展路径。

（三）创新之处

第一，选题方面的创新，选题具现实性、前瞻性与综合性。首次选择了资源富集、经济—生态环境问题突出的青藏高原少数民族聚居区域——柴达木盆地城镇化问题作为研究对象。把盆地城镇化与工业化、农牧业现代化、服务业发展以及生态环境保护结合起来，并从资源型城镇转型发展视角开展系统研究，以期为各级政府目前极为关注的柴达木循环经济试验区建设、青海省主体功能区规划中柴达木重点开发区域建设、海西州城乡一体化示范区建设、柴达木盆地新型城镇化与可持续发展问题提供决策参考。

第二，研究方法突出特色。一是重视定性与定量分析相结合，具体应用熵值法、因子分析法、全局主成分分析等实证分析工具，保障评价结果的可靠性。二是面板数据分析与时序数据分析相结合，既揭示柴达木盆地与同一时期青海省以及全国其他区域的发展差异，又揭示西部大开发以来柴达木盆地自身发展变动态势。三是理论研究与田野调查相结合。发挥地缘优势，通过系统科学的田野调查，对市场经济体制和西部大开发宏观背景下，柴达木盆地城镇化动力机制和制约因素进行系统、综合调研。四是实证分析与规范分析相结合，综合运用社会学、经济学、民族学、统计学的理论和方法开展研究，回答柴达木盆地新型城镇化发展“是什么”“为什么”和“怎么办”的问题。

第三，在研究内容方面的创新。首次依据城市化的基本理论，从区域经济学、城市经济学、发展经济学等学科视角，归纳出资源型区域城镇化的理论基础。首次系统开展柴达木盆地城镇化与工业化、服务业发展以及农牧业现代化的协调性测度与评价，为柴达木盆地通过产业结构调整促进城镇化健康发展提供依据；首次系统开展柴达木盆地重点开发区域人口资源环境承载力评价，为柴达木盆地城镇化重点开发区域的选择提供理论依据；首次系统分析柴达木盆地城镇化的外部环境与制约因素，为全面认识柴达木盆地城镇化提供参考；首次从西部少数民族聚居区域、典型资源型区域城镇化与可持续发展相结合的视角，分析提出柴达木盆地新型城镇化发展的战略思路与路径。

第二节 资源型区域城镇化理论与研究现状综述

资源的含义十分广泛，既包括自然资源、经济资源，也包括科技资源等。资源型区域因其区域经济形成与发展的资源依赖性，所以在区域产业结构、经济基础、发展动力机制等方面与其他区域有明显差异。资源型区域城镇化既遵循城镇化基本规律，又因为资源差异而存在显著区域特性。

一、资源型区域城镇化的理论基础

长期以来，国内外学者都十分关注资源型区域城镇化与可持续发展的研究，并注重理论研究和区域发展实践相结合。本书根据城镇化基本理论，从区域经济学、城市经济学、发展经济学等学科视角，归纳资源型区域城镇化的理论基础。

（一）城镇化的概念与内涵

城镇化，或称为城市化，是指农业人口非农化和农业用地非农化的过程。不同的学科依据各自的研究角度对于城镇化有不同的理解。人口学认为城市化是农村人口转变为城市人口的过程；地理学认为城市化是农村地域转变为城市地域的过程；社会学认为城市化是由农村生活方式转化为城市生活方式的过程；从经济学视角来看，城市化是由农村自然经济转化为城市集约大生产的过程。可以看出，不同学科对城市化的研究视角和关注重点明显不同，但一致认为城市化是人类社会经济由低级阶段向高级阶段发展的动态过程，在此过程中，社会分工和生产力水平不断提高，并带来人口非农化、产业高级化、地域景观复杂化、城乡一体化等变化。

从城镇化的内涵来看，已经远远超出农业人口的身份变化和农业用地用途变化，城镇化至少包含以下内涵：[1-2]

第一，城镇化是城市人口比重不断提高的过程。由于农村经济发展水平提高，农业技术进步，农业劳动生产率不断提高，因此，农业生产需要的劳动力数量不断下降，农业剩余劳动力源源不断离开农村，转入城镇非农产业就业。因此，城镇化首先表现为城镇人口比重不断上升。

第二，城镇化是产业结构变迁的过程。城镇化进程中，第一产业生产的农产品除了满足人们的食品需求之外，更多的是作为工业发展的原材料，促进第二产业发展。而城镇作为一个集聚经济区域，能够产生大量需求，由此带来第三产业发展。因此，城镇化进程中，明显表现出劳动力逐渐从第一产业向第二、第三产业转移的趋势，二、三产业逐步成为区域经济的主体。同时，区域产业结构出现规律性演化，从资源密集型、劳动密集型逐步向资本、技术密集型转变，对自然资源的依赖逐步减少，对人力资本、科学技术等新生产要素的需求不断增加。

第三，城镇化是居民消费水平不断提高的过程。城镇化发展过程中，非农产业发展提供更加丰富的产品和服务，而城市基础设施建设为消费者提供了更广阔的消费平台。因此，在城镇化进程中，城乡居民消费水平在不断上升。

第四，城镇化是城市文明不断发展并向广大农村渗透和传播的过程。城镇化过程中，既包括由于极化效应引致的人口、投资、各种资源向城镇流动和集聚，促进城镇迅速发展，也包括由于城镇不断发展，城镇基础设施功能向周围乡村延伸，城镇教育、医疗、供水、供电、通信、交通、娱乐、服务等向农村辐射与渗透，农村的生产、生活方式逐步向城镇转化，表现出城市文明不断发展，并向广大乡村地区渗透和传播，最终全社会整体文明不断提升。

第五，城镇化过程是人的整体素质不断提高的过程。城镇化促进产业结构变迁和经济迅速发展，城市公共服务设施水平提升，教育投资不断增加，区域医疗保健水平提升，使区域人口教育水平、健康水平得到改善，综合素质不断提升。

第六，城镇化是农村人口城市化和城市现代化的统一。在城镇化进程中，不仅是城市的面积增加，人口增加，规模扩张，还应该包括城市生产能力、技术水平、服务质量综合提升，城市现代化程度提高。而且，这种发展成果应当由全体城乡居民享有，而不仅仅是城市居民。

第七，城镇化过程应当体现经济社会与生态环境协调发展。传统城镇化发展占用大量农业用地，使得区域绿地面积减少；工业化过程中开发利用各种资源，不可避免地带来环境污染；城市人口增加，也会产生大量生活垃圾和污染物，从而加剧经济发展与生态环境的矛盾。在新型城镇化发展过程中，要充分利用科学技术，发展循环经济，集约高效利用资源，不断提高生态环境承载力，提高城市人口容量，才能促使社会经济持续发展。

（二）资源型区域与资源型城市的界定

1. 资源型区域

联合国环境规划署将自然资源定义为：在一定的时间、地点条件下，能够产生经济价值，以提高人类当前和未来福利的自然环境因素和条件。[3]所谓资源型区域，是指因自然资源（矿产资源和森林资源等）的开采而兴起、发展和壮大，且资源性产业在工业中占有较大份额的区域。①

2. 资源型城市

目前国内对于“资源型城市”的概念表述不尽一致，不同学者提出的依据不同，观点也有差异。例如，郑伯红（1999）从城市职能角度，认为资源型城市是指伴随资源开发而兴起或得到繁荣发展的一种特殊职能城市”。[4]张米尔、武春友（2001）从产业发展角度，认为资源型城市是依托资源开发而兴建或者发展起来的、以采掘业和初级加工业为主导产业的城市。[5]从总体来看，对资源型城市的定义都强调基于自然资源开发并提供资源型产品。[6]

根据《全国资源型城市可持续发展规划（2013—2020 年）》（国发〔2013〕45 号），将资源型城市界定为“以本地区矿产、森林等自然资源开采、加工为主导产业的城市（包括地级市、地区等地级行政区和县级市、县等县级行政区）”，本书中柴达木盆地所在的海西蒙古族藏族自治州整体属于国家资源型城市中的成长型城市。[7-8]目前我国已经进入了全面建成小康社会的决定性阶段，对资源型城市可持续发展提出了新的要求，迫切需要统筹规划、协调推进。

（三）资源型区域经济发展和城市化的逻辑关系分析

① 这里所说的自然资源主要指矿产资源，也包括森林、草地、能源、水电、动植物等其他资源；相关产业既包括自然资源的采掘，也包括自然资源的初级加工，如钢铁、煤炭、石油、有色冶金等工业。

1. 资源型区域经济发展与城镇化的相互作用

根据区域经济发展和城市化的相互作用关系[9]，本书描述资源型区域经济发展和城市化的相互作用如图 1－1 所示。

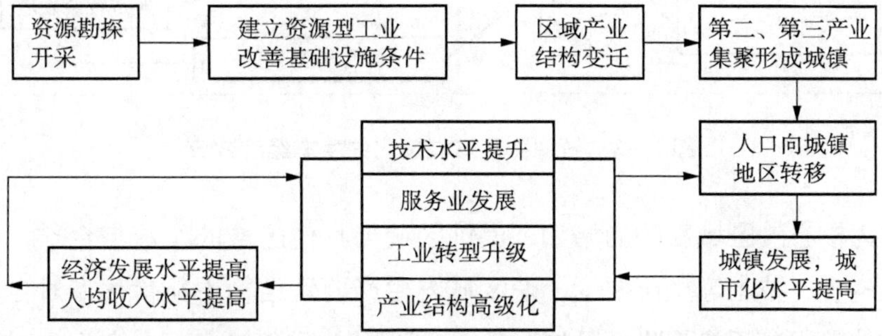

图 1－1　资源型区域城市化与经济发展的互动关系

通过图 1－1，能够看出在资源富集的地区，其区域经济发展往往是以自然资源的开发开采为重要动力。通过资源勘探和开采，使区域建立起资源型工业体系，并伴随着资源开发开采，区域道路交通、通信、供水电力等基础设施逐步建成，区域生产条件逐步改善。资源开采型工业规模逐渐扩大，区域人口增加，餐饮、商业、交通运输等服务业逐步发展，区域集聚能力增强。二三产业不断集聚，区域城镇逐步形成，吸引外来人口与本地人口在城镇集聚，城镇规模逐步增大。在城镇产业规模扩张和人口增加过程中，区域技术水平提高进一步带动二三产业发展，资源开采型工业逐步向资源开采加工型工业转变，服务业在人口增长和产业升级刺激下，获得较快发展，最终使区域经济总量增加和收入水平提高。当然，资源型区域要摆脱资源枯竭带来的威胁，就不能停留在对资源勘探开采的状态，而必须借助技术进步，发展资源加工产业，确保区域经济发展活力。

2. 资源型区域城镇化的生态经济效应

资源型区域城镇化能够产生显著的生态经济效应，城镇化健康发展对于资源型区域可持续发展有重要的作用（见图 1－2）。

从图 1－2 可以看出，城镇化带动区域二三产业发展和基础设施改善，能够促进资源型区域生态经济发展。一方面，区域城镇化水平提高，使以

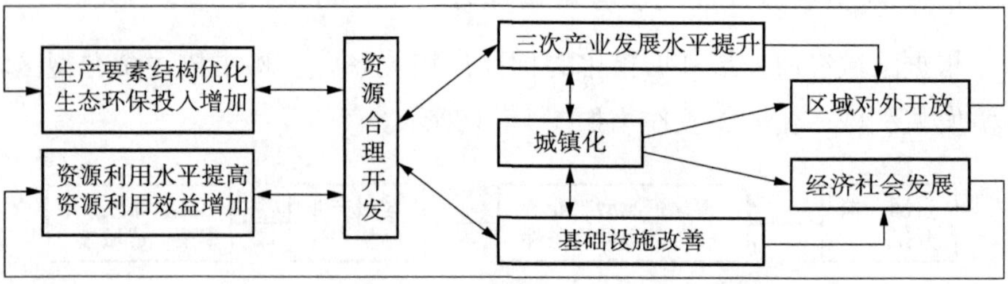

图1-2　资源型区域城镇化的生态经济效应

城镇为核心的区域影响力增加，促进区域与其他区域的交流与合作，通过引入资金、技术等生产要素，使区域内生产要素结构不断优化，对自然资源的依赖程度逐步下降；区域对外开放过程中逐渐树立环保意识，对区域生态环境保护方面的投入逐步增加，这样既能够保护生态环境，又能够改变资源开发的手段，使区域资源综合开发更加合理和具有可持续性。另一方面，区域城镇化水平的提高有力促进区域经济社会发展水平提高，区域产业结构不断优化，对资源的利用也从粗放转向集约，从单一开采转向资源精深加工方向发展，从而不断提高区域资源利用效益，使区域资源开发更加合理，效益更加显著。

相反，如果资源型区域在资源开发过程中城镇化水平没有相应提升，产业转型就没有基础，区域对资源的过度依赖就会造成资源枯竭后区域经济全面衰退。同时，由于资源开发利用水平低，资源型经济结构效益差，就会加速资源低水平破坏性开采，最终导致资源枯竭，植被破坏，污染加剧，生态环境恶化。

可以看出，城镇化健康发展能够为资源型区域提供产业转型的平台，具有明显的经济性；通过城镇化带动资源综合利用水平提升，具有生态环境保护效应。

（四）资源型区域城镇化的基础理论

1. 区域供给基础理论

区域经济学认为区域经济活动得以正常运转，一要有供给，如土地资源、资金、劳动力、技术等生产要素的供给投入；二要有需求，即对产出的产品和服务有消费需求。[2] 从供给角度来看，自然条件和自然资源对资源型区域经济增长有重要影响。

第一，自然条件与自然资源是资源型区域经济发展的自然物质基础。自然资源是区域生产力的重要组成部分，随着生产力的发展和科学技术的进步，自然资源开发的广度和深度不断扩展，可利用自然资源也不断增加。①

第二，自然资源赋存状况和丰裕程度影响资源型区域经济发展战略定位和战略重点选择。自然资源禀赋直接影响资源型区域工业投资的重点与投资结构，并在很大程度上决定了地区经济发展的水平和方向。自然资源禀赋差异制约着区域的生产活动，进而影响区域的社会劳动分工。

第三，自然资源的质量和数量影响资源型区域的产业结构。自然资源数量和质量不但影响自然资源开发的效益，而且也是决定区域产业发展的方向以及选择区域发展模式的依据之一。根据资源对地区经济影响程度的不同，可将地区经济结构分为资源型、资源加工型和加工型三种类型。②

第四，自然资源的利用状况决定着资源型区域社会经济持续发展。自然资源禀赋是社会经济可持续发展的基础条件，但是对自然资源的开发利用不仅仅是经济活动，更直接影响生态环境，关系到人类的生存和发展。如果对自然资源开发利用不当，将对自然资源本身以及生态环境造成不可逆转的破坏，对经济、社会可持续发展造成严重影响。

2. 区域产业集聚经济理论

集聚是指或因生产过程社会化分工，或因利用某些共同生产资源，或因市场，或为扩大地区同种产品的生产能力企业在地域上的集中。[10] 集聚经济，一般是指由于社会经济活动及相关要素的空间集中而引起的资源利

---

① 聂华林，高新才，等．区域发展战略学［M］．北京：中国社会科学出版社，2006：32.

② 资源型经济结构是指区域自然资源赋存状况良好，资源的地域组合状况较为理想，自然资源对区域专业化部门的形成和发展起决定作用，区域向外输出的是直接的采掘工业产品、农产品或资源含量较高的材料工业产品和重化工产品。资源加工型经济结构是指区域内具有部分资源，资源组合不理想，部分重要资源仍然需要区外输入。加工型经济结构是指区域缺乏发展经济所需的自然资源，农矿产品、能源主要依赖区外输入，通过不同层次的加工和再加工向外输出制成品。

用效率的提高，以及由此产生的成本节约、收入或效用增加。① 集聚经济产生的原因很多，一是区域经济空间集中发展能够产生规模经济效应；二是区域经济空间集中能够产生大数法则利益，从而大大降低经济活动参与主体的风险；三是区域经济空间集中能够产生互补性利益；四是区域经济空间集中有助于信息交换和技术扩散，产生信息传递利益。[11]

产业空间集聚的类型有两种，一是经济联系集聚，二是指向性集聚。前者是区域内上下游企业之间基于经济联系形成的集聚，后者则是为充分利用地区的某种优势而集聚不同产业（企业）群体。[12]资源型区域城镇化与经济集聚关系密切。

第一，产业经济联系集聚推动资源型区域城镇化发展。

资源型区域的城镇化依赖于区域内一种或几种自然资源的开发利用而产生，在此过程中形成比较简单的产业联系，包括纵向经济联系和横向经济联系。纵向经济联系是指企业之间互为投入产出的关联关系。横向联系是指那些围绕着地区主导专业化部门形成的产业群体之间的关系。如柴达木盆地以盐湖化工业为地区主导专业化部门，围绕盐湖化工业不仅发展了采矿、选矿和资源加工产业，还有盐湖化工设备维修企业、盐湖化工产品运输企业、销售企业以及盐湖化工科研机构等。这些因资源开发形成的产业间的纵向和横向联系，构成资源型区域城镇形成和发展的基础。

第二，资源型区域城镇化存在指向性集聚。

资源型区域产业发展除了存在经济联系集聚，还存在明显指向性集聚。具体可分为三种：第一种是同指向同产业部门集聚。这是基于地区一种资源优势而集聚了大量同类产业部门的企业，如在柴达木盆地察尔汗盐湖周围集聚了许多盐湖化工企业。第二种是同指向多产业部门集聚。这是基于地区的同一种资源优势而集聚了大量不同部门的产业，形成产业集群，如柴达木盆地围绕盐湖资源开发，既集聚了钾肥开采、生产企业，也发展锂、镁等资源产业部门。第三种是多指向多产业部门集聚。如柴达木盆地格尔木市，既有盐湖资源等可供开发利用，同时也是人口集聚地，因

① 与集聚经济相对应的集聚不经济是指因社会经济活动及相关要素的空间集中而引起费用增加或收入、效用的损失。

此吸引服务业发展；此外还是交通枢纽，吸引交通、物流产业发展。这些产业部门存在横向与纵向的经济联系，可带来较多的外部经济效益。

第三，资源型区域城镇化的集聚经济效益。

资源型区域由于资源型企业带动城镇化发展的集聚经济效益表现在以下几方面：[①] 一是伴随资源开发，能够创造资源开采、运输、加工等就业岗位，因此吸引区外人口和本区域农业人口流向城镇，促进城镇化发展；二是伴随大型资源型企业发展，产生乘数效应，促使为其提供前后向联系的企业部门得到大规模发展，使资源型城镇集聚能力增强；三是伴随资源开发，资源型企业及其带动发展的上下游工业部门和第三产业发展能力增强，从而增强地区财政收入。资源型区域城镇化发展的集聚经济效应如图 1－3 所示。

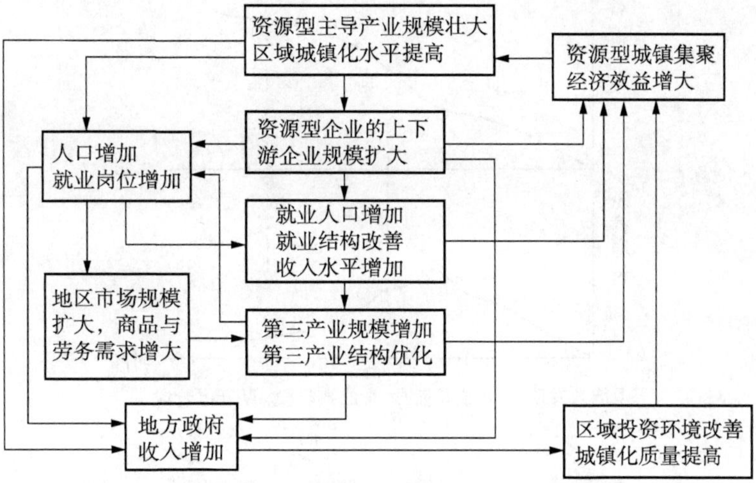

图 1－3　资源型区域城镇化发展的集聚经济效应[②]

3. 区域经济发展阶段理论

区域经济发展是一个渐进的过程，国外区域经济发展阶段理论很多，胡

---

① 从微观角度来看，由于区域的主导产业系统在生产上或在产品分配上有着密切联系（经济技术联系），或布局指向相同，它们往往成群地按一定比例布局在区域的某个优越的地区内，形成一个高效率的生产系统，因此改善了企业生产的外部环境，使整个区域系统的总体收益大于各个企业收益之和。这种由于产业集聚获得的超出各个组成部分的效益，称为集聚经济效益。

② 周起业，刘再兴，等. 区域经济学［M］. 北京：中国人民大学出版社，1989：72.（本书对原图修改补充）。

佛—费歇尔的阶段论、罗斯托的经济成长阶段论、钱纳里的阶段论等都十分有代表性。[13-14]我国学者陈栋生、魏后凯认为区域经济发展会经过待开发、成长、成熟、衰退等发展阶段，除了特殊情况外，一般都是循序渐进的。①

对于资源型区域而言，其每一个阶段的发展变迁都与自然资源密切相关：待开发阶段，资源优势未被发掘，因此表现出生产力水平低，经济增长缓慢。成长阶段，通常是依赖外部力量推动，将外部资金、技术与区域内资源条件有机结合，形成发展能力。成熟阶段，随着资源开发程度加深，使资源型区域工业化达到较高水平。衰退阶段，自然资源枯竭或原有资源型主导产业进入衰退阶段，缺乏新兴替代产业，资源型区域经济将逐步走向衰落。

区域经济成长阶段与经济增长关系见图 1-4。②

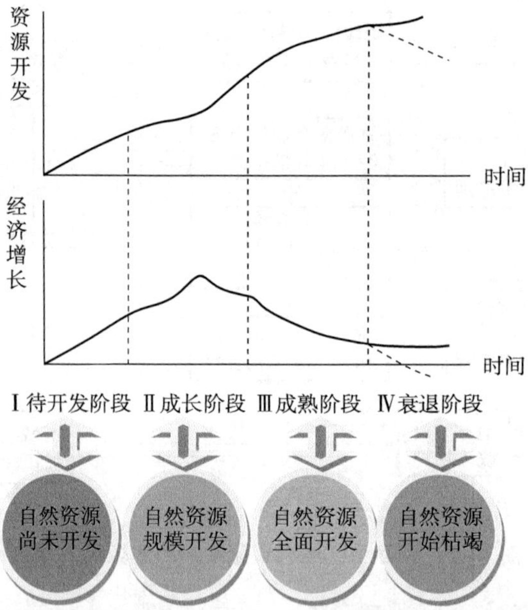

图 1-4 区域资源开发与经济增长阶段关系示意图

矿产资源开发型城市发展也有明显的阶段性，大都会经历开发建设

① 陈栋生、魏后凯的区域经济成长（增长）阶段论是中国学者最早创造性倡导的一种具有一定代表性的区域经济发展阶段理论，它实质上是一种关于区域经济成长阶段的定性分析和描述。参见吴传清．区域经济学原理［M］．武汉：武汉大学出版社，2008：60.

② 陈栋生，等．区域经济学［M］．郑州：河南人民出版社，1993：32.（本书对原图修改补充）。

期、繁荣期、衰退期、产业调整期以及再次繁荣发展期这样一个过程。[15] 在前两个阶段，资源型城市的问题还不是很突出，但是在繁荣期之后随着资源开采的规模增加，资源面临枯竭，导致城市步入矿竭城衰的境地，相继出现企业破产、工人失业、社会不安定以及政府财政危机等现象。

在资源型区域经济经历成熟阶段以后，不一定都转入衰退阶段。可以通过技术创新和技术进步，调整产业结构，使区域经济发展动力从资源推动转向技术推动、服务推动、创新推动，促进区域经济进入高级化阶段。

4. 工业结构高度化理论

区域经济学和产业经济学中都分析了工业发展和工业化进程的内在规律性。所谓工业结构的高度化规律，是指工业化过程表现为工业结构的重工业化、高加工度化和技术集约化的总体趋向。① 高加工度化意味着工业加工程度不断深化，在原材料工业发展到一定水平后，加工组装工业的发展将大大超过原材料工业的发展速度。工业结构高加工度化表明工业的增长对原材料的依赖程度到一定时期会出现相对下降的趋势，从而对能源、资源的依赖程度也将相对下降。技术集约化不仅表现为所有制造业部门都采用先进的技术、工艺并实现自动化，而且表现为大批以技术密集为特征的高技术产业兴起和发展，并逐步成为工业的主体。在技术集约化过程中，科学技术将日益成为工业发展中最重要的资源，这也是资源型区域必须寻求产业结构转型升级和高度化发展的内在原因。

根据这一规律，资源型和资源加工型区域都应该及早进行产业结构升级规划，选择培育符合发展趋势的潜在主导产业，以适应产业发展规律和工业结构高度化的要求。

5. 梯度推移理论

由于资源禀赋、地理条件以及历史基础等因素影响，各区域之间经济技术发展必然是不平衡的，从而客观上形成了发展梯度差异。区域经济兴

① 工业结构的演进朝着由以轻工业为中心的工业结构向以重工业为中心的工业结构发展，这种现象通常称为工业结构的重工业化。工业结构的高加工度化就是无论是轻工业还是重工业，都会由以原材料工业为重心的结构向以加工、组装工业为重心的结构发展。技术集约化即在制造业结构深加工化的过程中，进一步表现出高技术化的趋势。

衰往往取决于产业结构优劣，而产业结构的优劣则取决于区域主导产业部门在产品生命周期中所处的发展阶段。一般情况下，拥有较高技术水平的产业往往发端于高梯度区域，并逐步向低梯度区域推移。梯度推移主要是依托多层次城镇系统展开，并按“梯度最小律”推移。① 各区域所处的梯度是相对的，高梯度区域若不注重创新，导致产业结构老化，就会转变为低梯度区域。

根据梯度推移理论，资源型区域最初依托资源开发形成比较优势，可能处于较高梯度，但是随着本地区资源开采数量的增加，存量资源数量的减少，开采难度的增大，或者其他资源型区域的发展导致本区域资源比较优势下降，本区域就会逐渐走向衰退。而保持或提高资源型区域发展优势的办法，一是工业结构调整和优化升级，从资源开采逐步转向资源精深加工，延长产业链，培育高加工度的产业；二是城镇化发展，培育区域增长极和集聚中心，使区域发展的指向性从单一资源指向转变为技术、人才、消费等多指向性，促进区域经济多元化，并能够承接高梯度地区转移的产业，实现产业结构优化升级。

6. 区域可持续发展理论

区域可持续发展，是指应用生态经济学的原理方法，寻求区域经济发展与其环境之间的最适合关系，以实现区域经济与人口、资源、环境之间保持和谐、高效、优化、有序的发展。② 区域可持续发展系统的构成十分复杂，它包括人类社会本身以及与人类社会有关的各种基本要素、关系和行为。根据资源型区域的基本特点，可以把区域可持续发展系统概括为人口、自然资源、生态环境、科技创新、经济和社会六个子系统（见图 1 - 5）。其中，人口系统是区域可持续发展系统的主体，自然资源系统是区域可持续发展的物质基础，生态环境系统是资源型区域可持续发展系统的重要组成部分，经济系统是区域可持续发展系统的核心内容，科技创新为资

① 世界上每出现一种新产业、新产品、新技术，就会随着时间的推移，由高梯度地区向低梯度地区一级一级传递下去，这种现象称为“工业区位向下层渗透”。参见周起业，等．区域经济学［M］．北京：中国人民大学出版社，1989：133.

② 朱传耿，沈山，仇方道．区域经济学［M］．北京：中国社会科学出版社，2001：157.

源型区域产业转型、发展循环经济提供技术保障，社会的可持续发展是资源型区域可持续发展的最高目标。

图1-5 资源型区域可持续发展系统构成要素

可持续发展是区域经济发展的最终目标，从区域可持续发展要求来看，位于青藏高原的柴达木盆地资源型区域实现可持续发展意义更加重大。既有助于本区域的健康发展，增加财富，而且有助于自然资源合理开发和环境保护，会产生巨大的正外部性，为整个西部区域经济发展提供安全屏障，为全国可持续发展作出贡献。

7. 城市化与工业化的关系理论

根据《新帕尔格雷夫经济学大辞典》中的定义，工业化是制造业和第二产业在国民经济中比重及其就业比重不断上升的过程。工业化有狭义和广义之分，狭义的工业化是指工业（特别是制造业）的发展。① 广义的工业化是指国民经济的全面工业化，包括在国民收入和就业结构中工业比重的连续上升、农业比重的连续下降、工业生产方式和观念渗透到全部经济领域的过程。中国经济学家张培刚把工业化定义为国民经济中一系列基要的生产函数（或生产要素组合方式）连续发生由低级到高级的突破性变化（或）变革的过程。② 从西方发达国家的发展经验看出工业化发展是城镇化发展的先导和根本动力，工业化发展对城镇化具有巨大的推动作用，两者

① 马文春，张东辉．发展经济学［M］．北京：高等教育出版社，2005：190.

② 张培刚．发展经济学通论［M］．长沙：湖南出版社，1991：190-192.

呈明显的正相关性。① 城市化率与工业化率比较的世界发展模型指出，工业化与城市化经历的是由紧密到松弛的发展过程。② 工业化是近现代经济发展的主旋律，城镇化则是近现代社会发展的主旋律。③

资源型区域的工业化主要是自然资源采掘和初加工产业带动，主要生产初级产品。由于初级产品出售即可获得可观收益，因此区域工业化水平提高的动力不足，产业结构也长期维持超稳态发展，产业链比较简单，很难实现改造升级，区域分工不明显，制约技术水平提高。更为关键的一点是，资源型区域的工业结构以资源密集型和资金密集型为主，对当地居民创造的就业机会十分有限，所以，资源型区域的普遍现象是工业增加值占 GDP 的比重远远大于工业就业人口占总就业人口的比重，形成畸形的产业结构，既不利于资源型区域工业化发展，也不利于资源型区域城镇化发展。

二、资源型区域经济发展与城镇化研究现状综述

（一）国外关于资源型区域经济发展的理论综述

1. 资源诅咒假说

资源诅咒假说是由国外学者提出来的，用来解释大多数自然资源禀赋很好的国家（或地区）其经济发展反而不如那些自然资源贫乏的国家（或地区）的奇怪现象。[16] 奥提（Auty）首次提出“资源的劫难”这个概念，即丰裕的资源并不是区域经济增长的充分有利条件，反而是一种限制。[17] 相关研究对“资源的劫难”这一假说进行实证检验的结果表明，自然资源禀赋与经济增长之间存在显著的负相关性，资源型产品（农产品、矿产品和燃料）出口占 GDP 的比重提高，经济增长速度不升反降。[18]

2. 资源型区域“荷兰病”现象

“荷兰病”是指资源富集区域资源型产业的繁荣发展往往以牺牲该区

① 姜爱林．城镇化、工业化与信息化的互动关系［J］．城市规划汇刊，2005（5），32－37.

② 霍利斯·钱纳里，莫伊斯·赛尔昆．发展的型式（1950～1970）［M］．北京：经济科学出版社，1988.

③ 孙久文，叶裕民．区域经济学教程［M］．北京：中国人民大学出版社，2003（第1版）；高佩义．中外城市化比较研究［M］．天津：南开大学出版社，1991.

域内其他行业发展为代价的现象。根据该理论，自然资源出口国由于资源的输出会产生大量收益，进而带动本国收入水平提高，这使本国货币升值，从而增加该国的制造业成本，降低制造业产品出口的竞争优势。科登（Corden）和尼瑞（Neary）将一国的经济部门分为制造业部门（可贸易）、资源出口部门（可贸易）和服务业部门（不可贸易）三类，给出了“荷兰病”的经典模型。[18]假设某国经济最初状态是充分就业，此时国内某种自然资源被发现或者自然资源的价格突然上涨，会出现资源转移效应和支出效应，最终影响和制约本国制造业发展。①

3. 大宗产品理论

大宗产品理论是大宗产品出口导向的经济增长理论。该理论由加拿大经济史学家哈罗德·因尼斯（Harold Innis）和W. A. 麦肯托斯（W. A. Mackitosh）创立。该理论的一种观点认为大宗产品的生产和出口会扭曲区域经济，最终会阻碍区域经济的持续发展，被称为依赖论。[19]依赖论认为，大宗产品的需求方与供给方经济地位不平等，导致作为资源型产品的供给区域通过出口大宗资源产品，不仅不能得到丰富资源所带来的好处，反而受其拖累。根据大宗产品出口的依赖理论，资源型区域建立单一的以大宗资源型产品生产带动的经济增长战略风险很高，很难获得持续的增长。[20]

4. 资源型城市产业多元化的政策选择理论

资源型区域的产业发展政策选择理论将资源型城市发展趋势分为三种情况，即产业多元化、矿山关闭以及维持矿山与城镇协调发展。[21]

①当资源型区域矿业发展与区域经济关联效应很弱，矿业发展进入衰退阶段，但区域城镇发展比较成熟，在这种情况下，地方政府可以鼓励矿

---

① 资源转移效应，是指由于劳动力和资本等生产要素向自然资源出口部门转移，一方面会提高制造业部门的成本，降低其产品竞争力；另一方面，可贸易的自然资源产品出口增加外汇收入的同时使本国货币升值，影响本国制造业的出口竞争力。在资源转移效应的影响下，制造业和服务业同时衰落。支出效应，是指自然资源产品出口带来国民收入增加，会增加对可贸易的制造业产品和不可贸易部门的服务的需求，但是国内制造业技术水平低，成本高，因而对市场没有吸引力，所以增加的制造业产品的需求则主要由进口来满足，这再次打击国内制造业的发展。但对服务产品需求无法通过进口来满足，因此本国服务业会有一定程度发展，这种现象称为支出效应。在支出效应影响下，制造业陷入困境，服务业受影响较小。

产企业转型，促进产业多元化发展。②当资源型区域矿产开发企业进入衰退阶段，而且在矿产资源开发过程中，形成的城镇并不能承担区域中心地的职能，此时，如果矿产开发企业有可能利用现有设施在其他区域进行矿产资源开发，就应该关闭当地矿山，疏散人口。③当资源型区域矿产开发企业经营效益较好，与当地经济关联效应明显。依托资源开发形成的城镇已经发展成为区域集聚中心，有稳定的人口规模，比较完善的公共基础设施与其他产业投资。在这种情况下，地方政府更多要关注通过技术进步最终实现资源永续开发与资源型城市可持续发展。

从以上理论分析可知，资源型区域城市应当依据自身的条件，做出正确而合理的发展选择。

（二）西部民族地区资源型区域城镇化的研究成果简述

西部大开发以来，西部民族地区城镇化问题日益受到政府和学者关注。蒋彬（2002）、官卫华、姚士谋（2002）指出西部地区城镇体系不合理，首位度过高。高新才、毛生武（2002）讨论了西北民族省区市场主导型多元城镇化战略，提出户籍制度、城乡土地流转制度、社会保障制度，以及人口政策和设市体制等方面的创新思路。[22]杨勇（2004）分析西部民族地区“嵌入型”和“内生型”两种城镇形成发展的渠道，指出西部民族地区城镇化发展的目标应是复合性的。[23]戴正、闵文义、才让加、邓艾（2006）指出不能仅从经济效益角度来评价西部民族牧区城镇化的成本收益，还要重视城镇化的社会效益。[24]南文渊、卢守亭（2006）回顾和总结了少数民族城市化研究取得的进展和重要成果。[25]穆殿春、林钧昌（2007）提出民族地区城镇化进程中既要大力发展城镇经济，更要加强城镇生态建设和污染综合治理，创造良好的人居环境。[26]

刘强（2008）结合内蒙古鄂尔多斯市的实际情况，从资源保护、生态环境改造、企业转型与可持续发展等角度探讨西部资源型城市可持续发展的模式与路径。[27]曹宗平（2009）指出农牧业发展落后导致西部民族地区城镇化发展缺乏原始动力，恶劣的自然条件成为城镇化的制约，资源密集型产业结构转型困难，使城镇化缺乏可持续发展的产业依托。[28]沈茂英（2010）指出西部民族地区人口城镇化与生产要素的城镇集聚背离，人口城镇化发展水平显著滞后，造成新的城乡发展二元格局。[29]贾会娟、赵春霞（2010）分析指出青海省要避开“资源陷阱”，需要调整和优化产业结构，转变发展方式；增强政府工作透明度，减少资源寻租和腐败。[30]廖乐焕、赵金洪（2011）指出西部民族地区城市建设要充分重视突出地方特色，注重保护生态环境。[31]仇保兴（2012）分析新型城镇化发展要推广适用技术，减少能耗，重视城镇化与社会发展、生态环境保护相结合。[32]严学勤、吴晶（2012）提出城镇的“软环境”建设是促进西部民族地区城镇化发展的主要途径。[33]丁生喜、王晓鹏（2012）分析指出青藏高原独特的自然地理环境、生态经济条件以及少数民族聚居的社会特点，使该区域具有独特的城镇化动力机制。[34]张曦、陈赤平（2013）分析城镇化过程中的策略性问题造成低水平的城镇发展与建设局面，致使西部民族地区人地矛盾更为尖锐。[35]蔡霞霞（2013）从经济、资源环境、人文社会环境和制度等几个方面，分析了新疆南疆城镇化发展的制约因素。[36]杨晓燕（2013）分析目前西部民族地区实现城乡一体化存在的制约因素，包括偏重工业的产业结构、资源要素城乡流动不畅、落后的思想观念束缚、建设投入不足等。[37]李优树、苗书迪、陈丹（2013）通过 SWOT 分析，指出藏区新型城镇化应当立足资源优势，以交通网络为依托，以生态景观为保障，发展中小城市为主导的集约型城镇化模式。[38]毛雪艳、王平（2014）用主成分分析方法，实证分析青海省新型城镇化发展水平。[39]纪明、曾伟平（2015）阐明西部地区资本和科技要素集聚对区域城镇化有显著贡献，但是资源、产业、人口集聚对城镇化发展作用不显著。[40]

从以上国内外资源型区域城镇化研究的理论与实践经验来看，任何一个资源型城市或地区都必须经历资源型产业转型的发展历程，而且资源型城市或地区产业转型越早，越能有效避免资源枯竭给地区经济发展可能带来的危机，能够更好掌握经济持续发展的主动权。

已有研究均表明民族地区的城镇化是全面建设小康社会的重要内容，如何在注重社会公平与生态经济和谐发展的基础上加速西部民族地区城镇化进程，是新时期迫切需要研究解决的问题。但是西部地域范围辽阔，少数民族众多，资源条件差异大，城镇化面临的制约因素也极其复杂。因此，必须在尊重民族地区经济社会发展规律的前提下，因地制宜，分别研究，分类指导，才能促进西部民族地区城镇化健康、持续发展。

第三节　柴达木盆地城镇化发展的研究与实践

柴达木盆地是我国四大盆地之一，也是青藏高原最大的盆地。柴达木盆地区位独特，资源富集，生态脆弱，因此科学的宏观调控对于盆地资源开发、城镇化与可持续发展至关重要。[41]西部大开发以来，盆地资源开发和城镇化发展问题开始受到关注。

孙婉娟、张智民（2000）通过对柴达木盆地格尔木市和德令哈市人口发展、需水量及水资源供需平衡预测值分析，指出盆地两城市都面临缺水问题。[42]方创琳、余丹林（2000）通过实地调研，对柴达木盆地资源开发和经济发展问题进行深度剖析，指出盆地资源型产业技术水平低，深加工能力不足，存在收益漏出。[43]陈英玉（2001）指出由于柴达木盆地内部自然环境、社会经济发展条件差异大，因此要依托区域内不同的资源禀赋优势发展特色产业，建设不同类型的特色城镇。[44]杨军（2004）指出滥垦、滥牧、滥樵采、滥开矿和不合理利用水资源等是柴达木盆地荒漠化的“催化剂”，促进和诱发荒漠化。[45]鲁顺元（2006）分析在资源开发利益驱使下，柴达木盆地西部经济发展与环境污染矛盾突出，严重制约资源型城镇可持续发展。[46]

江建英、陈文烈（2010）指出“资源优势”在长期内都是海西州经济发展的基础和前提，应当发挥要素禀赋结构优势，减少资源开发的负“外部性”。[47]袁卫民、帖征（2011）指出柴达木盆地城镇化发展中，要突出两个主要城市的差异性，优化青藏铁路沿线各级城镇布局和工矿区开发，形成“点—轴”开发模式。[48]李勇、郜彬、戴鹏等（2013）运用生态足迹理论对柴达木地区生态承载力进行分析与预测，结果表明未来生态足迹供给能力会有所下降，尤其是耕地和化石能源地的承载能力随着人口的不断增加而降低。[49]苏海红、德青措（2013）分析柴达木盆地城镇化与园区产业融合发展的现状特点，指出一区四园的发展助推城市（镇）成为盆地循环经济产业配套发展的载体。[50]王秀莲、杨丽荣、闫永福等（2014）结合格尔木城市总体规划，分析随着社会经济迅速发展，格尔木市城市和工业水量会急剧增加。[51]

作为典型的西部资源型区域，柴达木盆地不仅是自然资源的“聚宝盆”，也是50多万人口的聚居地，是青海省主体功能区规划的重点开发区域，是青海省确定的统筹城乡一体化发展示范区。“十二五”以来，盆地依据“规划先行、城乡一体、循序渐进、重点突破”的总要求，通过引导产业向园区集中、农牧民向城镇集中和土地草场向规模经营集中，探索能够有效缩小城乡居民收入水平、人居环境和基础设施建设等方面的差距，以及提高公共服务水平的方法和途径。通过统一编制城乡规划、统一户籍管理和社会保障，统筹城乡公共管理、社会事业和公共服务，海西州城乡一体化示范区建设取得显著成效。特别是2010年3月，国务院批复实施《柴达木循环经济试验区总体规划》，将柴达木循环经济发展战略上升为国家战略，试验区对全国循环经济发展特别是区域型、资源综合开发利用型循环经济发展有着重要的示范意义。[52]

可以看出，随着新一轮西部大开发战略的实施和柴达木循环经济试验区的持续建设，柴达木盆地资源型区域城镇化也进入重要的发展机遇期和战略调整期。因此，本书将视角选在西部大开发以来柴达木盆地城镇化的发展，深入研究柴达木盆地城镇化与产业发展协调度、柴达木盆地新时期城镇化的动力机制、柴达木盆地城镇化的人口资源环境综合承载力变动态势等问题的基础上，找到柴达木盆地城镇化的制约因素，提出柴达木盆地新型城镇化发展的战略路径。

参考文献

［1］孙久文，等．区域经济学教程［M］．北京：中国人民大学出版社，2003（第1版）．

［2］丁生喜，等．区域经济学［M］．西宁：青海人民出版社，2012.

［3］袁佳．基于区域资源经济的城镇化发展模式研究［D］．北京：中国地质大学，2014.

［4］郑伯红．资源型城市的可持续发展及案例研究［J］．云南地理环

境研究，1999（3）.

[5] 张米尔，武春友. 资源型城市产业转型障碍与对策研究 [J]. 经济理论与经济管理，2001（2）.

[6] 郭莹. 东北地区资源型城市可持续发展研究 [D]. 东北师范大学，2010.

[7] 苏文，张红艳. 内蒙古自治区资源型城市可持续发展问题分析 [J]. 西部资源，2015（5）.

[8] 中华人民共和国国务院. 全国资源型城市可持续发展规划（2013—2020 年）[Z]. 国发〔2013〕45 号，2013－11－12.

[9] 高佩义. 中外城市化比较研究 [M]. 天津：南开大学出版社，1991.

[10] 周起业，刘再兴，等. 区域经济学 [M]. 北京：中国人民大学出版社，1989.

[11] 蔡孝箴. 城市经济学 [M]. 天津：南开大学出版社，1998.

[12] 张金锁，康凯. 区域经济学 [M]. 天津：天津大学出版社，2004.

[13] 陈栋生. 区域经济学 [M]. 郑州：河南人民出版社，1993.

[14] 魏后凯. 现代区域经济学 [M]. 北京：经济管理出版社，2006.

[15] 黄飞. 资源型城市可持续发展评价研究——以河南省平顶山市为例 [D]. 中国地质大学，2009（5）.

[16] 张举钢，周吉光. 资源禀赋与经济发展的悖论 [J]. 资源经济，2005.

[17] 梁欣然. 区域资源禀赋与经济发展差异的相关性研究 [J]. 经济问题探索，2007（10）.

[18] 奉唐文. "资源陷阱"的传导机制研究——以贵州省为例 [D]. 贵州财经大学，2012.

[19] 赵霞. 资源陷阱与区域经济增长差异——贸易的视角 [D]. 兰州商学院，2007.

[20] 陈厚义. 中国区域经济发展的"资源陷阱"及对策研究 [D].

武汉理工大学，2009.

［21］钱勇．国外资源型城市产业转型的实践、理论与启示［J］．财经问题研究，2005（12）．

［22］高新才，毛生武．西北民族省区城镇化战略模式选择与制度创新［J］．民族研究，2002（6）．

［23］杨勇．西部民族地区城镇化探索［J］．中央民族大学学报（哲学社会科学版），2004（3）．

［24］戴正，闵文义，才让加，邓艾．西部民族牧区现代化、可持续发展的现实选择—牧区城镇化建设［J］．西北民族大学学报（哲学社会科学版），2006（6）．

［25］南文渊，卢守亭．少数民族城市化研究综述［J］．中南民族大学学报，2006（5）．

［26］穆殿春，林钧昌．民族地区城镇化进程中必须坚持人与自然的和谐发展［J］．青海民族学院学报（社会科学版），2007（2）．

［27］刘强．西部资源型城市可持续发展研究——以内蒙古自治区鄂尔多斯市为例［D］．中央民族大学，2008.

［28］曹宗平．西部地区城镇化面临问题及其模式解构［J］．改革，2009（1）．

［29］沈茂英．少数民族地区城镇化问题研究——以四川藏区为例［J］．西南民族大学学报（人文社会科学版），2010（10）．

［30］贾会娟，赵春霞．“资源诅咒”：青海经济实现可持续发展必须避开的陷阱［J］．柴达木开发研究，2010（2）．

［31］廖乐焕，赵金洪．浅析西部民族地区城市化发展战略［J］．经济研究导刊，2011（13）．

［32］仇保兴．新型城镇化：从概念到行动［J］．行政管理改革，2012（11）．

［33］严学勤，吴晶．试论西部民族地区城镇化进程中的软环境建设［J］．新疆社会科学，2012（1）．

［34］丁生喜，王晓鹏．青藏高原少数民族地区特色城镇化动力机制分析——以环青海湖地区为例［J］．地域研究与开发，2012（1）．

[35] 张曦，陈赤平．浅议西部民族地区城镇化的可持续发展 [J]．贵州民族研究，2013 (2)．

[36] 蔡霞霞．新疆南疆城镇化发展的制约因素研究 [D]．塔里木大学，2013.

[37] 杨晓燕．西部民族地区城乡一体化制约因素探析 [J]．边疆经济与文化，2013 (11)．

[38] 李优树，苗书迪，陈丹，等．藏区新型城镇化的发展路径探讨——以康定县为例 [J]．经济地理，2013，33 (5)．

[39] 毛雪艳，王平．青海省新型城镇化影响因素的实证研究 [J]．西北人口，2014 (6)．

[40] 纪明，曾伟平．西部地区资源集聚及对区域城镇化的影响 [J]．区域金融研究，2015 (9)．

[41] 余丹林．柴达木盆地城镇发展与城镇体系建设思路 [J]．城市问题，1998 (5)．

[42] 孙婉娟，张智民．柴达木盆地水资源与城市发展 [J]．西北水资源与水工程，2000 (2)．

[43] 方创琳，余丹林．柴达木盆地资源开发与经济持续发展战略的理性思考 [J]．资源科学，2000 (1)．

[44] 陈英玉．柴达木盆地城镇分布特征及发展策略 [J]．青海大学学报（自然科学版），2001 (5)．

[45] 杨军．柴达木盆地荒漠化成因分析及产生机理探讨 [D]．长安大学，2004.

[46] 鲁顺元．柴达木盆地城市化历程及其可持续发展 [J]．青海社会科学，2006 (6)．

[47] 江建英，陈文烈．欠发达地区基于资源的经济发展研究——青海省海西州经济增长的实证分析 [J]．开发研究，2010 (6)．

[48] 袁卫民，帖征．浅议欠发达地区城镇化发展路径选择与战略重点——以青海省为例 [J]．农业经济，2011 (12)．

[49] 李勇，郃彬，戴鹏，等．青海城镇化中人口与资源环境承载能力研究 [J]．攀登，2013 (2)．

［50］苏海红，德青措．依托园区构建青海特色城镇化发展研究［J］．青海社会科学，2013（4）．

［51］王秀莲，杨丽荣，闫永福，等．柴达木盆地格尔木地区地下水资源开发与保护的探讨［J］．科技和产业，2014（7）．

［52］李良才，孙凌宇，郭海君．中国背景下的地方循环经济发展研究报告——聚焦柴达木循环经济试验区［J］．攀登，2011（5）．

第二章 柴达木盆地城镇化历史沿革与现状

柴达木盆地以其丰富的盐湖资源、石油天然气、有色金属和非金属等矿产资源被誉为“聚宝盆”，同时也是我国西部资源开发带动城镇化发展的典型区域。梳理柴达木盆地城镇化的历史进程，分析城镇化发展现状，有助于全面掌握该区域城镇化的特点，为深入分析柴达木盆地城镇化制约因素及存在的问题打下基础。

第一节 柴达木盆地研究区概况

一、研究区范围界定

柴达木盆地行政区划属于青海省海西蒙古族藏族自治州，包括格尔木市（不含唐古拉山镇）、德令哈市、乌兰县、都兰县、天峻县、茫崖行委、大柴旦行委和冷湖行委 8 个地区。①（见图 2－1）

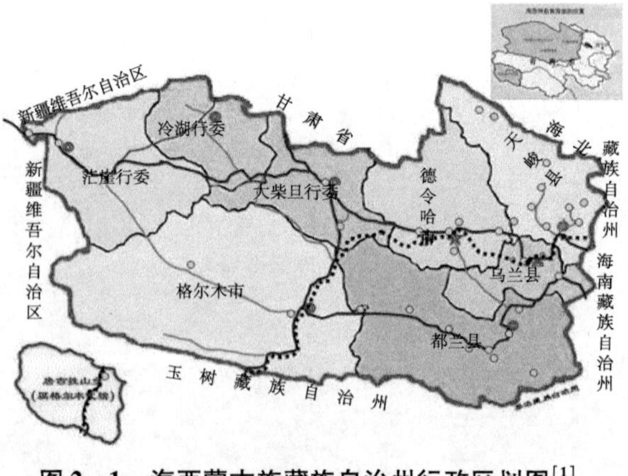

图 2－1 海西蒙古族藏族自治州行政区划图[1]

① 由于柴达木盆地是一个地理的概念，柴达木盆地在行政区划上与青海省海西蒙古族藏族自治州基本吻合，因此，在本书中将“柴达木盆地”与“海西州”可以互换使用，并不影响研究内容与研究边界。

从图 2－1 可以看出，唐古拉山镇是海西蒙古族藏族自治州的一块飞地，人口约 0.2 万人，以农牧业为主，经济总量小。因此本书中柴达木盆地的相关数据取得就以海西蒙古族藏族自治州所辖二市三县三行委整体为研究对象，总体统计数据中不扣除唐古拉山镇。①

二、柴达木盆地自然资源概况

柴达木盆地位于青海省西北部，青海湖西岸，地势从西北向东南方向缓倾，海拔 2600～3000 米，是中国地势最高的内陆盆地，也是中国三大内陆盆地之一。柴达木在蒙古语中是“盐泽”的意思，因盛产盐而得名，有大小盐湖 20 多个，目前探明盐的储量达 600 多亿吨，最著名的是察尔汗盐湖和万丈盐桥，茶卡珂珂盐湖。除盐湖之外，有丰富的石油、天然气、煤炭、有色金属、化学元素、太阳能和风力发电，建材、药材等资源，目前已经探明储量的矿产有 57 种，矿产地有 281 处。② 柴达木盆地主要矿产分布见图 2－2。

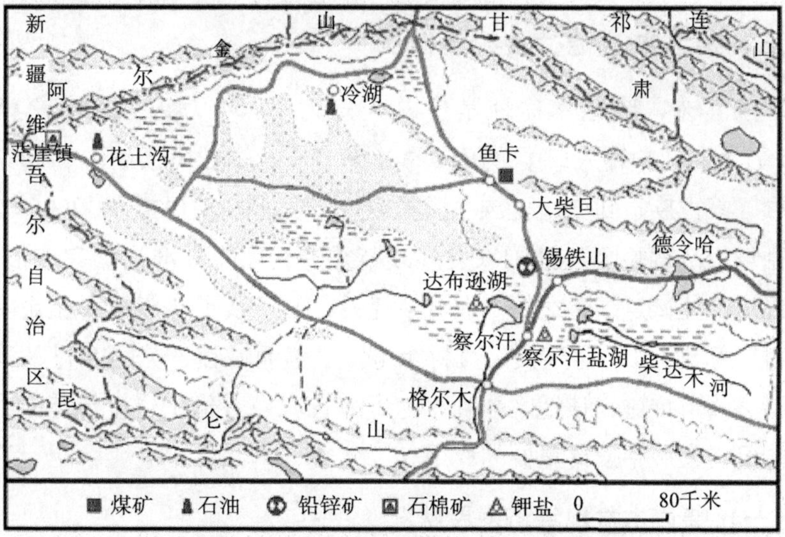

图 2－2　柴达木盆地矿产分布图[1]

---

① 格尔木市唐古拉山镇孤悬于青藏高原腹地的唐古拉山脉北坡，成为远离格尔木市的一个镇级行政单位，处于长江的正源——沱沱河地区，与格尔木市之间有玉树藏族自治州相隔，距市区 425 公里，面积 4.78 万平方公里，平均海拔 4700 米以上，主要为藏族聚居区，经济以牧业为主。

② 李志启．“聚宝盆”巡礼——柴达木循环经济试验区建设访谈［J］．中国工程咨询，2012（10）．

柴达木盆地石油、天然气、煤、原盐、硼、钾、锂、镁、铷、锈、碘、锶、石膏、芒硝、天然碱等化学元素以及铅、锌、铬、锰等金属资源都比较丰富，矿产资源具有储量大、品位高、类型全、分布集中、资源组合好等特点。其中原盐、钾、镁、锂、锶、石棉、芒硝等矿藏储量居全国首位，溴、硼等储量居第二位。氯化钾累计探明储量7.67亿吨，占全国总储量的97%，硼探明储量1100多万吨，占全国总储量的一半，石油、天然气储量又有大的发现，初步估算各类矿产资源潜在价值16.27万亿元以上，占青海矿产资源价值总量的95%。[2]

柴达木盆地土地资源丰富，有宜农土地36.63万公顷，已开发的有6.33万公顷。盆地现有耕地4.74万公顷，在现有耕地中有效灌溉面积占97%，农作物主要有小麦、油菜、豌豆、青稞等。柴达木盆地是青海省野生动物重点保护区之一，有96种野生动物，其中属国家一、二级重点保护的动物有30余种。

三、柴达木盆地社会经济概况

2014年末，柴达木盆地常住总人口为50.54万人，其中户籍人口41.25万人。在户籍人口中，汉族约占68.7%，少数民族约占31.3%，包括藏族、蒙古族、回族、土族、撒拉族以及其他少数民族。① 2005年“柴达木循环经济试验区”被国家发展改革委等六部委批准为国家首批13个循环经济产业试点园区之一。在城乡建设方面开展了“党政军企金融共建示范村”活动、“千村建设、百村示范”“美丽城镇、美丽乡村”建设工程等诸多改革措施，该地区被确立为青海省城乡一体化建设示范区，在青海省的经济发展中发挥重要的作用。

（一）柴达木盆地经济发展状况

西部大开发以来，柴达木盆地经济发展速度很快，已经形成第二产业为主导的产业结构。从表2－1可以看出，2014年该地区GDP为560亿元，约占青海省总量的24.32%。人均GDP达到11.13万元，是同期青海省平

① 海西州统计局．海西州2014年国民经济和社会发展统计公报［R］．2015－03－26.

均水平的2.81倍，全国平均水平的2.66倍。

表2-1　柴达木盆地2014年经济发展总体水平

地区	GDP（亿元）	人均GDP（万元）	三次产业占GDP的比重（%）			三次产业就业人数比重（%）		
			第一	第二	第三	第一	第二	第三
柴达木	560	11.13	4.64	76.43	18.93	26.64	35.3	38.06
青海省	2303.23	3.96	9.4	53.6	37	36.6	22.9	40.5
全国	635910	4.65	9.2	42.7	48.1	29.5	29.9	40.6

资料来源：2015年《青海省统计年鉴》、2015年《中国统计年鉴》。①

1. 经济总量增长情况

西部大开发以来，柴达木盆地经济总量增速很快，人均GDP远远高于同期全国和青海省平均水平。（见表2-2和图2-3）

表2-2　柴达木盆地人均GDP与全国、青海省的对比

年份	柴达木GDP（万元）	人均GDP（元）		
		柴达木盆地	全国	青海省
1999	228075	7056	7158.50	4728
2000	424221	12973	7857.68	5138
2001	520639	15776	8621.71	5774
2002	586357	17503	9398.05	6478
2003	709721	20874	10541.97	7346
2004	936054	26001	12335.58	8693
2005	1284532	35484	14185.36	10045
2006	1684121	47174	16499.70	11753
2007	2008082	57869	20169.46	13836
2008	2785968	74292	23707.71	17389
2009	3288818	85202	25607.53	19454
2010	3772248	96551	30015.05	24115
2011	4704213	118255	35197.79	29522
2012	5748073	142632	38459.47	33181
2013	6097232	122114	41908	36875
2014	5603859	111254	46628.5	39671

资料来源：2015年《中国统计年鉴》、2015年《青海省统计年鉴》。

① 说明：根据国家统计局2016年1月7日公布数据，2014年全国GDP现价总量最终核实数为635910亿元。载http://news.163.com/16/0107/15/BCO39S4T00014JB5.html。

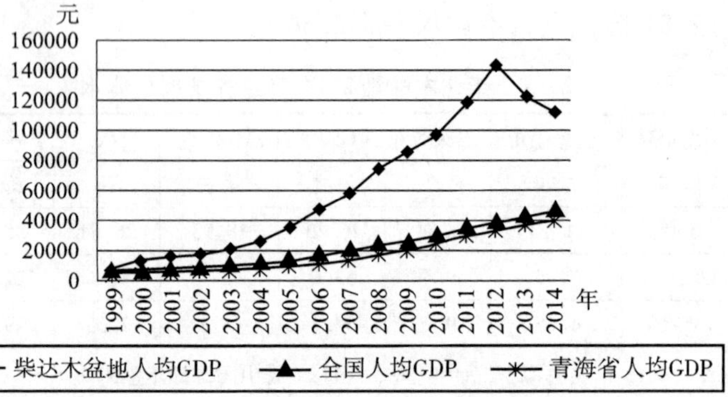

图 2-3　柴达木地区、青海省以及全国人均 GDP 对比图

从表 2-2 和图 2-3 可以明显看到，西部大开发以来，柴达木盆地经济增长速度快于全国和青海省的增长水平。1999 年柴达木盆地人均 GDP 为 7056 元，是同期青海省的 1.49 倍，是同期全国水平的 0.99 倍。“十五”期间，柴达木盆地人均 GDP 年均增长 34.7%，同期青海省增长 19.1%，全国平均增长 16.11%。“十一五”期间，柴达木盆地人均 GDP 年均增长 34.42%，同期青海省增长 28.01%，全国平均增长 22.32%。“十二五”期间，柴达木盆地人均 GDP 年均增长 3.8%，同期青海省增长 12.9%，全国平均增长 11.07%。柴达木盆地“十二五”以来增速放缓，这与中国经济进入增速阶段性回落的“新常态”时期的特点有关，也与柴达木盆地资源密集型产业发展面临的新形势有关。

2. 柴达木盆地各产业发展情况

西部大开发以来，柴达木盆地各产业发展迅速。工业增加值占 GDP 比重由 1999 年的 48.6% 增至 2014 年的 70.8%；全社会固定资产投资由 23.59 亿元增长至 538.4 亿元，增长约 27.96 倍；年末金融机构各项存款余额由 35.01 亿元增至 422.84 亿元，增长约 11.08 倍；社会消费品零售总额由 17.01 亿元增长至 74.05 亿元，增长约 3.35 倍。（见表 2-3）

表 2-3　柴达木盆地西部大开发以来各产业发展动态

年份	工业增加值占 GDP 比重（%）	社会消费品零售总额（万元）	三次产业从业人员数比重（%）	全社会固定资产投资额（亿元）	年末金融机构各项存款余额（亿元）
1999	48.6	170101	42.17:23.13:34.70	23.59	35.01

续表

年份	工业增加值占GDP比重（%）	社会消费品零售总额（万元）	三次产业从业人员数比重（%）	全社会固定资产投资额（亿元）	年末金融机构各项存款余额（亿元）
2000	55.8	179291	43.28∶22.20∶34.52	28.25	40.91
2005	67.1	231891	46.75∶20.64∶32.62	66.9	91.29
2010	71.1	519445	46.62∶24.84∶28.54	178.23	246.69
2014	70.8	740531	32.88∶36.54∶30.58	538.4	422.84

资料来源：2015 年《青海省统计年鉴》，2014 年《海西州统计年鉴》。①

从产业结构变动来看，柴达木盆地三次产业增加值占 GDP 的比重 1999 年为 7.6∶58∶34.4，2014 年为 4.64∶76.43∶18.93；② 三次产业就业比重 1999 年为 42.17∶23.13∶34.7，2014 年演变为 32.88∶36.54∶30.58。总体来看，第一产业产值比重和吸收就业比重都在持续下降，第二产业产值比重和吸收就业比重都有所上升，第三产业还没有表现出大规模增长的趋势，说明柴达木盆地经济发展仍然处于工业化阶段。

（二）柴达木盆地社会发展水平现状

1. 科技、教育与文化事业发展情况

科教文化发展是区域经济发展和城镇化的重要支持，也是城镇化发展的体现。从表 2－4 可以看出，1999—2014 年柴达木盆地科教文化发展变动情况。科技支出由 1999 年的 28 万元增至 2014 年的 7100 万元，增长 253 倍；教育支出由 3589 万元增至 14.5 亿元，增长 40 倍；教育经费占 GDP 比重由 1.77% 增至 2.59%。专业技术人员数由 4026 人增至 5405 人，增长 0.34 倍；普通中小学教师由 3941 人增至 4395 人，增长 0.12 倍。公共图书馆图书总藏量由 251 千册增至 579.2 千册，增长 1.3 倍。（见表 2－4）

---

① 说明：关于柴达木盆地三次产业就业情况统计有两种结果，本表中是按照海西州统计局编制的 2014 年《海西州统计年鉴》整理得到的三次产业就业情况统计数据，是分别从乡村从业人员和城镇从业人员两方面统计得到的汇总结果。与《青海省统计年鉴》中的数据相比，差异表现在第一产业就业比重偏高，第三产业就业比重偏低，总体还是符合柴达木盆地资源型区域城镇化实际情况。详细对比情况请参阅本书第四章表 4－2、表 4－3、表 4－4。

② 柴达木盆地三次产业比重变化具体情况参阅本书第二章表 2－12。

表 2－4　柴达木盆地科教文化发展情况

年份	科学技术支出（万元）	普通中小学专任教师数（人）	教育支出（万元）	专业技术人员（人）	教育经费占GDP比重（%）	公共图书馆图书总藏量（千册）
1999	28	3941	3589	4026	1.77	251
2000	31	3982	4034	4102	0.95	172
2005	76	3764	12035	6912	0.94	127
2010	1915	4199	65060	6356	1.71	385
2014	7100	4395	145007	5405	2.59	579.2

资料来源：2015 年《青海省统计年鉴》，2014 年《海西州统计年鉴》。

2. 柴达木盆地居民生活质量变化

生活质量提高是城镇化发展的目的之一，也是城镇化健康发展的标志。从表 2－5 看出 2000—2014 年柴达木盆地生活质量变化情况。医院、卫生院床位数 2000 年为 1502 个，2014 年达到 2568 个，增长 0.71 倍；森林面积 2000 年为 469899 公顷，2014 年达到 882470.9 公顷，增长 0.88 倍；城镇在岗职工工资总额 2000 年为 104226.1 万元，2014 年达到 693522 万元，增长 5.65 倍；每千人拥有医院和卫生院床位数 2000 年为 3.12 张，2014 年达到 5.08 张，增长 0.63 倍。

表 2－5　柴达木盆地生活质量变化情况

年份	医院、卫生院床位数（张）	每千人拥有医院和卫生院床位数（张）	城镇在岗职工工资总额（万元）	森林面积（公顷）
2000	1502	3.12	104226.1	469899
2005	1415	3.91	154406	469892
2010	1479	3.30	340632	549519.3
2014	2568	5.08	693522	882470.9

资料来源：2015 年《青海省统计年鉴》。

3. 柴达木盆地交通信息发展情况

区域经济发展过程也是对外联系更加便捷，信息更加通畅的过程。西部大开发以来，柴达木盆地交通和通信条件明显改善。

交通运输方面，2014 年末柴达木地区公路通车里程 14224 公里。全年公路运输完成货物运输量 1479.3 万吨，铁路运输完成货物运输量（发送量）2356. 8 万吨，公路运输完成旅客运输量 202. 7 万人，铁路运输完成旅客运输量（发送量）143. 7 万人。格尔木机场航班起降 1684 架次，通航里程 236. 06 万公里，旅客吞吐量（运输量）13. 06 万人次，货物吞吐量（运输量）693. 6 吨。① 民用汽车拥有量从 1999 年的 11667 辆增至 2014 年的 79169 辆，增长 5. 79 倍；地区路网密度从 1999 年的 0. 02 公里/平方公里，增至 2014 年的 0. 041 公里/平方公里。②

信息与通信方面，1999 年移动和固定电话用户数 32500 户，2014 年增至 677133 户，其中固定电话用户数达到 11. 4 万户，移动电话用户数达到 56. 3 户，共增加 19. 83 倍；电视综合人口覆盖率从 80. 09% 增至 97. 01%，几乎全覆盖。人均邮电业务量从 488. 09 元增至 1728. 35 元，增加 2. 54 倍；互联网宽带拉入用户从 1999 年的 6325 户增至 2014 年的 82157 户，增长 11. 99 倍。（见表 2 – 6）

表 2 – 6　柴达木盆地交通与信息化发展情况

年份	电话用户（户）	民用汽车拥有量（辆）	电视综合人口覆盖率（%）	人均邮电业务量（元）	互联网宽带拉入用户（户）
1999	32500	11667	80. 09	488. 09	6325
2000	38762	13453	82. 03	501. 48	7954
2005	101524	17700	93. 02	753. 44	12607
2010	101744	48203	96. 01	993. 26	37583
2014	677133	79169	97. 01	1728. 35	82157

资料来源：2000—2015 年《青海省统计年鉴》。

第二节　柴达木盆地城镇化历史沿革

柴达木盆地行政区划隶属海西蒙古族藏族自治州，海西州历史悠久，古代是西羌地，因地处青海湖以西而得名。汉代时海西州境东部为少数民族部落的活动范围，西部则属于“若羌国”。公元 4 年，海西州东部设西海郡。后来，经历唐代、宋代、元代以及明清时期的发展变迁，民国 19 年

① 海西州统计局．海西州 2014 年国民经济和社会发展统计公报［R］．2015 – 03 – 26.

② 路网密度具体数据参见本书第四章。

(1930年)海西州全境直隶青海省政府[3]。海西州建州于1955年，现辖德令哈、格尔木两市，都兰、乌兰、天峻三县和大柴旦、冷湖、茫崖三个行政委员会。柴达木盆地海西蒙古族藏族自治州城镇化历史沿革见表2-7。

表2-7 海西蒙古族藏族自治州（柴达木盆地）城镇化历史进程表

年份	柴达木盆地城镇建设进程表
1949	1949年9月青海解放。成立都兰县人民政府，辖今海西州全境，直隶省政府
1954	1954年1月25日设立海西蒙藏哈萨克族自治区，辖都兰蒙古族自治区，天峻藏族自治区，阿尔顿曲克哈萨克族自治区
1955	海西蒙藏哈萨克族自治区改设海西蒙藏哈萨克族自治州，原都兰蒙族自治区改设都兰县，原天峻藏族自治区改设天峻县
1958	撤销德令哈临时工作委员会，改设德令哈县
1959	撤销茶卡工作委员会，改设乌兰县
1960	以马海和格尔木工作委员会的部分地区设立大柴旦市；撤销冷湖市临时工作委员会，设立冷湖市；撤销格尔木工作委员会，以原格尔木工作委员会的部分地区设立格尔木市
1962	撤销德令哈县，并入乌兰县
1963	撤销柴达木行政委员会，原柴达木行政委员会所属大柴旦、冷湖、格尔木3市和乌兰、都兰、天峻3县划归海西蒙古族藏族哈萨克族自治州
1964	设立冷湖、大柴旦、茫崖3镇
1965	撤销格尔木市，改设格尔木县
1985	将海西州定名为海西蒙古族藏族自治州
1988	设立德令哈市（县级），以德令哈镇和乌兰县的怀他头拉、戈壁、郭里木、宗务隆、畜集五个乡为德令哈市的行政区域
1991	辖2市、3县、1行政委员会：格尔木市、德令哈市、都兰县（察汗乌苏镇）、天峻县（新源镇）、乌兰县（希里沟镇）、茫崖行政委员会（花土沟）
1992	辖2市、3县、3行政委员会：格尔木市、德令哈市、都兰县（察汗乌苏镇）、天峻县（新源镇）、乌兰县（希里沟镇）、茫崖行政委员会（花土沟镇）、大柴旦行政委员会（大柴旦镇）、冷湖行政委员会（冷湖镇）
1999	海西州辖2市（格尔木、德令哈）、3县（都兰、乌兰、天峻）、3个行政委员会（茫崖、冷湖、大柴旦），共43个乡镇，3个街道办事处。
2000	辖2市、3县：格尔木市、德令哈市、乌兰县（希里沟镇）、天峻县（新源镇）、都兰县（察汗乌苏镇）

续表

年份	柴达木盆地城镇建设进程表
2001	1. 撤销德令哈市怀头他拉乡，设立怀头他拉镇；撤销郭里木乡，设立并命名为尕海镇。2. 撤销天峻县天棚、关角2乡，合并设立并命名为新源镇。3. 撤销都兰县夏日哈乡，设立夏日哈镇。4. 撤销乌兰县巴音乡，并入茶卡镇。5. 将天峻县生格乡政府驻地迁至野马滩
2005	1. 撤销戈壁乡，设立并命名为柯鲁柯镇；2. 撤销宗务隆乡；3. 撤销郭勒木德乡，设立郭勒木德镇；4. 撤销唐古拉山乡，设立唐古拉山镇；5. 撤销宗加乡和诺木洪乡，设立宗加镇；6. 撤销赛什克乡，并入柯柯镇；7. 撤销铜普乡，设立铜普镇；8. 撤销木里乡，设立木里镇；9. 撤销江河乡，设立江河镇；10. 撤销鱼卡乡，并入柴旦镇
2010	辖2个县级市、3个县。州政府驻德令哈市
2013	辖县级市2座，建制镇21个（含县城3个：察汗乌苏镇、希里沟镇、新源镇；行委驻地3个：大柴旦、冷湖、花土沟镇；其他城镇15个：郭勒木德镇、唐古拉镇、柯鲁柯镇、怀头他拉镇、锡铁山镇、尕海镇、茶卡镇、铜普镇、柯柯镇、夏日哈镇、香日德镇、宗加镇、江河镇、木里镇、茫崖镇），14个乡，8个街道办事处

资料来源：根据参考文献［3］相关资料整理。

从表2－7可以看出，新中国成立以来，柴达木盆地城镇化的总体发展主要是农业发展和兴建农牧场推动，资源开发以及青藏公路、青藏铁路的建设而逐渐形成的。

柴达木盆地东部地区土壤肥沃、阳光充足，为农业发展奠定了基础，逐渐吸引前来定居的农牧民。因此早期在柴达木盆地东部的都兰等地区建立起了村庄和农场。由于农业的发展，柴达木盆地的东部地区城镇也有所发展，但此阶段柴达木盆地的西部地区还是一片荒凉戈壁。

1959年，随着海西州治所向西部搬迁，使柴达木盆地西部地区走上资源开发推动型城镇化道路。依托这一地区丰富的矿产资源开发，冷湖、格尔木、茫崖等市镇陆续的发展起来。[15]与此同时，青藏公路和青藏铁路的建设，也促使柴达木盆地沿线地区城镇的发展。20世纪的五六十年代是海西州城市人口增长最快的时期，到了20世纪60年代，柴达木盆地城镇格局就已经基本形成。[16]

在资源开发规模加大、人口增长、工业化发展的推动下，柴达木盆地的城市建设水平逐步提高。1980年，格尔木县正式改为格尔木市；1988

年，德令哈镇也升为德令哈市。从此以后，柴达木盆地的城镇化建设，就以格尔木和德令哈两个城市为中心向两翼发展，形成了“哑铃状”的发展格局。到了20世纪90年代，已经形成了以格尔木市为中心，包括大柴旦、冷湖、茫崖在内的西部工业区和以德令哈市为中心，包括都兰、乌兰、天峻县在内的东部绿洲农业区。

西部大开发之前，柴达木盆地城镇化建设速度比较慢，1999年盆地总人口31.23万人，有43个乡镇，3个街道办事处。西部大开发以来，政府投入资金重视资源开发的同时加快基础设施建设，对柴达木盆地的生态环境也进行治理和保护，使格尔木、德令哈等城市的经济水平、生态环境都有了明显的改善。2014年，盆地常住人口达到50.54万人，有2个城市，21个小城镇，14个乡，独立工矿区6个。①

第三节　柴达木盆地城镇化发展现状与特点

柴达木盆地城镇化的快速发展主要源于资源开发，盆地城镇化表现出资源型区域城镇化的典型特点。

一、柴达木盆地城镇化总体水平变化

城镇化总体水平是城镇化发展的结果，以下主要从人口规模、城镇化率、城镇固定资产投资额等方面，来反映柴达木盆地城镇化总体水平变化。

1. 柴达木盆地城镇化水平发展变动情况

从表2-8可以看出，2000—2014年柴达木盆地城镇化总体水平发展变化情况。

表2-8　柴达木盆地城镇化总体水平

年份	地区常住人口（人）	城镇人口（人）	城镇化率（%）	城镇固定资产投资完成额（万元）
2000	326857	206304	63.12	185919

① 参见海西州统计局：《海西州2014年国民经济和社会发展统计公报》。

续表

年份	地区常住人口（人）	城镇人口（人）	城镇化率（%）	城镇固定资产投资完成额（万元）
2005	362491	228000	62.11	350603
2010	390743	238334	62.83	1243187
2014	505400	379300	75.05	4914361

资料来源：各年《青海省统计年鉴》（注：城镇化率＝城镇人口/地区常住总人口）。

地区常住总人口 2000 年为 326857 人，2014 年达到 505400 人，增长 54.6%；城镇人口 2000 年为 206304 人，2014 年达到 379300 人，增长 83.9%；城镇化率 2000 年为 63.12%，2014 年达到 75.05%，年均提高 0.994%；城镇固定资产投资 2000 年为 185919 万元，2014 年达到 4914361 万元，增长 25.43 倍。可见，无论从人口规模还是从城镇建设规模来看，柴达木盆地城镇化发展都比较快。

2. 柴达木盆地城镇化现状

新中国成立初期柴达木盆地没有设市的建制，城镇化率仅 11.25%；到 2014 年，有 2 座城市，21 个建制镇（见表 2－9）。柴达木盆地城镇化水平不断提高，已经形成以 2 个县级市为中心，县城、建制镇、工矿区为基础的城镇体系。[4]

表 2－9　柴达木盆地行政建制变动表

单位：个

年份	市	县	镇（建制镇）	行委	乡
1955	0	2	/	0	/
1978	0	4	2	0	45
1999	2	3	9	3	28
2010	2	3	18	3	14
2014	2	3	21	3	14

资料来源：1985—2015 年《青海省统计年鉴》（/表示数据缺失）。

截至 2014 年末，柴达木盆地 GDP 为 560 亿元，人均 GDP 达到 11.13 万元，三次产业增加值占 GDP 的比重为 4.64∶76.43∶18.93，城镇化率达

75.05%。单从城镇化率指标来看，柴达木地区城镇化水平较高。①

3. 柴达木盆地城镇化率与全国和青海省的比较

从表2-10和图2-4可以看出，西部大开发以来，柴达木盆地城镇化率比同期全国城镇化率至少高出10%，比青海省至少高出20%，也因此青海省2011年将柴达木盆地所在的海西蒙古族藏族自治州确定为全省统筹城乡一体化示范区。

表2-10 柴达木盆地城镇化率与全国和青海的对比

年份	柴达木盆地城镇化率（%）	青海省城镇化率（%）	全国城镇化率（%）
1999	63.95	34.59	34.78
2000	63.12	34.76	36.21
2005	62.98	39.25	42.99
2010	62.83	44.72	49.95
2014	75.05	49.78	54.77

资料来源：2015年《中国统计年鉴》和《青海省统计年鉴》。

由图2-4可以看出，全国和青海省以及柴达木地区的城镇化率均是上升的，西部大开发以来柴达木地区的城镇化率始终高于同期全国以及青海省城镇化率水平。而且，"十一五"期间柴达木地区城镇化率基本保持不变，"十二五"期间城镇化率上升较快，2014年达到75.05%。

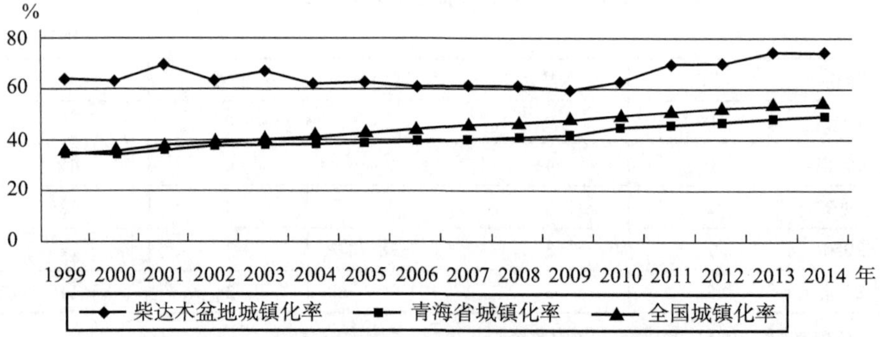

图2-4 柴达木盆地城镇化率与全国和青海的对比

① 但是，城镇化率并不是衡量区域城镇化发展水平的唯一指标，要全面反映区域城镇化发展状况，需要从城镇化内涵出发，建立综合评价指标体系，才能实现城镇化发展水平全面评价。本书第三章将对柴达木盆地城镇化发展水平和质量进行综合评价。

二、柴达木盆地城镇化特点

（一）青海省城镇化现状特点

1. 城镇化水平稳定上升，城镇规模结构体系形成

西部大开发战略实施以来，青海省经济总量大幅度提升，人均 GDP 由 1999 年的 4728 元升至 2014 年的 39671 元，增长 7.39 倍。从图 2－4 可以看出，随着经济发展，1999—2014 年青海省城镇化率由 34.76% 上升到 49.78%，共提高 15.02%，年均提高 1.25%。这一时期全国城市化率由 36.21% 上升到 54.77%，年均提高 1.54%。2007—2014 年是青海城镇化率提高速度最快的时期，平均每年提高 1.38%，同期全国城镇化率平均增速为 1.37%。

随着青海经济发展以及农牧区基层综合改革，城镇数量迅速增加。2000 年建制镇为 49 个，城市 3 座。2013 年国务院批准海东撤地设市、玉树撤县设市，青海省形成 2 个地级市、3 个县级市和 137 个建制镇构成的城镇体系。城市首位度也由 2008 年的 16.062 下降为 2014 年的 1.58，城镇规模结构逐渐合理。

2. 城镇化发展进入中期阶段

根据美国地理学家诺瑟姆的 S 形曲线理论，城市化水平由低到高将经过起步阶段（城市化水平在 30% 以下）、发展阶段（城市化水平由 30% 持续上升到 70% 左右）和成熟阶段（城市人口比重最终稳定在 80%～90%）。从青海省城镇化水平来看，总体处于城市化中期阶段。如果以城镇人口增长系数 K（K＝城镇人口增长规模/总人口增长规模）来衡量，青海省 2005 年 K 值为 1.24，2014 年 K 值达到 1.9，进入城市化的中期阶段。总人口的增长全部表现为城镇人口的增长，农村人口的绝对规模开始下降，这是城市化过程中第二个重要的转折点，通过第三产业发展吸引农村劳动力转移是城镇人口增长系数 >1 的基本动力。

3. 城镇规模不断扩大，非农产业就业比重明显提高

随着经济发展和城镇化水平提高，青海实施优势资源转换战略，不断推

进产业结构优化升级。2000 年三次产业占 GDP 比重为 14.6∶43.3∶42.1，2014 年为 9.4∶53.6∶37，第一产业比重下降，第二产业比重上升。经济快速发展和产业结构调整，促使三次产业就业结构改善。2000 年全省三次产业就业比重为 55.82∶12.61∶31.57，2014 年为 36.6∶22.9∶40.5，与 2000 年相比，第一产业就业比重下降 18.68%，第二、第三产业就业比重分别上升 10.29% 和 8.93%。①

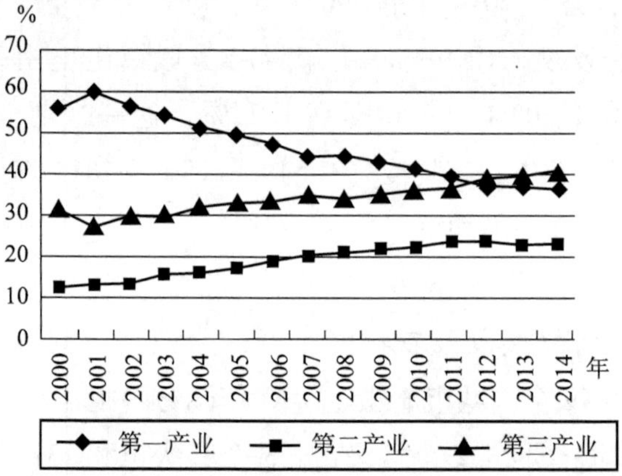

图 2－5　青海省西部大开发以来三次产业就业比重变动

（二）柴达木盆地城镇化特点

城镇化水平提高与工业化推进、区域经济发展是相辅相成的。一般认为工业化是城镇化的主要动力，而资源型区域城市化主要依靠矿产资源、森林资源等自然资源开发，并通过资源开采和初加工为支柱产业形成具有专业性职能的城市（镇）。柴达木盆地也是典型的资源型区域，但其城镇化发展既具有一般资源型区域城镇化的共性，也有自身独特性。

1. 依托资源开发，推动城镇化

柴达木盆地以其特有的矿产资源优势决定了其战略地位，通过青藏铁路修建以及境内国道和省道为主的交通基础设施建设，为城镇发展奠定了基础。通过资源开发有效地带动柴达木盆地的经济发展，一些资源型城镇

① 资料来源：2015 年《青海省统计年鉴》。

随着盆地资源开发逐步形成，如“石油城”—冷湖、“石棉城”—茫崖、“化工城”—大柴旦。近年来，柴达木盆地实施了优势资源转换战略，通过对资源的综合开发和加工促进当地经济发展和城镇化。

2. 工业化带动城镇化发展

从表2－11和图2－6可以看出，柴达木盆地自20世纪90年代中期开始，通过工业化发展，产业结构进入“二、三、一”发展阶段，2014年三次产业占GDP的比重达到4.64∶76.43∶18.93，同期青海省为9.4∶53.6∶37，显然柴达木盆地第二产业增加值占比远高于全省和全国平均水平。工业快速发展，为区域城镇化积累了一定的资金和发展条件。①

表2－11　柴达木盆地三次产业增加值占GDP的比重变动表

年份	三次产业增加值占GDP比重（%）		
	第一产业	第二产业	第三产业
1995	9.9	54.2	35.9
2000	5.9	65.0	29.1
2005	3.3	74.5	22.2
2010	2.8	79.1	18.1
2014	4.64	76.43	18.93

资料来源：2001—2015年《青海统计年鉴》。

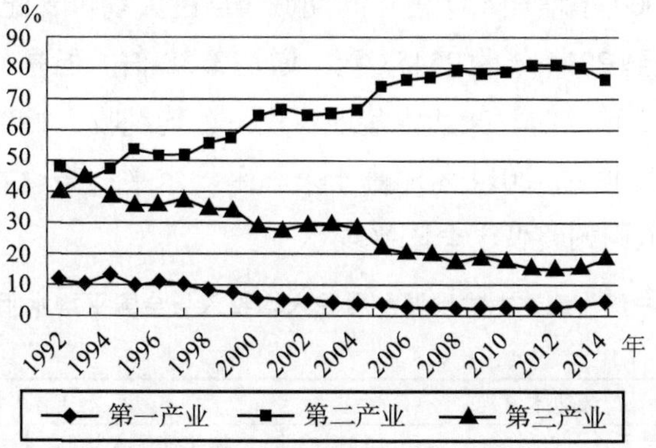

图2－6　柴达木盆地三次产业增加值占GDP的比重变动情况

① 但是，柴达木盆地第二产业增加值占GDP的比重过高，2014年占到76.43%，其中工业增加值占比接近70%（见表2－3）。这种经济结构对城镇化发展产生严重阻滞，关于本问题的探讨在本书第五章。

3. 城镇化进程中区域经济综合实力不断提升

一是地区财政实力不断增强。西部大开发以来，柴达木盆地的地方财政收入与财政支出快速增长。地方财政收入从1999年的1.75亿元增加到2014年的130.1亿元，16年增长73.4倍，地方财政支出从3.67亿元增加到132亿元，增长35倍，地方财政收入与财政支出水平从1999年的入不敷出发展到2014年的收支基本持平，地区财政实力有所增强（见表2－12）。

表2－12　柴达木盆地财政收入与财政支出变动表

单位：亿元

年份	财政收入	财政支出	年份	财政收入	财政支出
1999	1.75	3.67	2007	28.18	26.38
2000	2.19	4.43	2008	37.14	37.09
2001	6.94	6.50	2009	44.03	43.89
2002	8.21	7.52	2010	61.77	61.82
2003	10.27	8.68	2011	96.13	95.28
2004	11.94	10.11	2012	117.58	110.27
2005	12.86	12.40	2013	126.37	131.56
2006	18.81	16.82	2014	130.10	132.05

资料来源：《青海省统计年鉴》（2000—2015年）。

二是地区人均收入水平不断提高。从表2－13和图2－7可以看出，柴达木盆地西部大开发以来城乡居民收入水平都稳定上升。农牧民人均纯收入2014年较2000年增加4.9倍，同期城镇居民人均可支配收入由2000年的5803元增长到2014年的25453元，增长3.38倍。但是与同期全国平均水平相比，2013年以前，柴达木盆地农牧民人均纯收入始终低于全国农村居民人均纯收入水平，2014年略高于全国平均水平；柴达木盆地城镇居民人均可支配收入则始终低于全国平均水平。

表2－13　柴达木盆地城乡居民人均收入与全国平均水平对比

单位：元

年份	柴达木盆地		全国平均	
	城镇居民人均可支配收入	农牧民人均纯收入	城镇居民人均可支配收入	农村居民人均纯收入
2000	5803.00	1924.8	6280	2253.4
2001	6242.00	2050.9	6859.6	2366.4
2005	8693.31	2302.7	10493	3254.9

续表

年份	柴达木盆地		全国平均	
	城镇居民人均可支配收入	农牧民人均纯收入	城镇居民人均可支配收入	农村居民人均纯收入
2010	16758.64	5433.5	19109.4	5919
2014	25453.00	10294	29381.2	9892

资料来源：2001—2015 年《青海省统计年鉴》，2001—2015 年《中国统计年鉴》。

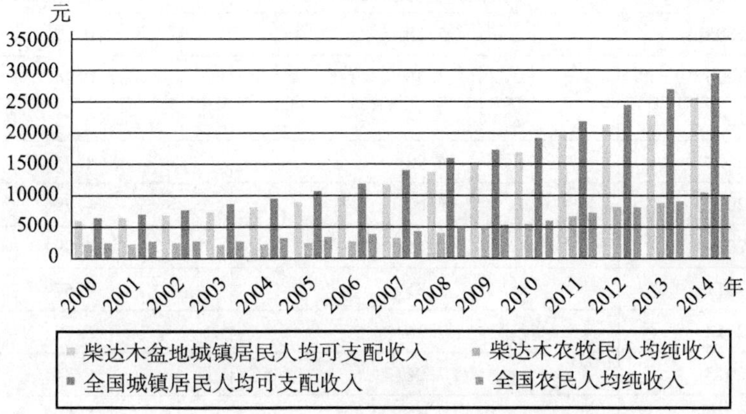

图 2－7　柴达木盆地城乡居民人均收入与全国对比

三是社会保障水平提高，民生建设取得显著成果。从表 2－14 可以看出，柴达木盆地自西部大开发以来，不断扩大城乡养老保险覆盖范围。从城镇养老保险变动情况来看，2005 年参保 3.28 万人，2014 年增加到 7.42 万人，城镇养老保险覆盖人数比 2005 年增长 1.26 倍。2005 年农村养老保险人数仅 0.07 万人，2014 年增至 6.99 万人，农村养老保险覆盖人数较 2005 年增长 98.85 倍。①

① 根据州人力资源和社会保障局 2015 年 7 月 23 日发布的《海西州新型农村牧区社会养老保险补充办法》，具有海西州农村牧区户籍，年满 16 周岁（不含在校学生）、未参加城镇职工基本养老保险的农村牧区居民，可以在户籍所在地自愿参加新农保。年满 60 周岁、未享受城镇职工基本养老保险待遇、具有海西州农村牧区户籍的老年人，从年满 60 周岁的次月起按月领取养老金。本补充办法实施前，已年满 60 周岁的老年人，不用缴费，可以按月领取基础养老金。本补充办法实施后，参保农牧民达到 60 周岁，而缴费年限不足 15 年的，基础养老金按 55 元计发；也可一次性补足 15 年，但累计缴费年限不超过 15 年，基础养老金按 150 元计发。距领取年龄超过 15 年的，应按年缴费，累计缴费不少于 15 年。本办法从 2010 年 7 月 1 日起执行。

从图2－8可以明显看出，2009年以前，柴达木盆地城乡养老保险人数差距很大，“十二五”以来，农村养老保险人数迅速上升，规模上与城镇相当。说明这一时期海西州政府重视城乡统筹、协调发展，城乡差距进一步缩小，城乡一体化进程加快。

表2－14 柴达木盆地城镇养老保险与农村养老保险状况

单位：万人

年份	城镇养老保险人数	农村养老保险人数
2005	3.28	0.07
2006	3.75	0.24
2007	4.13	0.93
2008	4.92	1.75
2009	4.60	4.79
2010	4.71	4.99
2011	5.85	6.67
2012	7.24	6.75
2013	7.04	6.84
2014	7.42	6.99

资料来源：2006—2015年《青海省统计年鉴》。

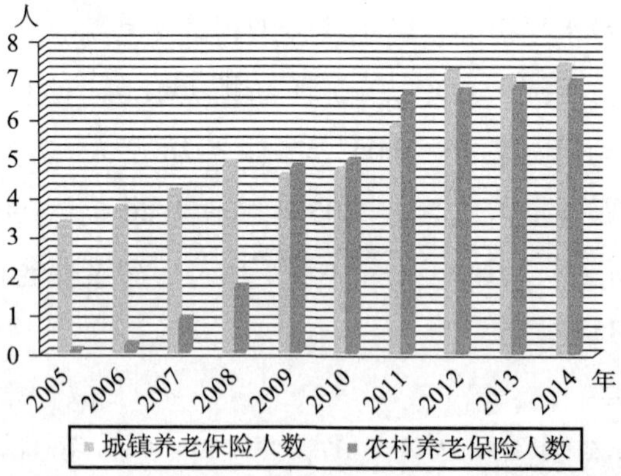

图2－8 柴达木盆地城镇和农村养老保险人数变动

4. 柴达木盆地城镇规模较小，布局分散，流动人口多

根据国务院印发《关于调整城市规模划分标准的通知》的规定，新的

城市规模划分标准以城区常住人口为统计口径，将城市划分为五类七档：城区常住人口数50万以下的城市为小城市，其中20万以上50万以下的城市为Ⅰ型小城市，20万以下的城市为Ⅱ型小城市；城区常住人口数50万以上100万以下的城市为中等城市；城区常住人口数100万以上500万以下的城市为大城市，其中300万以上500万以下的城市为Ⅰ型大城市，100万以上300万以下的城市为Ⅱ型大城市；城区常住人口数500万以上1000万以下的城市为特大城市；城区常住人口数1000万以上的城市为超大城市。①

2014年，海西州的户籍总人口为41.25万人，其中格尔木13.59万人，德令哈7.66万人，乌兰县3.7万人，都兰县7.39万人，天峻县2.26万人，茫崖3.41万人，大柴旦0.98万人，冷湖2.26万人。海西州人口数在20万以上的城市为0，城市人口数都在20万以下，城镇规模较小，属于Ⅱ型小城市和小城镇（见表2－15）。

表2－15　2014年柴达木盆地各地区的人口规模与城镇分布

	格尔木市	德令哈市	乌兰县	都兰县	天峻县	茫崖	大柴旦	冷湖
年末总人口（万人）	13.59	7.66	3.7	7.39	2.26	3.41	0.98	2.26
城市数量（个）	1	1	0	0	0	0	0	0
城镇数量（个）	2	3	4	4	3	2	2	1

资料来源：2015年《青海省统计年鉴》。

柴达木盆地不仅城镇规模小，而且空间布局分散，很难形成集聚经济效益。城镇建设成本很高，市场规模很小。因此，未来应当考虑在重点开发区域范围内，沿着主要交通干线，规划和发展城市和小城镇布局，实现人口和经济活动相对集中在生态环境承载力较强的区域，既有助于城镇发展，也有助于盆地生态环境保护。

此外，虽然柴达木盆地户籍人口较少，但是流动人口比重很大。②2014年末常住人口中，户籍人口为41.25万人，占81.62%，流动人口则占到18.38%，这些人口也是柴达木盆地城镇化的重要动力。

---

① 以上包括本数，以下不包括本数，参见2014年11月20日国务院《关于调整城市规模划分标准的通知》。

② 参见《海西州2014年国民经济和社会发展统计公报》。

三、柴达木盆地在青海省主体功能区规划中的地位

《全国主体功能区规划》划分了 18 个重点开发区域，其中青海省西宁、海东、格尔木地区列入国家级“兰州—西宁”重点开发区范围。青海省重点开发区域具体包括东部重点开发区域和柴达木重点开发区域，该区域扣除基本农田和禁止开发区后面积为 7.3 万平方公里，占全省国土面积的 10.18%，总人口 397 万人，占全省总人口的 68.7%。[5] 青海省重点开发区域分布见图 2－9。

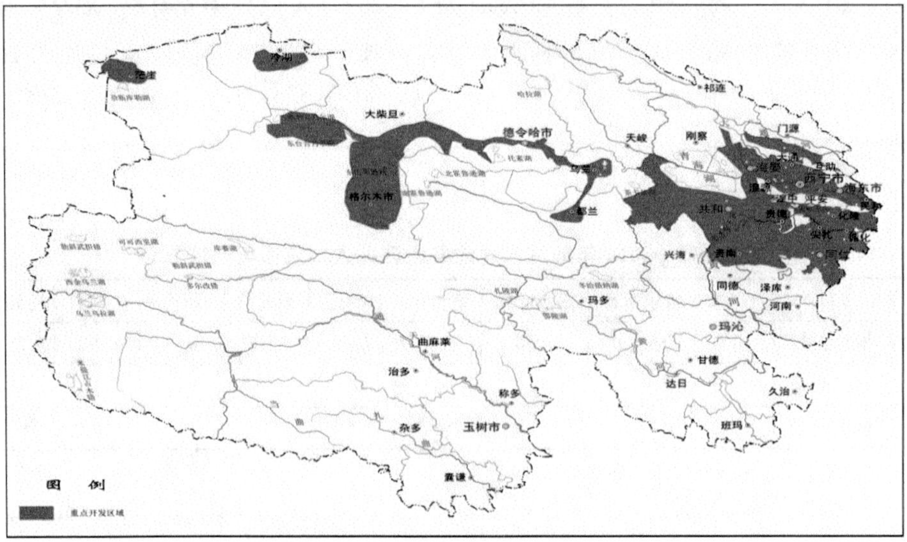

图 2－9　青海省主体功能区规划的重点开发区域分布情况

东部重点开发区域范围包括：西宁市四区，海东市循化县，海南州贵德县、贵南县、共和县，黄南州同仁和尖扎县，海北州海晏县全部区域；西宁市湟中县、湟源县、大通县，海东市乐都区、平安县、民和县、互助县、化隆县除基本农田以外的区域。该区域扣除基本农田和禁止开发区后面积为 4.51 万平方公里，占全省国土总面积的 6.29%。总人口 362 万人，占全省总人口的 62.6%。①

① 吴海昆．青海省主体功能区规划及相关资料汇编［R］．青海省发展和改革委员会，2014.

柴达木重点开发区域范围包括：格尔木市、德令哈市、乌兰县、都兰县、大柴旦行委、茫崖行委、冷湖行委城关镇规划区及周边工矿区、东西台盐湖独立工矿区。该区域面积为2.79万平方公里，占全省总面积的3.89%，人口35.15万人，占全省总人口的6.08%。①

根据《青海省主体功能区规划》的要求，柴达木重点开发区域的功能定位是打造全国重要的资源型循环经济发展示范区和全省统筹城乡发展一体化示范区，率先实现工业化、城乡一体化，实现全面小康，成为全省向西向南开放的重要窗口，为全省跨越发展提供强有力的支撑。可见，深入系统分析柴达木地区城镇化发展的支撑环境与制约因素，对于柴达木盆地城镇化有重要意义，对于柴达木盆地主体功能区目标定位的实现也有重要意义。

四、柴达木盆地城镇化取得的成绩

西部大开发以来，海西州统筹推动稳增长、调结构、促改革、惠民生。调整产业结构，加快发展新能源、新材料、绿色产业和现代服务业。推进格尔木“光伏城”、德令哈光伏装备制造基地和重点光伏、风能资源开发项目建设，全球最大的光伏基地初具雏形。

重点推动小城镇道路、景观改造、集中供热等项目，柴达木盆地村镇用水普及率达到44.87%，人均道路面积19.09平方米，建成区绿化覆盖率2.36%，建成区绿地率1.61%，生活垃圾处理率31.58%，燃气普及率2.92%。海西州全面推进91个示范村建设，累计3949户1.4万人受益；培育龙头企业23家，成立各类农牧民专业合作组织712个，带动农牧民3.1万户。实施整村推进、易地搬迁、藏区扶贫开发等重点项目，1.2万贫困人口稳定脱贫。落实资金1.6亿元，开工建设各类保障性住房1.3万套，累计入住1.5万户。②

柴达木盆地城镇化发展迅速，在青海省乃至青藏高原地区具有重要的影响力。格尔木市先后荣获“全国文明城市创建先进市”“中国园林绿化先进市”“国家卫生城市”等称号；德令哈市先后荣获“全国无障碍建设

---

① 吴海昆．青海省主体功能区规划及相关资料汇编［R］．青海省发展和改革委员会，2014.
② 海西州统计局．海西州2014年国民经济和社会发展统计公报［R］．2015-03-26.

先进城市”“全省卫生城市”“全省精神文明建设先进市”等称号。格尔木市郭勒木德镇，德令哈市尕海镇、柯鲁柯镇，乌兰县希里沟镇，都兰县察汗乌苏镇、香日德镇、宗加镇，天峻县新源镇 8 个镇首次入围新增全国重点镇名录。

柴达木盆地城镇化在西部资源型区域极具典型性，迫切需要系统研究该区域城镇化的特点、总结规律，诊断新型城镇化发展的制约因素，寻找新型城镇化与区域经济可持续发展的对策思路。

参考文献

[1] http://image.baidu.com/search/detail? ct = 503316480&z = d&word =柴达木盆地地图。

[2] 李志启．“聚宝盆”巡礼——柴达木循环经济试验区建设访谈 [J]. 中国工程咨询，2012 (10).

[3] 注重转变发展方式促进经济平稳增长——海西州人大十三届五次会议综述 [BL/CD]. http://www.haixi.gov.cn/ljhx/hxsj/lsyg.htm.

[4] 丁生喜，王晓鹏，诸宁扬，等．基于人口 - 经济 - 生态协调发展的青海省新型城镇化研究 [J]. 生态经济，2015，31 (3).

[5] 吴海昆．青海省主体功能区规划及相关资料汇编 [R]. 青海省发展和改革委员会，2014.

[6] 青海省统计局．青海统计年鉴 [Z]. 北京：中国统计出版社，2000 - 2015.

[7] 国家统计局．中国统计年鉴 [Z]. 北京：中国统计出版社，2015.

[8] 海西州统计局．海西州统计年鉴 [Z]. 格尔木：海西州统计局印制，2005 - 2015.

[9] 海西州人力资源和社会保障局．海西州新型农村牧区社会养老保险补充办法 [R]. 2015 - 07 - 23.

第三章　柴达木盆地城镇化发展水平与动力机制分析

本章首先对柴达木盆地城镇化水平与其他民族自治州进行横断面评价与比较，其次对柴达木盆地城镇化发展水平进行动态评价，最后对柴达木盆地城镇化动力机制进行阶段分析。

第一节　海西州与其他民族自治州城镇化水平比较研究

柴达木盆地所在海西蒙古族藏族自治州是我国30个民族自治州之一，柴达木盆地城镇化既有资源型区域的经济特征，也与多民族聚居的社会环境密切相关。因此本书首先客观评价我国30个民族自治州城镇化发展水平差异，明确海西蒙古族藏族自治州与全国其他民族自治州的发展差距，才能够为制定柴达木盆地城镇化发展战略提供依据。

一、民族自治州城镇化水平综合评价指标体系构建

本书在参考相关研究成果[1-3]的基础上，遵循综合性、科学性、可比性、数据可得性等原则，构建了用于各民族自治州城镇化水平综合评价的指标体系，包括人口城镇化、经济城镇化、社会城镇化和潜在动力4个方面18个指标（见表3-1）。各项指标原始数据通过查阅《中国民族统计年鉴2012》和2011年各民族自治州社会经济发展统计公报获得。①

① 说明：由于各年统计资料口径以及数据资料全面性不相同，从数据可得性、可比性角度选取了全国民族自治州2011年的数据进行分析，在时效性方面也能够保证。

表 3-1　各民族自治州城镇化水平综合评价指标体系

目标层	一级指标	二级指标	单位	指标属性
城镇化水平评价指标体系	人口城镇化水平	城镇化率 x_1	%	正
		年末城镇登记失业率 x_2	%	逆
		人口密度 x_3	人/平方公里	正
	经济城镇化水平	人均 GDPx_4	元	正
		二、三产业对 GDP 的贡献率 x_5	%	正
		地方财政收入占 GDP 的比重 x_6	%	正
		人均城镇固定资产投资 x_7	元	正
		进出口额占 GDP 的比重 x_8	%	正
	社会城镇化水平	人均社会消费品零售额 x_9	元	正
		电视综合人口覆盖率 x_{10}	%	正
		每千人拥有医院和卫生院床位数 x_{11}	张	正
		每千人拥有卫生技术人员 x_{12}	人	正
		城镇居民人均可支配收入 x_{13}	元	正
		城镇最低生活保障人数 x_{14}	人	逆
	潜在动力水平	城镇人均可支配收入与农民人均纯收入比 x_{15}	%	逆
		GDP 增长速度 x_{16}	%	正
		每千人普通中学在校学生数 x_{17}	人	正
		人均邮电业务量 x_{18}	元	正

二、因子分析法的原理

因子分析法的主要原理是：通过对原始变量的相关系数矩阵或者协方差矩阵内部结构的研究，把原始变量分组，使同组内变量之间相关性较高，不同组的变量间的相关性较低，每组变量代表一个基本结构，这个基本结构称为公共因子或者主因子。同时形成了反映主因子和指标包含信息量的权数，以计算综合评价值。

因子分析法的步骤：

第一，根据研究问题选取原始变量，构建其数据矩阵。

假设有 m 个地区，n 个指标，其原始数据矩阵可以表示为

$$X = \begin{matrix} x_{11} & \cdots & x_{1n} \\ \cdots & \cdots & \cdots \\ x_{m1} & \cdots & x_{mn} \end{matrix} \tag{1}$$

第二，原始指标数据的标准化。

为了消除指标量纲及其数量级差异的影响，需要对原始数据进行标准化处理，使其标准化后的变量均值为零，方差为1，其计算公式为

$$Y_{ij} = (X - \bar{X}) / \sqrt{\mathrm{var}(x_{ij})} \tag{2}$$

其中，$i=1, 2, \cdots, m$；$j=1, 2, \cdots, n$；X_{ij}为第 i 个地区第 j 项指标，$\bar{x}$ 为 m 个地区的第 j 个指标的平均数，$\sqrt{\mathrm{var}\ (x_{ij})}$为第 j 个指标的标准差，Y_{ij} 为 X_{ij}标准化后的数值。

第三，计算相关矩阵 R 的特征根及方差贡献率。

计算标准矩阵 Y 的相关系数矩阵 R 及其特征值、特征向量，在此基础上计算出相关矩阵 R 的特征根及方差贡献率，根据累计方差贡献率不小于85%的原则，确定特征根的个数 K 及其相应的特征向量 $\bar{U_i}$ = $(i=1, 2, \cdots, k)$。

第四，建立初始因子载荷矩阵及因子模型。

利用 K 个特征值和特征向量建立并求解初始因子载荷矩阵 $A = (a_{ij})_{n \times k} = (u_i \times \sqrt{\lambda_i})_{n \times k}$，并建立因子模型：

$$\begin{cases} x_i = a_{11}F_1 + a_{12}F_2 + \cdots + a_{1k}F_k + \xi_1 \\ \cdots \\ x_n = a_{n1}F_1 + a_{n2}F_2 + \cdots + a_{nk}F_k + \xi_{n\ 1} \end{cases} \tag{3}$$

其中，F_1，F_2，…，F_K 为公共因子，ξ_i 为特殊因子。

第五，对因子载荷矩阵进行正交旋转变换。

上述方法求得的公共因子解所代表的变量解并不明确，实际意义不清晰，为了便于对实际问题进行分析，需要对初始因子载荷矩阵进行正交旋转变换，通过旋转得到比较理想的因子载荷矩阵 $A = (a_{ij})_{n \times k}$，使载荷矩阵结构简单，关系明确。

第六，计算因子得分及综合得分。

将因子表示为变量的线性组合 $F_I = b_{i1}X_1 + b_{i2}X_2 + \cdots + b_{ij}X_j$ $(i=1,$

2，…，k)，据此计算出因子得分，并将因子方差贡献率占累计方差贡献率的比重作为各因子的权重，计算各样本的综合得分，最后依据综合得分的高低对各样本进行排序。

因子分析法是将原来选取的多个指标，利用线性变换的方法重新组合成尽可能少，而且互不相关的几个综合性指标，并且使这几个指标能尽量多地反映原指标所包含的信息，从而达到简化数据和揭示变量间关系的目的，因此适用于多指标、多变量的复杂社会经济事项评价。[4-6]

三、评价结论

(一) 各民族自治州城镇化水平评价结果

根据前文构建的城镇化水平评价指标体系，首先采用极差化的方法对原始数据做标准化处理，然后利用SPSS软件对标准化后的指标进行因子分析，从而得到我国各民族自治州人口城镇化、经济城镇化、社会城镇化和潜在动力4个方面的主因子得分及综合得分。(见表3-2)

表3-2 我国各民族自治州城镇化水平计算结果排名①

项目	人口城镇化	排名	经济城镇化	排名	社会城镇化	排名	潜在动力指标	排名	综合	排名
海西蒙古族藏族自治州	2.35	1	2.13	1	0.77	4	0.99	3	1.28	1
海北藏族自治州	0.51	8	-0.02	11	0.37	8	1.19	2	0.29	6
黄南藏族自治州	-0.08	15	-0.46	25	-0.06	15	-0.96	29	-0.29	25
海南藏族自治州	0.16	12	-0.35	22	-0.11	19	-0.29	19	-0.18	21
果洛藏族自治州	0.42	9	-0.36	23	-0.24	22	2.26	1	0.26	7
玉树藏族自治州	-0.54	22	-0.10	14	-1.69	30	-0.30	20	0.03	10
延边朝鲜族自治州	1.31	4	0.11	8	0.05	13	0.02	11	0.02	12
恩施土家族苗族自治州	-0.45	21	-0.58	29	-0.07	16	-0.39	24	-0.37	26
湘西土家族苗族自治州	-0.73	27	-0.45	24	-0.09	17	-0.59	26	-0.46	28

① 说明：由于资料获取完整度限制，特选取2011年各民族自治州的相关数据进行评价。参见参考文献［7］卞利花，丁生喜．我国民族自治州新型城镇化水平比较研究［J］．中国商论，2015（36）．

续表

项目	人口城镇化	排名	经济城镇化	排名	社会城镇化	排名	潜在动力指标	排名	综合	排名
阿坝藏族羌族自治州	-0.02	14	0.60	4	-0.10	18	0.22	9	0.25	8
凉山彝族自治州	-1.29	29	0.60	4	-0.78	29	-0.12	14	-0.17	20
甘孜藏族自治州	-0.72	26	-0.53	27	0.65	5	-1.17	30	-0.26	22
黔东南苗族侗族自治州	-0.66	25	-0.24	20	-0.33	24	0.28	7	-0.09	15
黔南布依族苗族自治州	-0.40	19	-0.21	17	-0.64	27	0.20	10	-0.28	24
黔西南布依族苗族自治州	-0.37	18	-0.16	16	-0.52	25	0.25	8	-0.13	17
西双版纳傣族自治州	1.55	3	0.07	9	1.13	1	-0.05	12	0.74	2
文山壮族苗族自治州	-0.15	16	-0.54	28	-0.53	26	-0.23	16	-0.42	27
红河哈尼族彝族自治州	-2.86	30	0.22	7	-0.16	20	-0.45	25	-0.60	30
德宏傣族景颇族自治州	-0.18	17	-0.23	19	-0.02	14	-0.35	22	-0.15	18
怒江傈僳族自治州	-0.59	23	0.06	10	-0.19	21	-0.68	27	-0.07	14
迪庆藏族自治州	-0.86	28	1.24	2	0.08	12	0.98	4	0.57	3
大理白族自治州	-0.42	20	-0.27	21	-0.26	23	0.73	5	-0.16	19
楚雄彝族自治州	0.31	10	-0.05	12	0.12	11	-0.38	23	-0.09	15
临夏回族自治州	-0.61	24	-0.50	26	-0.74	28	-0.10	13	-0.59	29
甘南藏族自治州	0.09	13	-0.06	13	0.14	10	-0.25	17	0.03	10
昌吉回族自治州	1.03	5	0.25	6	1.13	1	0.69	6	0.54	4
巴音郭楞蒙古自治州	1.77	2	0.79	3	0.50	7	-0.76	28	0.37	5
克孜勒苏柯尔克孜自治州	0.62	6	-0.11	15	0.86	3	-0.18	15	0.25	8
博尔塔拉蒙古自治州	0.23	11	-0.59	30	0.52	6	-0.25	17	-0.26	22
伊犁哈萨克自治州	0.58	7	-0.22	18	0.19	9	-0.32	21	-0.05	13

从表3-2得分结果和排名可知：海西蒙古族藏族自治州在全国30个民族自治州中城镇化水平最高；从分项指标来看，人口城镇化和经济城镇化排名在第一位，发展动力上排在第三位，说明发展潜力巨大；社会城镇化排在第四位，说明有待提高。

（二）各民族自治州城镇化水平聚类分析结果

根据城镇化综合发展水平的综合得分，运用SPSS软件，采用K均值聚类法，得到我国各民族自治州新型城镇化水平聚类结果来。从聚类结果

来看，可以将我国民族自治州聚成4类。（见表3－3）

从表3－3可以看出，我国各民族自治州之间城镇化水平存在差异，不同类别的自治州城镇化综合发展水平差异巨大。第一类自治州只包含海西蒙古族藏族自治州，其城镇化水平（1.28）远远高于平均水平，称之为强城镇化自治州；第二类城镇化水平（0.25～0.74）明显高于平均水平，称之为较强城镇化自治州；第三类城镇化水平（－0.18～0.03）在平均水平上下波动，称之为中等城镇化自治州；第四类城镇化水平（－0.6～－0.26）明显低于平均水平，称之为弱城镇化自治州。[7]

从两种分析方法均可以看出，柴达木盆地所在海西蒙古族藏族自治州在民族区域城镇化发展中处于比较领先的水平，这主要得益于盆地丰富的自然资源开发利用。

表3－3　我国各民族自治州新型城镇化水平聚类结果

类别	民族自治州城镇化强度	民族自治州名称
第一类	强城镇化自治州（1.28）	海西蒙古族藏族自治州
第二类	较强城镇化自治州（0.25～0.74）	西双版纳傣族自治州、迪庆藏族自治州、昌吉回族自治州、巴音郭楞蒙古自治州、海北藏族自治州、果洛藏族自治州、克孜勒苏柯尔克孜自治州、阿坝藏族羌族自治州
第三类	较弱城镇化自治州（－0.18～0.03）	玉树藏族自治州、甘南藏族自治州、延边朝鲜族自治州、怒江傈僳族自治州、黔东南苗族侗族自治州、楚雄彝族自治州、黔西南布依族苗族自治州、德宏傣族景颇族自治州、大理白族自治州、凉山彝族自治州、海南藏族自治州
第四类	弱城镇化自治州（－0.6～－0.26）	甘孜藏族自治州、博尔塔拉蒙古自治州、黔南布依族苗族自治州、黄南藏族自治州、恩施土家族苗族自治州、文山壮族苗族自治州、湘西土家族苗族自治州、临夏回族自治州、红河哈尼族彝族自治州

全国资源型城市可持续发展规划（2013—2020年）中将资源型城市分为成长型、成熟型、衰退型和再生型四种，海西州柴达木地区属于成长型

城市（见表3-4）。这一类地区资源开发处于上升阶段，资源开发潜力大，对经济社会发展有保障，通过规范资源开发秩序，形成一批重要矿产资源战略接续基地，将是我国能源资源的供给和后备基地。[8]

表3-4　全国资源型城市综合分类（2013年）①

分类	成长型城市（31个）
地级行政区20个	朔州市、呼伦贝尔市、鄂尔多斯市、松原市、贺州市、南充市、六盘水市、毕节市、黔南布依族苗族自治州、黔西南布依族苗族自治州、昭通市、楚雄彝族自治州、延安市、咸阳市、榆林市、武威市、庆阳市、陇南市、海西蒙古族藏族自治州、阿勒泰地区
县级市7个	霍林郭勒市、锡林浩特市、永城市、禹州市、灵武市、哈密市、阜康市
县4个	颍上县、东山县、昌乐县、鄯善县

可见，柴达木盆地城镇化健康发展不仅关系到民族地区城镇化水平的提高，也影响全国资源能源战略保障，应当切实从长远发展角度进行科学规划，协调资源开发与城市发展之间的关系，促使柴达木盆地新型城镇化与新型工业化健康同步发展。

第二节　柴达木盆地城镇化发展水平动态评价

随着资源开发、人口增加和经济发展，柴达木盆地城镇化水平不断提高。从前一部分的评价研究结果可知，柴达木盆地与其他民族自治州城镇化水平横向对比差异，还需要从动态角度评价柴达木盆地自身城镇化水平发展变动态势。

一、柴达木盆地城镇化发展水平评价指标体系建立

柴达木盆地是资源型城市化区域，本书根据城镇化的内涵以及柴达木盆地城镇化的特性，从区域经济发展、居民生活质量和科技教育水平三个层面，选取13个评价指标，建立柴达木盆地城镇化综合发展水平评价指标

① 资料来源：中华人民共和国国务院．全国资源型城市可持续发展规划（2013—2020年）[Z]．国发〔2013〕45号，2013-11-12.

体系（见表3－5）。①

表3－5　柴达木盆地城镇化综合发展水平评价指标体系

指标层次	指标构成
区域经济发展	X_1城镇化率（%） X_2城镇固定资产投资（万元） X_3人均GDP（万元） X_4财政总收入（万元） X_5社会消费品零售总额（万元） X_6第二产业增加值（万元）
居民生活质量	X_7医院、卫生院床位数（床） X_8森林面积（hm^2） X_9城镇在岗职工工资总额（万元）
科技教育水平	X_{10}科技支出（万元） X_{11}教育支出（万元） X_{12}专业技术人员数（人） X_{13}地区中小学专任教师数（人）

二、柴达木盆地城镇化综合发展水平评价

（一）主成分分析法基本步骤

主成分分析（Principal Components Analysis）也称主分量分析，旨在利用降维的思想，在损失很少信息的前提下把多个指标转化为几个综合指标的多元统计方法。主成分分析法评价步骤如下[9－10]。

（1）建立原始变量矩阵X，由样本的p个因子构成如下：

$$X=\begin{cases} x_{11}, & x_{12}, & \cdots, & x_{1p} \\ x_{21}, & x_{22}, & \cdots, & x_{2p} \\ \cdots & \cdots & \cdots & \\ x_{n1}, & x_{n2}, & \cdots, & x_{np} \end{cases}$$

① 由于本书对柴达木盆地城镇化综合水平动态评价涉及的时间区间为2000—2014年，其间的原始数据收集存在一定难度。因此，对柴达木盆地城镇化水平动态评价是在各民族自治州城镇化水平评价指标体系的基础上做了调整，目的是在反映城镇化综合水平内涵的基础上确保盆地各年数据资料纵向可比性。

（2）将各变量标准化，即对同一变量减去其均值再除以标准差，以消除量纲影响。

（3）在标准化数据矩阵的基础上计算原始指标相关系数矩阵 R。

（4）解特征方程，并将其 p 个特征根按大小顺序排列（$\lambda_1 \geqslant \lambda_2 \geqslant \cdots \geqslant \lambda_p$），按贡献率确定一个 m 值。

（5）将各待评样点的标准化数据分别代入各主成分的表达式中，计算得出采样点的各主成分得分，以方差贡献率 d_i 为权数求和计算综合得分，各项得分值即是对被评价对象水平的量化描述。

通常把转化生成的综合指标称之为主成分，其中每个主成分都是原始变量的线性组合，且各个主成分之间互不相关，这就使主成分比原始变量具有某些更优越的性能。这样在研究复杂问题时就可以只考虑少数几个主成分而不至于损失太多信息，从而更容易抓住主要矛盾，揭示事物内部变量之间的规律性，同时使问题得到简化，提高分析效率。[11-14] 因此，本书选用主成分分析法进行柴达木盆地城镇化综合水平动态评价，以反映盆地城镇化发展的关键影响因素。

（二）分析过程与结果

根据表3－5柴达木盆地城镇化发展综合水平评价指标体系，运用SPSS软件进行主成分分析，相关结果见表3－6、表3－7。

1. 依据特征值与方差贡献率选择主成分

通过对原始数据进行标准化，以特征值 >1 和累计方差贡献率 >85% 为原则，提取了 3 个主成分，方差贡献率分别是 58.275%、18.362%、8.723%，累计方差贡献率为 85.36%。

2. 主成分命名

根据成分载荷矩阵（见表3－6）可以发现3个主成分在各原始指标上的信息量不等。从主成分载荷大小来看，和第一主成分 F_1 密切相关的是 x_2、x_3、x_4、x_5、这些指标与经济基础有关，因此 F_1 命名为经济基础因子；和第二主成分 F_2 密切相关的是 x_6、x_{10}、x_{11}、x_{12}、x_{13} 这些指标基本属于科技教育范畴，因此 F_2 命名为科技教育因子；和第三主成分 F_3 密切相关的是 x_1、x_7、x_8、x_9，这些指标基本都属于居民生活范畴，因此 F_3 命名为居民生活因子。

表 3-6　成分载荷矩阵

	成分矩阵[a]		
	1	2	3
X_{11}	0.690	0.432	-0.097
X_2	0.984	0.109	-0.124
X_9	0.951	0.125	0.103
X_3	0.938	0.293	-0.097
X_5	0.932	0.296	0.060
X_{10}	0.877	0.409	0.040
X_7	0.813	-0.490	0.144
X_1	0.783	-0.491	0.211
X_8	0.742	-0.343	0.342
X_4	0.983	0.374	-0.230
X_{12}	0.125	0.593	-0.469
X_6	0.398	0.546	-0.529
X_{13}	-0.355	0.457	-0.600

提取方法：主成分分析法。

a. 已提取了 3 个成分。

3. 计算城镇化水平的主成分得分

利用 SPSS 软件 20.0 计算各主成分得分 F_1^*、F_2^*、F_3^*，计算各主成分权重 $f_1=0.68$，$f_2=0.21$，$f_3=0.11$，根据公式 $F^*=F_1^*\times f_1+F_2^*\times f_2+F_3^*\times f_3$ 计算出柴达木盆地城镇化综合发展各年总得分 F^*（见表 3-7）。

表 3-7　柴达木盆地城镇化发展综合得分

年份	F_1	F_2	F_3	综合得分
2000	-6.9054	-1.9716	-0.6542	-3.95
2001	-5.7574	-1.3891	-0.0460	-3.65
2002	-4.0118	-1.7372	-0.9662	-3.37
2003	-4.9449	-1.1049	0.37499	-3.84
2004	-4.6592	-0.7326	0.11469	-3.51
2005	-3.4100	-0.6095	-0.2051	-3.07

续表

年份	F_1	F_2	F_3	综合得分
2006	-0.8206	-2.1472	-2.4171	-4.19
2007	1.5659	-2.8469	-2.0894	-2.23
2008	3.9953	-2.1734	-0.6940	-2.05
2009	4.2218	-2.7835	-2.4527	-0.39
2010	7.0411	-3.1014	-1.4988	0.32
2011	7.1672	-2.3323	-2.1137	2.78
2012	7.7988	1.1752	1.19825	7.92
2013	10.965	0.1066	1.28771	8.78
2014	9.8342	2.1140	3.4430	10.22

从表3-7和图3-1看出，柴达木盆地城镇化发展综合水平稳步上升，从2000年的-3.95上升到2014年的10.22，并且2006年以来发展速度明显加快，说明"十一五"以来在各项政策的支持下，柴达木盆地城镇化发展态势良好。但从城镇化各因子变动来看，经济基础始终是支撑城镇化的重要贡献因素，科技教育发展和居民生活质量在"十二五"以前贡献比较弱，"十二五"以来逐步上升，也说明未来柴达木盆地城镇化仅仅依靠经济拉动远远不够，需要在科技教育水平提升和改善居民生活质量方面提升城镇化质量。

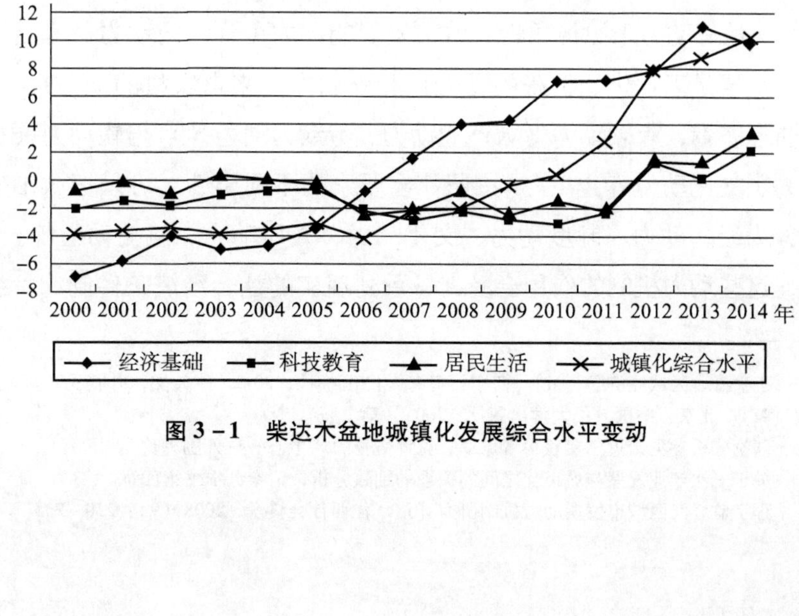

图3-1　柴达木盆地城镇化发展综合水平变动

第三节　柴达木盆地城镇化动力机制分析

城镇化动力机制是影响城镇化发展的诸要素相互作用的过程及运行规律，区域城镇化的不同阶段，其动力机制也会不同。[9]我国各地区城市化发展背景差异大，不同地区在不同发展阶段城镇化动力机制各有不同。

一、城镇化动力机制研究综述

国内外学术界对城市化动力的研究，一般认为城市化的发生与发展，同样遵循着共同的规律，即受农业发展、工业化和第三产业发展这三组力量的推动与吸引。城市化的动力机制可以概括为农村的推力和城市的拉力及其交互作用所产生的共同作用力。① 其中，农业和农村经济发展是城市化的原始推动力，为地区城市化和工业化提供源源不断的农产品和劳动力；工业化是城市化的根本动力，因为只有工业化才能带来区域经济空间集聚，为城市的发展提供必要性；② 第三产业是城市化发展的后续动力，第三产业不但持续扮演城市化进程中劳动力“蓄水池”的作用，而且新兴第三产业的发展成为工业化后期以及后工业化阶段经济发展的重要活力来源。③

根据城市化发展动力的不同特点，可以将各种动力分为不同的类型。[15]一是从动力来源视角看，城市发展的动力可分为内动力（来自城市内部，主要是工业化的扩张的动力）和外动力（来自农村的动力）。二是从物质形态看，有硬动力（如产业动力、劳动力动力等）与软动力（如制度动力、文化动力等）。三是按照社会要素的不同属性，可以把城市化动力划分为经济动力、制度动力、文化动力、人口动力、科技动力等。④ 事实上，这些动力机制的作用会受到一系列现实的社会经济条件制约，社会

① 丁生喜．区域经济学［M］．西宁：青海人民出版社，2012．孙久文，叶裕民．区域经济学教程［M］．北京：中国人民大学出版社，2003（第1版）．

② 理论分析参见诺贝尔奖获得者保罗．克鲁格曼的“中心——外围理论”。

③ 关于三次产业发展与城市化之间的关系的细致分析，请参见本书第四章。

④ 程宇航．江西城市发展动力机制研究［J］．江西社会科学，2008（9）：230－235.

经济背景与条件不同，动力机制的作用力度也会有所不同，城市化进程因而受到影响。因此，城市化的动力机制还必须考虑与之相互作用的其他因素影响。其中，影响城市化的动力机制，进而影响城市化进程的社会经济条件主要有人口与文化、自然资源条件、社会经济条件、工业化模式、制度政策、区位条件、生态环境等因素。①

相关研究认为中国城市化的动力机制既具有普遍性，又有自身独特的因素。许抄军、罗能生、王家清（2007）分析指出我国城市化的动力机制在空间上表现为多层次复合性，在时间上表现为动态演进性。[16]赵新正、宁越敏（2009）基于灰色关联分析法，揭示由于经济发展水平的差异，我国东部、中部、西部区域城市化动力机制存在明显差异。[17]吴建峰、周伟林（2011）提出工业化进程、市场化改革和全球化贸易是我国过去30年城镇化发展的基本推动力。[18]郭力、陈浩（2013）指出我国目前为促进城市化的快速发展，应积极刺激消费、调整区域产业结构布局、重视发展科技与教育、调动市场机制对城市化的驱动作用。[19]

西部资源型区域生态环境脆弱，城市化发展动力机制更加复杂，迫切需要系统研究经济社会转型时期城镇化的动力机制特点，以推动新型城镇化健康发展。相关研究[20-22]认为资源开发、特色产业发展、人口增加、基础设施建设以及各级政府的政策与制度是推动柴达木盆地城镇化的基本动力，但是对柴达木盆地典型资源型区域城镇化动力机制的动态变化却没有系统关注，对柴达木盆地新型城镇化动力机制的研究更是缺乏。

二、柴达木盆地城镇化发展阶段与动力机制分析

本书根据资源型区域城镇化发展的一般规律，结合城镇化发展阶段特征，从社会经济发展角度对柴达木盆地城镇化的动力机制进行分阶段研究，揭示新中国成立以来柴达木盆地城镇化各阶段由拉力、推力与阻力共同耦合成的动力机制的动态变化，特别是新型城镇化发展的动力机制。

---

① 蔡孝箴．城市经济学［M］．天津：南开大学出版社，1998：75；丁生喜．区域经济学［M］．西宁：青海人民出版社，2012.

（一）改革开放以前柴达木盆地城镇化动力机制分析

1954—1978 年，是柴达木盆地城镇化快速发展时期。特点是城市经济和人口规模快速增长，城镇化率由 1954 年的 11.25% 上升到 1978 年的 51.84%。城镇职能中工矿业生产功能突出，但城镇影响范围小。具体而言，新中国成立后，以行政建制为重要推动力，盆地东部城镇迅速发展。1950—1958 年，依托政治、经济、文化的优势，在都兰县的察汗乌苏建立了一批服务于城镇发展的机构；通过农牧场开拓，香日德、德令哈、希里沟、茶卡镇等得以同步发展。[23] 1959 年海西州治所西迁是柴达木盆地经济中心向西转移的客观表现，反映了柴达木盆地的经济建设重点由农牧业向工业转移。随后，在资源开发、工业化和交通条件改善的促动下，西部城镇迅速崛起，1960—1965 年，先后成立了大柴旦市（镇）、冷湖市（镇）、格尔木市、茫崖镇等。20 世纪五六十年代是柴达木盆地城镇人口增长最快的时期，1952 年海西州城镇人口仅 0.05 万人，占总人口的 2.72%；1955 年这两项指标分别达到 1.81 万人和 33.31%；1960 年增至 12.68 万人和 50.86%。增长人口主要集中在西部，且大部分是由盆地外迁入。1960 年格尔木市和“西部三镇”人口合计达 9 万人，至 20 世纪 70 年代，柴达木盆地城镇格局基本形成。[24]

但是由于柴达木盆地平均海拔在 4000 米左右，盆地内可利用土地面积不足 1/3，林地面积不到 1%，地区生态脆弱，风沙大，恶劣的自然条件和脆弱的生态环境对区域城镇化形成阻碍。加之柴达木盆地位于青藏高原北部、青海省西北部，州府德令哈市与省会西宁相距约 600 公里，盆地第一大城市格尔木与省会更是相距约 860 公里。从经济区位来看，处于相对不利地位。因此 1978 年以前，柴达木盆地与周围区域关联很少，在一定程度上制约城镇化发展。①

总体来看，在这一发展阶段柴达木盆地城镇化的推力主要有人口增加和农牧业发展；城镇化的拉力包括行政建制改变、交通条件改善和矿产资源开发推动；但城镇化的阻力则有自然条件与生态环境制约和相对不利的

① 丁生喜，王晓鹏，诸宁扬．柴达木盆地城镇化发展阶段与新型城镇化动力机制研究［J］．北方经济，2015（8）．

经济区位影响（见图3－2）。

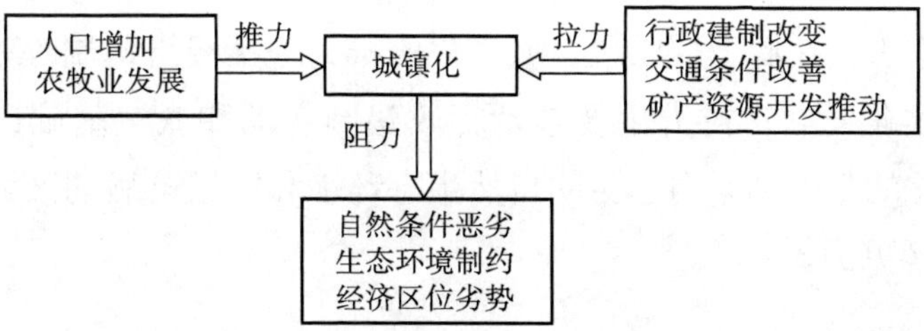

图3－2　改革开发以前柴达木盆地城镇化动力机制示意图

（二）1979—1999年柴达木盆地城镇化动力机制分析

1979—1999年是盆地城镇化成长期，在此期间盆地城镇化率从1978年的51.84%上升到1999年的63.95%，年均增长0.19%。基本特点是城市经济规模与人口规模有所增加，城市中出现工矿业生产功能与生活功能的分区，城市经济对腹地的影响开始明显。

党的十一届三中全会之后，柴达木盆地社会经济得到了较快发展。1978年以来，柴达木盆地农牧业总产值平均每年递增17%，1983年农牧民从集体经营中获得的收入比1978年增加近70%，达到人均323元，高于全国平均水平。1986年柴达木盆地开始推行任期目标责任制、承包经营责任制和聘任制，1995年企业深化产权制度和分配制度改革，同时组建企业集团，在国有企业建立现代企业制度。伴随着经济体制改革的逐步深入和社会经济水平的提高，盆地工业经济质量明显提高，1999年盆地三次产业占GDP的比重达到7.6∶58.0∶34.4，经济结构发生了历史性变化。农牧业发展迅速，1999年农牧民人均纯收入1814元，是1992年的1.9倍，同时农牧区剩余劳动力开始向非农业转移就业。在城镇建制方面，1980年6月格尔木县改为格尔木市，在盆地西部各城镇中的地位愈显重要；1988年4月德令哈撤镇设市，德令哈市作为海西州首府成为盆地新的政治、文化、教育中心。与此同时，城镇的交通道路、通信、供水供电等基础设施逐步改善，城镇体系基本形成，空间布局逐步趋向合理。

但是截至1999年，柴达木盆地境内公路里程仅3215公里，铁路里程587.3公里，路网密度仅0.01公里/km^2，交通基础设施发展相对落后。加之自然条件与生态环境没有得到根本改善，城镇对区内外居民的吸引力不大。

总体来看，在此发展阶段，城镇化的推力包括经济体制改革、资源型工业和农牧业发展；拉力主要包括行政建制变动和城镇基础设施水平提高；城镇化的阻力则来自恶劣的自然生态环境和比较落后的区域交通基础设施制约（见图3－3）。

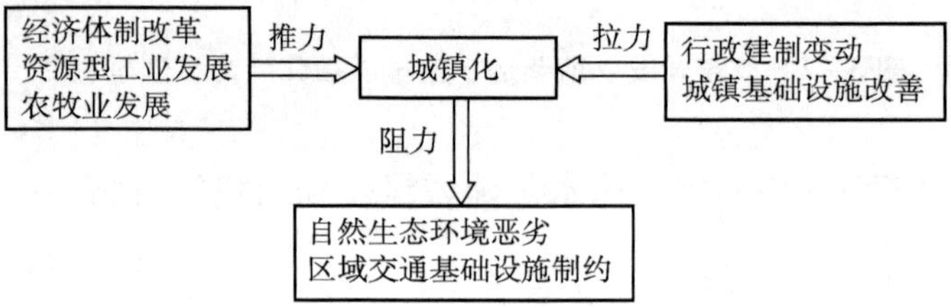

图3－3　1979—1999年柴达木盆地城镇化动力机制示意图

（三）西部大开发十年柴达木盆地城镇化动力机制分析

2001—2010年是柴达木盆地城镇化多元化跨越发展时期，城市经济规模扩大，经济结构调整，生产生活功能在城市功能分区中更加明晰，城市影响范围扩大，城镇化率稳定在62%～65%。

具体来看，进入21世纪，国家开始实施西部大开发战略。青海省的首批西部大开发工程青藏铁路建设和百万吨钾肥工程均在柴达木实施。在两大工程的拉动下，柴达木盆地顺势扩大开放，招商引资，引进有经济实力的外地企业共同参与柴达木盆地的开发。自2001年以来，中信国安、青海煤业等一批大型企业先后入驻柴达木盆地，涉足盐湖开发、铁矿选炼、锂资源开发等领域，给柴达木盆地带来了数百亿元的投资。在原有和新建大企业的带动下，柴达木盆地出现新的工业基地。随着工业化进程的不断深入，盆地在经济区划上把全州分成东、西两部分，即以格尔木为中心城市的西部工矿经济区和以德令哈为中心城市的东部农牧业经济区。2005年底，柴达木盆地被批准为第一批国家级循环经济试验区，更是大大加速了工业化的发展。在工业化带动下，柴达木盆地城镇发展速度加快，虽然城市数量没有增加，但是小城镇由1999年的9座增加到2010年的18座。各市、县、行委所在地城镇面貌大为改观。天峻县新城新源镇，利用煤炭企业入县采矿，引导和组织民间力量建设城镇。格尔木、德令哈两市，在改造老城区公共设施、道路、住宅的同时，开辟城市新区，营造城市新的增长点。在城镇及主干公路沿线，住宅小区连线成片。随着工业化战略的实施，柴达木盆地不断调整产业结构，有力促进盆地城镇化的发展。

但这一阶段工业化的发展对生态环境带来了严重破坏，2010 年柴达木盆地森林面积 549519.9 公顷，比 1999 年减少 50921.1 公顷，生态环境不容乐观。另外，盆地内人口密度仅为 1.5 人/km^2，而且人口素质比较低，每万人中的大专及以上学历人数仅占 11.44%，人才流失也比较严重。区域第三产业发展缓慢，2010 年第三产业增加值占 GDP 的比重仅 18.1%，不能有效地吸收劳动力就业，阻碍了城镇化发展。①

总体来看，在此发展阶段，城镇化的推力包括西部大开发政策和区域资本合作、资源深度开发推动；拉力主要是城镇基础设施改善、投资软环境改善；而城镇化的阻力则包括生态环境破坏、第三产业发展规模小和来自人口素质较低等因素制约（见图 3－4）。

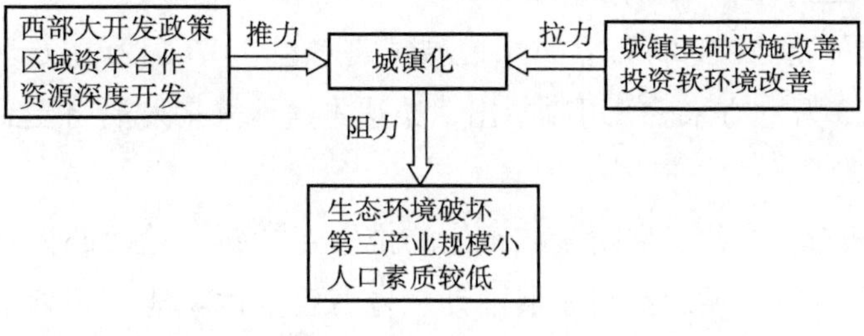

图 3－4　西部大开发十年柴达木盆地城镇化动力机制示意

（四）“十二五”以来柴达木盆地城镇化动力机制分析

2011 年以来，是柴达木盆地城镇化的稳定成熟时期，特点是城市经济、人口规模基本稳定，城镇服务功能开始增强，城市空间环境美化，城市与周边腹地联系紧密。到 2014 年底，柴达木盆地城镇化率已超过 75%，

① 丁生喜，王晓鹏，诸宁扬．柴达木盆地城镇化发展阶段与新型城镇化动力机制研究［J］．北方经济，2015（8）．

远远高于青海省的总体水平，也高于全国平均水平。

具体来看，“十二五”以来，柴达木盆地一是加大了对第三产业扶持力度，使第三产业发展作为产业升级、调整经济结构的重要推动力，有效促进了柴达木盆地城镇化的发展。二是通过产业集聚，带动城镇化。工业布局上突出四个工业园，即格尔木工业园区、德令哈工业园区、乌兰工业园区和大柴旦工业园区。通过产业向园区集聚，促进了盆地企业由资源开采型向加工型转变，优化了产业结构，创造了关联产业与服务业发展的环境，促进了城镇化的发展。2011 年，海西州盐湖化工特色循环经济产业集群成为国家首批“创新型产业集群试点”，促进了资源的综合开发和有效配置，循环经济与特色产业发展良好。三是柴达木盆地加大了信息化的推进，随着固定电话、移动电话、互联网的普及，有效改善柴达木盆地城镇化的发展条件。

但是随着资源开发和经济发展，盆地内生态环境的压力越来越大。由于生产技术制约，盆地内工业由资源密集型向技术密集型转型极其困难。另外，根据预测数据显示，到 2020 年，柴达木盆地格尔木市可供水量 13274.2 万立方米，城镇需水量 16383.7 万立方米，缺水 3109.5 万立方米。德令哈市可供水量 3030 万立方米，城镇需水量 3016.7 万立方米，水资源余量仅 13.3 万立方米。[25] 可以看出，柴达木盆地未来发展将受到水资源的严重制约。

总体来看，在此发展阶段城镇化的推力包括新一轮西部大开发政策的推动、园区经济和循环经济发展推动、青海省主体功能区规划中将柴达木盆地作为重点开发区域以及《柴达木循环经济试验区总体规划》上升为国家战略的推动；拉力包括第三产业发展、农牧业产业化和资源型工业结构转型；而城镇化的阻力主要是环境污染严重、人力资本不足、城乡二元结构、产业技术制约和水资源制约（见图 3-5）。①

综合以上分析可以看出，在柴达木盆地城镇化的不同发展阶段，其动力机制是不断变化的，表现出动态性。[26] 尤其是“十二五”以来，柴达木盆地出现与以往发展阶段不同的动力机制特征，从“推力—拉力—阻力”

① 关于柴达木盆地城镇化制约因素的详细分析参见本书第五章。

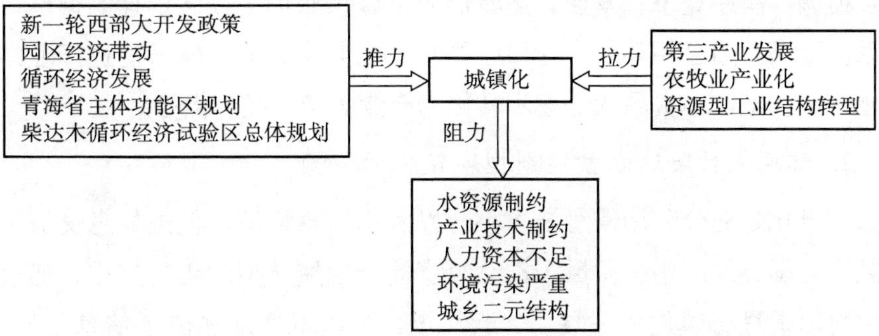

图3－5　“十二五”以来柴达木盆地城镇化动力机制示意

耦合成的城镇化动力机制来看，构成要素更加复杂，影响因素更加多元，直接影响着柴达木盆地未来城镇化和可持续发展水平。

三、柴达木盆地新型城镇化动力机制分析

根据城镇化动力机制理论，在城镇化的第一、第二阶段，其动力主要是农业推力和工业发展的拉力，进入工业化后期阶段，第三产业和技术密集型产业就会成为城镇化主要动力。柴达木盆地目前总体也开始进入工业化中后期，客观上要求培育新的城镇化动力。2014 年 3 月 17 日我国公布的《国家新型城镇化规划（2014—2020 年）》中进一步指出要走“集约、智能、低碳、绿色”的新型城镇化道路，柴达木盆地作为青海省城市化的重点开发区域，应当深入分析新型城镇化动力机制的新因素，推动新型城镇化发展。[27]

1. 新型工业化对柴达木盆地新型城镇化的影响

新型工业化，是指坚持以信息化带动工业化，以工业化促进信息化，是科技含量高、经济效益好、资源消耗低、环境污染少、人力资源优势得到充分发挥的工业化，新型工业化是新型城镇化的基本动力。柴达木盆地依靠铁路公路干线，凭借优势矿产资源培育特色产业，发展循环经济，建设“一区四园”。到2014 年，盆地第二产业增加值达428 亿元，是2000 年的10 倍多，占到地区国内生产总值的76. 43% 。通过工业园区促进优势产业集群，调整优化产业布局，使各产业园区在产品组合、企业聚集等方面

相互协调、有序竞争和发展，逐步形成资源精深加工纵向延伸的循环经济体系。可见，通过循环经济为核心的新型工业化发展，能够促进产业结构优化升级，把盆地资源优势逐步转化为产业优势、经济优势。

2. 信息化对柴达木盆地新型城镇化的影响

信息化是充分利用信息技术，开发利用信息资源，促进信息交流和知识共享，提高经济增长质量，推动经济社会发展转型的历史进程，通过信息化可以促进城镇化的发展。[29] 近几年，柴达木盆地加快了信息化发展，盆地内固定电话、移动电话用户不断增加，互联网发展也很迅速。1999 年 ~2014 年，地区电话用户数从 3. 25 万户增加到 67. 7 万户，互联网用户数由 0. 6325 万户增加到 8. 2 万户。① 通过信息化建设，盆地增强了对外信息交流，对于招商引资、产业发展都起到了积极推动作用，也有力促进了城镇现代化发展。

3. 农业现代化对柴达木盆地新型城镇化的影响

农业现代化，是指从传统农业向现代农业转化的过程和手段。在这个过程中，通过现代工业、现代科学技术和现代经营管理方法的应用，使农业生产力迅速提升，由落后的传统农业逐步发展为现代化农业。近年来，柴达木盆地把推进农牧业产业化经营作为发展农业现代化的重点方向，通过积极发展特色农牧业，形成牛羊肉基地、无公害果蔬基地、高原冷水养殖基地、柴达木绒山羊基地、中藏药材基地等特色产品基地，农业现代化水平明显提升。2014 年农业机械总动力比 2000 年增长 1. 54 倍，农村用电量增长 3. 56 倍，农业科技人员数增加 2. 93 倍。农业现代化取得显著成效，也促进了农牧民收入水平的提高。盆地农牧民人均纯收入 2000 年为 1924. 8 元，2014 年增至 10294 元，增长 5. 35 倍。②

4. 户籍制度改革对柴达木盆地新型城镇化的影响

柴达木区域农牧业就业比重高，1999 年盆地农牧业劳动力占劳动力总数的 42. 17%，2014 年虽然有所下降，但是仍然占到 32. 3%。根据国务院

① 资料来源：《青海省统计年鉴》，详细数据请参见本书第四章。
② 资料来源：《青海省统计年鉴》，详细数据请参见本书第二章和第四章。

公布《关于进一步推进户籍制度改革的意见》（国发〔2014〕25号）的精神，决定取消农业户口与非农业户口性质区分，建立城乡统一的户口登记制度。这次户籍制度改革不仅标志着实行了半个多世纪的“农业”和“非农业”二元户籍管理模式将退出历史舞台，也会深刻影响区域城镇化发展。

柴达木盆地作为青海省的重要经济增长极，其经济发展水平远高于省内其他民族自治州，因此，户籍制度改革对腹地人口会产生吸引力。但也必须看到柴达木盆地这样的西部资源型区域，自然条件比较恶劣，人居环境欠佳，城镇规模小，综合竞争力弱。与省外城市竞争中，在宜居和宜业方面均会处于劣势，因而未来很可能会产生较明显的人才流失和人口外流，进而产生投资外流等问题，从而使区域城镇化进程减缓。

5. 柴达木盆地新型城镇化动力机制与外部环境分析

城市化的动力机制是随着生产力的发展水平而不断变化的，不同区域在不同的时期也有不同的动力机制。[29]柴达木盆地位于青藏高原，独特的自然地理环境、资源型的经济基础、脆弱的生态环境条件以及少数民族聚居的社会特点，决定了该区域新型城镇化动力机制既存在一般资源型区域城镇化的共性特征，也具有自身发展的独特性。

柴达木盆地新型城镇化动力机制可以概括为新型产业发展的推力（农牧业现代化、新型工业化以及新兴第三产业）、新型城镇对企业和居民的拉力（对技术密集型企业的拉力、对创新型企业的拉力；对居民和游客的拉力；对技术型、知识型人才的拉力）、制度政策催动力（新型城镇化、户籍制度与农村土地流转制度、园区循环经济发展、创新创业发展等）和区域文化影响力（包括民族文化促进经济发展、民族文化提高区域凝聚力；资源型区域的开发历程、资源型区域开拓建设精神等）四方面。作为典型资源型区域，盆地新型城镇化的发展具备资源禀赋、区域知名度所产生的后发优势等机遇和潜在推动力，也存在新型城镇化发展需要克服的劣势以及阻力（见图3－6）。

柴达木盆地的新型城镇化进程将依赖上述因素综合作用，而且各因素都是动态的。因此，柴达木盆地新型城镇化的动力机制还会表现出动态变化。

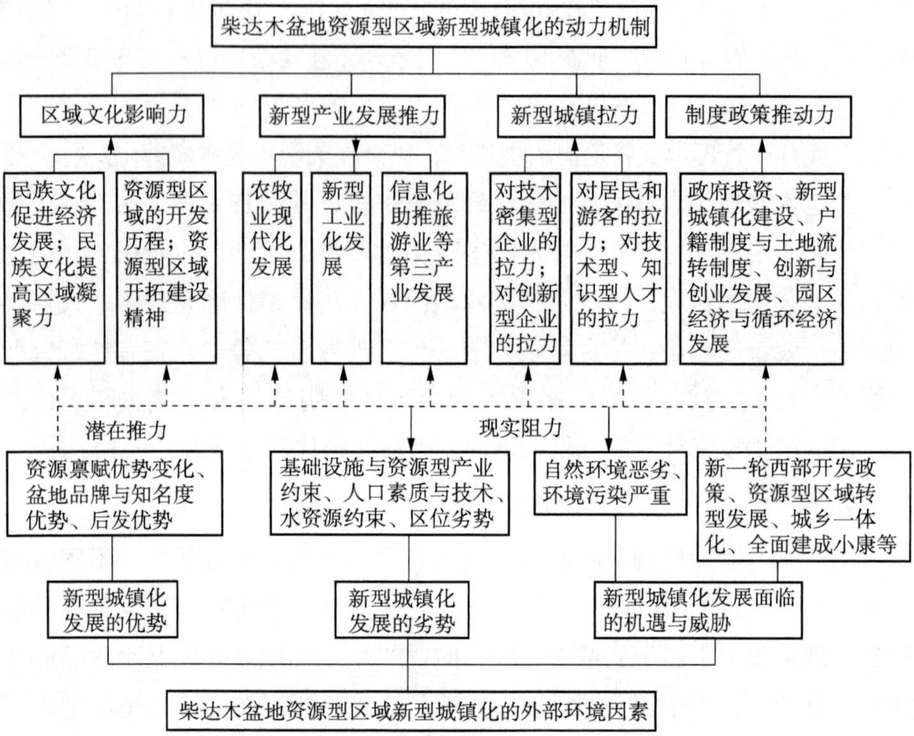

图 3－6 柴达木盆地资源型区域新型城镇化动力机制与外部环境分析①

第四节 柴达木盆地城乡居民城镇化意愿调查

城镇化归根结底是人的城镇化，区域城镇化的发展离不开人口集聚，只有人口集聚才能够产生需求，才能促进服务业发展和城市综合市场形成，进而推动产业结构不断发展和完善。在集聚效应的作用下，城镇就会成长为区域增长极，并不断自我强化，竞争力不断增强，城镇规模和质量不断提升。资源型区域城镇化的初始动力往往是外来资金驱动资源开发，工矿区逐步成长为城镇。有些资源型城市自然条件好，综合发展潜力大，对资本、人口均

① 柴达木盆地新型城镇化动力机制十分复杂，叠加了青藏高原少数民族聚居区域、生态环境脆弱区域、西部资源型经济区域，以及青海省主体功能区规划重点开发区域、全国循环经济试验区的诸多因素，所以柴达木盆地新型城镇化动力机制分析是本书的一个重点和难点，也是一个亮点。

具有较强吸引力，这种城镇后续转型发展比较容易，也有一些资源型城镇随着资源枯竭，人口随之迁出，城镇陷入衰退，很难再发展。

一、调查问卷设计思路与实施过程

从前述分析可知，柴达木盆地是典型的资源型区域，虽然矿产资源储量大而且组合好，但是自然条件比较恶劣，区位条件比较差，又处于西部内陆腹地欠发达地区，该地区居民对城镇建设有哪些意见和评价，作为成长型资源城市究竟存在哪些不足，都需要做实地调查才能得出结论。为此，本书在结合前期相关研究成果[29]的基础上，根据柴达木盆地资源型城市特点，设计调查问卷，实地调查当地居民对城镇和农牧区发展的评价与意见，了解居民城镇化意愿，这对于未来实施更加切合民意的新型城镇化战略具有重要意义。

根据城镇化的内涵，城镇化不仅是农业人口非农化的过程，也是城市本身不断发展，城市与乡村生活质量、发展水平不断提升的过程，最终目标是城乡一体化。因此，本书对于柴达木盆地居民城镇化意愿的实地调查，从城镇和乡村两个方面设计独立的调查问卷（见附件 1），实施问卷调查的对象既包括目前居住在城镇的居民，也包括目前仍在农牧区生活居住的农牧民，城乡两方面的调研才能全面反映居民城镇化意愿。问卷设计完成后经过讨论修改，进行预发放。并根据预发放中反映出的问题进行修改完善之后，形成正式调查问卷，以确保问卷信息的充分性、指向明确性。

柴达木盆地有 2 个县级市，21 个建制镇，14 个乡和 8 个街道办事处。由于地域范围辽阔，城市人口主要集中在格尔木市、德令哈市，小城镇规模比较小，农牧业人口主要在两个城市郊区以及都兰县、乌兰县。考虑到柴达木盆地城镇化率已经超过 75%，因此本次共设计发放问卷 1100 份，按照城乡人口占比，对城镇居民发放问卷 700 份，主要发放地区在格尔木市和德令哈市，也有部分发放给都兰县城镇；对农牧区居民发放问卷 400 份，在格尔木和德令哈郊区及三县乡村。

二、调查情况分析

在柴达木盆地城镇发放问卷 700 份，收回 690 份，其中有效问卷 681 份，有效问卷占收回问卷的比例为97.3%。在乡镇发放问卷400份，收回387份，其中有效问卷374份，有效问卷占收回问卷的比例为93.5%，问卷发放回收情况统计见表3-8。为了检测问卷信息可靠性，运用SPSS软件对两组问卷信息进行汇总和克伦巴赫a信度系数法可靠性检测。[21-22] 在此基础上对调查问卷中的相关问题分类汇总，分别进行问题选项频数统计。

表3-8　调查问卷发放及回收情况统计

单位：份

发放对象	发放问卷	收回问卷	无效问卷	有效问卷	有效问卷占发放问卷的比例（%）
城镇居民	700	690	9	681	97.3
农牧民	400	387	13	374	93.5

（一）对柴达木盆地城镇居民调查结果分析

对柴达木盆地城镇居民的问卷调查中，有效问卷为681份，被调查者基本情况统计结果见表3-9。从民族构成来看，汉族占64.2%，藏族18.1%，其他少数民族17.7%；从就业情况来看，从事农牧业占6.2%，工矿企业28.9%，服务业33.8%，政府事业单位24.4%，其他6.7%；从户口及居住情况来看，72.7%的受访者有本地户口，并在本地长期居住，13.5%的受访者虽然没有本地户口，但是在本地长期居住，说明绝大多数受访者比较了解所在城镇基本情况，调查结果具有可靠性。

表3-9　柴达木盆地城镇居民调查对象基本情况

基本信息	人数占比
民族	藏族（18.1%），汉族（64.2%），其他少数民族（17.7%）
年龄	16~20岁（13.3%），21~30岁（29.8%），31~40岁（23.5%），41~50岁（22.5%），50岁以上（10.9%）
就业情况	种植业（2.5%），畜牧业（3.7%），工矿企业（28.9%），服务业（商业、餐饮、运输、劳务等）（33.8%），政府或事业单位（24.4%），其他（6.7%）
平均月收入	1500元以下（9.8%），1501~2000元（15.6%），2001~3000元（28.5%），3000元以上（46.1%）
户口及居住情况	无本地户口，临时居住（7.6%）；无本地户口，长期居住（13.5%）；有本地户口，长期居住（72.7%）；其他（6.2%）

从研究内容出发，本次问卷调查主要涉及四个方面的问题，一是居民对城镇环境质量评价，二是居民对城镇基础设施和政府服务质量评价，三是居民对生活质量的评价，四是居民对城镇未来发展的看法。

1. 城镇居民对城镇环境质量的评价

从城镇居民视角来看，城镇环境质量主要包括自然条件、空气质量、绿化情况、规划布局、环境卫生等方面。通过对问卷调查整理发现，大部分居民对柴达木盆地城镇环境质量基本满意，具体情况见表3－10。

表3－10 柴达木盆地居民对当地城镇环境质量的评价结果

对城镇环境质量评价	满意（%）	比较满意（%）	基本满意（%）	不满意（%）
自然环境条件	8.4	19.2	48.8	23.6
空气质量	29.4	29.2	33.5	7.9
城镇绿化	29.3	37.5	26.4	6.8
规划布局	25.8	36.6	28.9	8.7
环境卫生	27.6	39.2	24.8	8.4

从表3－10可以看出，绝大多数居民对柴达木盆地城镇空气质量、城镇绿化、规划布局、环境卫生比较满意，但是对自然环境条件不满意率达到23.6%，基本满意占到48.8%，这主要是盆地位于高海拔的青藏高原地区，气候比较寒冷，昼夜温差大，紫外线强，风沙大等自然因素影响环境质量。但是调查中居民也反映，在这种比较恶劣的自然环境条件下，中央和地方政府对于环境治理方面的诸多举措在改善环境质量和城镇面貌方面成效比较显著。60.5%的受访者认为城镇面貌明显改善，28.3%的人认为有一定改善，看出居民对柴达木盆地城镇建设成效持肯定态度。

2. 城镇居民对城镇基础设施和政府服务质量评价

城镇是区域的中心地，承担着经济、文化、行政中心的职能。对居民而言，城镇不仅应当具备良好的环境条件，还应具备便利的基础设施和高效率的服务。通过问卷调查，柴达木盆地城镇居民对城镇基础设施和政府服务质量的评价结果见表3－11、表3－12。

从表3－11看出，当地居民对柴达木盆地城镇基础设施条件中的供水供电比较满意，但是对教育、医疗、休闲文化设施和金融通信基础设施方面存在不同程度的意见。调查中居民指出当地虽然大力改善教育、医疗卫生条件，但是缺乏较好的师资和医护人员，因此不能满足需要。公共交通方面，市内交通线路还是比较少，部分地区存在出行难。更大的问题是由于柴达木盆地区位偏僻，与省会西宁市相距860多公里，与内地城市距离更远。目前，虽然开通格尔木机场，也有青藏铁路，但是出行仍然不方便，影响居民工作生活和对外交流。

表3－11　柴达木盆地城镇居民对城镇基础设施的评价结果

对城镇基础设施评价	满意（%）	比较满意（%）	基本满意（%）	不满意（%）
教育条件	13.3	21.2	45.8	19.7
医疗条件	12.5	24.4	33.7	29.4
文化休闲设施	15.1	26.2	36.5	22.2
供水供电	43.4	27.8	26.7	2.1
公共交通	23.9	18.9	39.8	17.4
金融、通信服务	22.8	38.6	29.1	19.5

表3－12　柴达木盆地城镇居民对当地政府服务质量的评价结果

对政府服务质量评价	满意（%）	比较满意（%）	基本满意（%）	不满意（%）
社会治安	22.7	45.3	25.9	6.1
政府管理水平	28.6	39.9	27.3	4.2
行政部门服务质量	34.5	42.2	13.9	9.4
政策落实执行情况	40.1	42.6	11.8	5.5

从表3－12反映出当地居民对柴达木盆地政府服务质量总体满意度最高，对当地社会治安、政府管理水平、行政部门服务质量和政策落实执行情况满意度分别达到93.9%、95.8%、91.6%和94.5%，不满意的仅分别占6.1%、4.2%、9.4%和5.5%。调查中，许多居民对海西州政府、格尔木市、德令哈市等政府部门工作人员的工作态度和工作效率表示满意。①

海西州是青海省城乡一体化示范区，格尔木市享有双拥模范城的荣誉称号，又被评为优秀旅游城市。良好的城市形象与优良的政府服务质量密切相关，柴达木盆地城镇化建设取得的成效与当地政府部门求真务实、团

① 关于这一点，笔者多次赴海西州各部门调研中深有体会。

结高效的服务密切相关。

3. 柴达木盆地城镇居民对生活质量的评价

居民既是区域的生产者，又是消费者，作为区域经济主体之一的居民，都希望居住在生活质量高的区域。本次调查问卷从收入水平、社会保障、生活便利、物价水平等方面考察柴达木城镇居民的生活质量。调查结果显示，在收入水平变动方面，33.2%的受访居民认为收入有所增加，47.5%的居民认为收入水平没有变化；社会保障水平变动方面，41.4%的受访居民认为社会保障水平有所提高，58.6%的居民认为社会保障水平没有提高；在社区建设方面，78.2%的人认为社区生活比较便利，有21.8%的居民认为社区生活不方便。对生活质量总体评价方面，51.7%的居民认为生活质量明显提高，34.8%的居民认为生活质量没有变化，也有13.5%的人认为生活质量下降。有79.9%的居民认为当地物价太高，生活成本很高。但是，被调查居民中65.2%的人认为本地区城镇房价水平能够承受，不算太高；另外，34.8%的人认为房价高，难以承受。

4. 对柴达木盆地城镇发展存在的问题及居民未来打算的调查结果

对于本地城镇存在的问题方面，66.1%的居民认为自然环境比较恶劣，61.8的居民认为生活服务设施不完善，47.7%的居民认为就业机会少，49.2%的居民认为位置和交通制约，40.4%的居民认为城镇规模小没有吸引力（见表3－13）。

表3－13　柴达木盆地居民对城镇发展存在问题的评价

柴达木盆地城镇存在的问题（可多选）	出现频次（次）	所占比例（%）
自然环境恶劣	450	66.1
生活服务设施不完善，生活不方便	421	61.8
位置偏僻，交通不便	335	49.2
就业机会少	325	47.7
城镇规模小，没有吸引力	275	40.4
环境污染严重	123	18.1
乡村发展落后，影响城镇形象	76	11.2
其他	57	8.4

当问及“您是否打算离开本地，到条件更好的城市居住和生活”时，68%的受访者都有这种想法，并且其中有30%以上都已经在省会西宁及其他大城市购房。这说明柴达木盆地人口流动意愿强烈，通过基础设施建设和服务水平提升，使居民安居乐业，是增强城市竞争力和持续发展动力的重要手段。

（二）对柴达木盆地农牧区居民调查结果分析

对柴达木盆地农牧区居民的问卷调查中，有效问卷为374份，被调查者基本情况统计结果（见表3－14）。从民族构成来看，汉族占36.5%，蒙古族占到17.1%，藏族占16.6%，其他少数民族29.8%；从就业情况来看，从事农牧业占66.3%，工矿企业5.9%，服务业14.6%，政府事业单位3.1%，其他10.1%；从户口及居住情况来看，96%的受访者有本地户口，并在本地长期居住，没有本地户口而在本地居住的人很少，说明柴达木盆地农牧区地理位置偏僻，经济活跃度不高，不能吸引外来人口。同时说明绝大多数受访者比较了解所在乡村基本情况，能够使调查结果具有可靠性。

表3－14　柴达木盆地农牧区居民调查对象基本情况

基本信息	人数占比
民族	蒙古族（17.1%），藏族（16.6%），汉族（36.5%），其他少数民族（29.8%）
年龄	16～20岁（12.9），21～30岁（17.7），31～40岁（22.1），41～50岁（19.4），50岁以上（27.9）
就业情况	种植业（27.5%），畜牧业（38.8%），工矿企业（5.9%），服务业（商业、餐饮、运输、劳务等）（14.6%），政府或事业单位（3.1%），其他（10.1%）
平均月收入	1000元以下（11.3%），1001～2000元（24.8%），2001～3000元（36.2%），3000元以上（27.7%）
户口及居住情况	无本地户口，临时居住（1%）；无本地户口，长期居住（0），有本地户口，长期居住（96%），其他（3%）

从研究内容出发，本次针对柴达木盆地乡村发展问题的调查问卷主要涉及四个方面的问题，一是农牧民对乡村居住环境的评价，二是农牧民对乡村基础设施和政府服务质量评价，三是农牧民对乡村生活质量的评价，

四是农牧民对自身未来发展的打算。

1. 农牧民对乡村居住环境的评价

从农牧民视角来看，乡村居住环境质量主要包括自然环境条件、空气质量、绿化情况、规划布局、环境卫生等方面，问卷调查结果（见表3－15）。

表3－15　柴达木盆地农牧民对乡村人居环境质量的评价结果

对乡村环境质量评价	满意（%）	比较满意（%）	基本满意（%）	不满意（%）
自然环境条件	23.5	37.9	32.7	5.9
空气质量	25.1	46.1	28.8	0
乡村绿化	23.8	33.2	40.9	2.1
村庄规划	19.7	23.2	50.2	6.9
环境卫生	15.9	44.5	27.9	11.7

从表3－15可以看出，绝大多数农牧民对柴达木盆地乡村人居环境比较满意，主要原因一方面近些年的村庄整治工程确实使柴达木农牧区环境条件有很大改善，另一方面是世居在此的农牧民对家乡十分有感情。例如，虽然柴达木盆地位于高海拔的青藏高原地区，气候比较寒冷，昼夜温差大，紫外线强，风沙大，但大多数农牧民对自然环境条件还能够接受，不满意率仅5.9%，满意的占到94.1%；对空气质量不满意率为0；对环境卫生不满意率为11.7%，说明农牧民卫生意识逐步加强，这也是城乡一体化发展中乡村建设必须解决的一个重要问题。

2. 农牧民对乡村基础设施和乡镇政府服务质量评价

在城镇化进程中，广大农村牧区的发展不仅表现在生产力水平的提高上，也表现在城市文明向农牧区渗透，以及乡村管理和服务质量的提高。通过问卷调查，柴达木盆地农牧民对乡村基础设施和乡镇政府服务质量的评价结果（见表3－16、表3－17）。

表3－16　柴达木盆地农牧民对乡村基础设施的评价结果

对乡村基础设施评价	满意（%）	比较满意（%）	基本满意（%）	不满意（%）
教育条件	9.7	24.8	43.6	21.9
医疗条件	10.4	19.9	38.6	31.1
金融、通信、生活服务网点	16.9	28.4	27.5	27.2

续表

对乡村基础设施评价	满意（%）	比较满意（%）	基本满意（%）	不满意（%）
供水供电	22.2	26.8	35.1	15.9
公共交通	19.8	22.4	37.3	20.5
文化休闲设施	9.6	18.5	33.8	38.1

从表3－16可以看出，柴达木盆地农牧民对当地乡镇基础设施条件都不是特别满意，尤其是对教育、医疗、休闲文化设施和金融、通信及生活服务基础设施方面存在不同程度的意见。调查中农牧民指出在教育条件改善方面，各级政府虽然大力改善农牧区教育条件，但是学校离居住地较远，上学不方便；在医疗条件方面，乡镇医疗机构缺少专业医护人员，设备也不先进，只能看小病，稍微严重一点就需要到自治州医院或省会城市医院就诊，极不方便；农牧区金融、通信以及生活服务网点建设仍然比较落后，文化休闲设施很少，使农牧民信息不畅；生活物资也不丰富，因此感到生活不方便。在公共交通方面，广大牧区通车线路很少，出行极其不便。

表3－17　柴达木盆地农牧民对乡镇政府服务质量的评价结果

政府服务质量评价	满意（%）	比较满意（%）	基本满意（%）	不满意（%）
社会治安	24.2	28.1	39.9	7.8
政府管理水平	21.3	35.6	37.2	5.9
行政部门服务质量	14.5	42.2	28.7	14.3
政策落实执行情况	22.1	23.6	35.9	18.4

从表3－17问卷调查反映出柴达木盆地农牧民对乡镇政府服务质量基本满意，对当地社会治安、政府管理水平的满意度分别达到92.2%和94.1%，不满意的分别占7.8%和5.9%，对行政部门服务质量和政策落实执行情况不满意的分别占14.3%和18.4%。调查中，一些农牧民认为乡镇政府部门服务质量不好，补贴等政策落实情况不透明，没有公示，存在不公平现象，因此不满意。

3. 柴达木盆地农牧民对乡镇生活质量的评价

我国城乡二元结构不仅表现在经济与产业发展方面的城乡差距，也表现在生活质量方面的巨大差别。本次调查问卷从收入水平、社会保障、市场供应、闲暇生活等方面考察柴达木农牧民的生活质量变动情况。

调查结果显示，在收入水平方面，32.5%的受访农牧民认为家庭收入有所增加，47.6%的农牧民认为收入水平没有变化，但也有19.9%的农牧民认为收入水平下降；在社会保障水平方面，62.2%的受访农牧民认为社会保障水平有所提高，31.7%的农牧民认为社会保障水平没有变化，仅有6.1%的受访者认为社会保障水平下降；在市场供应方面，67.7%的农牧民认为乡村社区市场网点少，供应不足，生活不方便，仅有36.3%的农牧民认为乡村社区生活方便。在闲暇生活方面，由于农牧区文化休闲设施建设比较滞后，农牧民闲暇时间就是看电视、闲逛等，利用业余时间参加培训学习、体育锻炼、读书看报的人极少，业余生活十分单调，传统文化传承与发展没有得到重视。对生活质量总体评价方面，46.8%的农牧民认为生活质量明显提高，42.3%的农牧民认为生活质量没有变化，也有10.9%的人认为生活质量有所下降。

4. 对柴达木盆地乡镇发展存在问题及农牧民未来打算的调查结果

通过问卷调查发展，对于柴达木盆地乡镇发展存在的最大问题方面，76.7%的农牧民认为远离城镇，交通不便；51.9%的农牧民认为乡村规模小，生活不方便；41.2%的农牧民认为基础设施落后，54.8%的农牧民认为乡镇就业机会少，收入水平低，35.3%的农民认为乡镇管理落后（见表3－18）。

表3－18　柴达木盆地农牧民对乡镇发展存在问题的评价

柴达木盆地乡镇发展存在的问题（可多选）	出现频次（次）	所占比例（%）
远离城镇，交通不便	287	76.7
就业机会少，收入水平低	205	54.8
乡镇规模小，生活不方便	194	51.9
基础设施落后	132	41.2
乡镇管理落后	157	35.3
自然环境恶劣	109	29.1
环境污染严重	89	23.8
其他	62	16.6

调查过程中问道“本地乡村与城镇发展差距有没有变化”时，45.8%

的受访者认为乡村条件有所改善，但是与城市的差距在拉大；27.9%的人认为当地城乡差距在缩小，26.3%的人认为差距没有变化。在对未来打算方面，当问及“您是否打算离开本地，到城镇居住和生活”时，51.2%的受访者有这种想法，他们主要考虑老人身体不好，需要就医或者孩子希望在条件较好的城镇上学，年轻人希望有更多可选择的就业机会，28.6%的农牧民习惯于长期居住生活的乡镇，20.2%的受访农牧民没有考虑这个问题。这说明柴达木盆地城乡发展差距依然存在，未来应当协调城乡一体化发展水平，为农牧民创造更好的生产生活环境。

三、结论

从柴达木盆地城镇化动力机制动态分析可以看出，作为资源型区域，柴达木盆地城镇化动力机制既有资源开发驱动这一显著动力，又有高寒地区自然生态环境的严重阻力。通过对柴达木盆地城乡居民进行的当地城镇化发展问题的问卷调查，可以明确人口城镇化的特点。

从城镇角度来看，柴达木盆地城镇人口具有很强的流动性特点，既有随着资源开发不断迁入的人口，也有选择其他地区和城市而离开的人口。柴达木盆地城镇在自然环境、交通条件、物价水平、生活质量方面都存在显著劣势，但资源型区域相对较高的工资、资源开发高收益的预期是留住居民的主要条件。如果柴达木盆地资源开发持续呈现粗放型特点，未来资源枯竭带来预期收益下降，会产生较大规模人口流出。从乡村角度来看，当地农牧民存在进入当地城镇的意愿，主要是城镇相对较好的医疗、教育、交通和市场等条件具有吸引力。因此，农牧民仍可以成为城镇人口的有效补充。但是当地农牧业人口比较少，结合青海省主体功能区规划，柴达木盆地未来仍然可以承载从省内其他生态脆弱区域迁移出的生态移民，以使城镇人口规模稳定增加。

参考文献

[1] 史文利，高天宝，王树恩. 基于主成分分析与聚类分析的城市化水平综合评价 [J]. 工业工程，2008，11 (3).

[2] 张玉周. 基于改进主成分分析法的河南城镇化水平测度 [J]. 商业时代，2010 (11).

[3] 耿海清，陈帆，刘磊等. 基于全局主成分分析的我国省级行政区城市化水平综合评价 [J]. 人文地理，2009 (5).

[4] 邱晓平，翁贞林，朱根红. 江西城市化发展水平的聚类分析与评估 [J]. 江西农业大学学报（社会科学版)，2005，4 (3).

[5] 刘雅静. 城镇化发展水平综合评估指标体系研究 [J]. 中共银川市委党校学报，2012 (4).

[6] 曹宗平. 中国城镇化之路—基于聚集经济理论的一个新视角 [M]. 北京：人民出版社，2009.

[7] 卞利花，丁生喜. 我国民族自治州新型城镇化水平比较研究 [J]. 中国商论，2015 (36).

[8] 中华人民共和国国务院. 全国资源型城市可持续发展规划 (2013—2020 年) [Z]. 国发〔2013〕45 号，2013 - 11 - 12.

[9] 甘佩娟. 柴达木盆地经济可持续发展的评价与对策 [D]. 青海大学，2014.

[10] 刘小楠，崔巍. 主成分分析法在汾河水质评价中的应用 [J]. 中国给水排水，2009 (18).

[11] 丁生喜等. 区域经济学 [M]. 西宁：青海人民出版社，2012.

[12] 卢纹岱. SPSS for Windows 统计分析 [M]. 北京：电子工业出版社，2002.

[13] 张尧庭，方开泰. 多元统计分析引论 [M]. 北京：科学出版社，1979.

[14] 薛薇. SPSS 统计分析方法及应用 [M]. 北京：电子工业出版社，2006.

[15] 程宇航．江西城市发展动力机制研究［J］．江西社会科学，2008（9）．

[16] 许抄军，罗能生，王家清．我国城市化动力机制研究进展［J］．城市问题，2007（8）．

[17] 赵新正，宁越敏．中国区域城市化动力差异研究——基于灰色关联分析法的分析［J］．城市问题，2009（12）．

[18] 吴建峰，周伟林．新时期我国城市化动力机制及政策选择［J］．城市发展研究，2011（5）．

[19] 郭力，陈浩．我国城市化动力机制的阶段差异［J］．城市问题，2013（1）．

[20] 甘佩娟，丁生喜等．柴达木盆地经济可持续发展综合评价［J］．中国农业资源与区划，2014（3）．

[21] 那小红．青海省城镇化动力发展机制—制度创新的研究［J］．企业家天地，2012（9）．

[22] 丁生喜，王晓鹏．青藏高原少数民族地区特色城镇化动力机制分析－以环青海湖地区为例［J］．地域研究与开发，2012，31（1）．

[23] 崔永红．青海通史［M］．西宁：青海人民出版社，1999.

[24] 青海省志编纂委员会．青海省志·城乡建设志［M］．西宁：青海人民出版社，2001.

[25] 孙婉娟，张智民．柴达木盆地水资源与城市发展［J］．西北水资源与水工程，2000（2）．

[26] 丁生喜，王晓鹏，诸宁扬．柴达木盆地城镇化发展阶段与新型城镇化动力机制研究［J］．北方经济，2015（8）．

[27] 中国政府网．国家新型城镇化规划（2014—2020年）［EB/OL］．http：//news. sina. com. cn/c/2014－03－16/212029721385. shtml，2014－03－16，21：20.

[28] 高新才，王晓鸿．区域信息化与区域经济发展关系研究——基于甘肃省的实证分析［J］．兰州大学学报（社会科学版），2012（6）．

[29] 丁生喜．环青海湖少数民族地区特色城镇化研究［M］．北京：中国经济出版社，2012.

第四章　柴达木盆地城镇化与产业发展协调性实证分析

本章对柴达木盆地城镇化与各产业发展的关系进行实证分析，测定城镇化与产业发展的协调程度，为柴达木盆地新型城镇化发展提供产业调整依据。

第一节　柴达木盆地城镇化与产业结构协调度总体评价

根据区域城镇化一般规律，城镇化与产业结构演变和产业结构高度化密切相关。城镇化与产业发展越协调，城镇化发展质量就越高。

一、城镇化与三次产业发展的关系

城镇化与产业结构的关系可以表述为：城镇化的变动必然体现为产业结构的变动。在城镇化发展初期阶段，以第一产业为主，第二、三产业发展水平低；随着经济发展进入工业化阶段，第二产业成为区域经济的主导力量，城镇化也进入快速发展时期；在区域经济进入工业化后期或后工业化阶段，区域产业发展表现出高技术化、现代化、信息化等特点，区域城镇化也进入了城乡一体化阶段。①

① 一般来说，实现工业化时三次产业结构的变动表现为农业增加值占 GDP 的比重下降至 15% 以下，工业占 GDP 的比重应为 40% ~50% 以上，服务业占 GDP 的比重也要相应上升至 40% ~50%。农业就业人口占全部的就业人口的比重下降至 20% 以下，工业的就业人口占全部的就业人口的比重为 20% ~30%，服务业的就业人口占全部的就业人口的比重在 50% ~60% 以上。这种转移导致城镇人口大量增加，随之也就推动了城镇化的发展，当城镇人口上升至 60% 以上就判定为实现了工业化。

（一）城镇化与第一产业发展的关系

1. 第一产业发展对城镇化的推动作用

区域经济发展起步于第一产业，在城镇化的初期，农村第一产业发展为城市非农产业和城镇人口提供粮食、蔬菜等农产品，并将大量剩余农产品提供给城市工业部门作为原料，支持城市工业发展；在此过程中，农村第一产业发展积累的资金也用于城镇建设和城市经济发展，农村又成为了城市非农产品的消费市场。因此，在区域经济发展的初期，工业和城市总是起步于农业基础良好的地区。而且随着农业发展和技术水平提高，以及农业土地报酬递减，农村中的富余劳动力越来越多，逐渐选择进入城市从事非农产业。所以，农业和农村经济的发展不仅为城市提供口粮、工业原料、城市经济发展的空间和资金，而且源源不断为城市非农产业发展提供劳动力资源。[1]

2. 城镇化发展对第一产业的优化作用

城镇化进程中，城镇规模扩大，形成集聚经济效应，吸引产业和经济活动向城市集聚，城市规模进一步扩大。在这个动态发展过程中，城镇人口和非农产业发展对第一产业的农产品产生多层次需求，刺激农村第一产业从大田农作物向商品性农作物转变，从低附加值农产品向高附加值农产品转变，促进第一产业优化升级。而城市经济发展和技术水平提升，能给农业提供更多的资金、技术支持，使农业向规模化、产业化方向发展。城镇化水平越高的地区，对农产品的需求种类和层次越多，农产品市场越大。所以，城镇化对第一产业结构优化升级具有积极引导作用。

（二）城镇化与第二产业的关系

1. 第二产业对城镇化的推动作用

从区域经济发展阶段性理论可知，城镇化的过程在经济内涵上就是工业化的过程，工业化为城市化发展提供了物质技术基础。首先，由于工业生产需要分工与协作，因此在工业开始发展的区域，就会吸引更多因经济联系产生的产业集聚（包括横向经济联系、纵向经济联系和旁侧经济联系）和因指向性产生的产业集聚，由此使工业实现规模经济、使区域产生集聚经济效益，从而进一步扩大了城市的规模。[1]其次，大机器工业的发展不仅提高了工业自身的劳动生产率，也促进了农业劳动生产率的提高，使更多农业剩余劳动力从农业中释放出来，向城市集聚，进而推动城市产业结构发生变化。工业化是因，城市化是果。如果没有体制、政策等方面的强制约束，工业化必然带来城市化。①

2. 城镇化推动第二产业的结构升级

城镇的发展能产生聚集效应和外部经济效应，从而为第二产业特别是工业的发展提供良好的外部环境。[2]在城镇化进程中，随着城镇规模扩大和竞争力提升，能够为第二产业尤其是工业发展带来更多资金、技术、产业工人以及专业技术人才，同时为第二产业提供规模庞大的产品市场需求，并支持第二产业的优化升级。

（三）城镇化与第三产业的关系

1. 第三产业对城镇化的推动作用

大规模工业以及大量消费人口的集聚，要求城市提供更多更好的生产、生活和社会服务，于是以提供服务为特征的第三产业迅速发展。首先，第三产业发展能吸纳大量的劳动力，解决由于技术进步产生的第一、第二产业中的剩余劳动力再就业问题。其次，第三产业发展有利于不断提升城市基础设施水平，改善人民生活质量，优化城市发展环境，进一步增强城市的集聚经济效益和城市竞争力水平。并且第三产业发展空间极大，在传统第三产业基础上，新兴的第三产业已经成为城市化发展的强劲后续动力，不断推动着城市化水平和质量提升。

2. 城镇化发展对第三产业的拉动作用

城镇化对第三产业的拉动作用主要表现在对企业和居民的拉力。一般而言，集聚的规模越大，外部经济效益就越明显。越是大城市，能够提供的基础设施和公共服务就会越完善。企业集聚在大城市，在市场规模和配套生产条件支持下，才能够降低成本，获取更大的规模经济效益，这使城

① 当然通过工业化带动城市化发展也需要一些条件，如工业化水平不断提高、工业结构高度化发展、规模化与专业化的发展以及鼓励更多的人参与其中。

市特别是大城市由于能够产生集聚经济效益而对企业形成强大的吸引力。①城市集聚的产业越多，就业机会就越多，对劳动力的吸引力也越大。另外，城市以其良好的公共服务设施和生活环境条件，能够为居民提供更好的生活质量，因而对居民具有巨大吸引力。城镇化发展水平越高，吸引的产业和人口越多，就为第三产业发展提供更大的消费市场和更多劳动力供给，从而使第三产业规模扩大，结构升级。

由此看来，在城镇化的发展过程中，城镇化和产业结构是互相影响、相互促进的关系。

二、柴达木盆地产业结构现状

西部大开发以来，柴达木盆地三次产业规模都在持续增加，其中第一产业从 2000 年的 3. 15 亿元增至 2014 年的 26 亿元，年均增长速度达到 51. 8%，第二产业从 34. 72 亿元增至 428 亿元，年均增长速度达到 80. 9%，第三产业从 15. 53 亿元增至 106 亿元，年均增长速度达到 41. 6%。2000 年三次产业增加值占 GDP 的比重为 5. 9∶65∶29. 1，2014 年则为 4. 64∶76. 43∶18. 93，第二产业比重持续增加，第三产业比重下降，说明柴达木盆地仍处于工业化阶段，第三产业发展比较滞后（见表 4 – 1）。②

表 4 – 1　西部大开发以来柴达木地区三次产业增加值构成

单位：亿元

年份	GDP	第一产业		第二产业		第三产业	
		增加值	比重（%）	增加值	比重（%）	增加值	比重（%）
2000	53. 4	3. 15	5. 9	34. 72	65. 0	15. 53	29. 1

① 因此，在工业化中期阶段，出现明显的大城市超前增长规律。

② 根据“配第一克拉克定理”，随着经济的发展，即随着人均国民收入水平的提高，劳动力首先由第一产业向第二产业转移，当人均国民收入水平进一步提高时，劳动力便向第三产业转移。根据库兹涅茨的人均收入影响论可知，农业部门（第一次产业）实现的国民收入，随着年代的延续，在整个国民收入中的相对比重同农业劳动力在全部劳动力中的相对比重一样，处于不断下降之中。在工业化阶段，工业部门（第二次产业）国民收入的相对比重及占用劳动力的相对比重大体来看是上升的，其中前者上升速度快于后者，第二产业成为财富的主要创造者。在工业化后期特别是后工业化时期，第二产业的国民收入相对比重和劳动力的相对比重会不同程度的下降。第三次产业劳动力相对比重、国民收入相对比重持续处于上升的状态。从以上产业结构演进理论对照柴达木盆地的实际情况，都可以得出：柴达木盆地的发展现状不符合产业结构演进的一般规律。

续表

年份	GDP	第一产业		第二产业		第三产业	
		增加值	比重	增加值	比重	增加值	比重
2005	134.3	4.47	3.4	100.12	74.5	29.74	22.1
2010	365.5	10.3	2.8	288.97	79.1	66.24	18.1
2014	560	26	4.64	428	76.43	106	18.93

资料来源：2001—2015 年《青海省统计年鉴》。

关于柴达木盆地三次产业就业情况，有两种不同的统计结果。表 4 - 2 是从各年《青海省统计年鉴》得到的统计结果。从中可以发现 2000 年盆地三次产业就业人数分别为 5.21 万人，3.09 万人和 5.95 万人，2014 年则分别为 7.54 万人，9.97 万人和 10.72 万人。三次产业的就业比重从 2000 年的 35.64∶21.96∶42.4 转变为 2014 年的 26.64∶35.3∶38.06，第二产业就业人数比重较低。

表 4 - 2　西部大开发以来柴达木地区三次产业就业状况

年份	第一产业		第二产业		第三产业	
	人数（万人）	比例（%）	人数（万人）	比例（%）	人数（万人）	比例（%）
2000	5.21	35.64	3.09	21.96	5.95	42.40
2005	6.39	33.81	3.98	21.09	8.53	45.10
2010	7.91	36.13	5.58	25.50	8.40	38.37
2014	7.54	26.64	9.97	35.3	10.72	38.06

数据来源：2001—2015 年《青海省统计年鉴》。

表 4 - 3 和表 4 - 4 是根据海西州统计局编制的《海西州统计年鉴》整理得到的三次产业就业情况统计数据，是分别从乡村从业人员和城镇从业人员两方面统计得到的汇总结果。

表 4 - 3　海西州城镇和乡村从业人员三次产业就业情况统计

单位：人

年份	从业人员			第一产业从业人员			第二产业从业人员			第三产业从业人员		
	城镇	乡村	合计	城镇	乡村	合计	城镇	乡村	合计	城镇	乡村	合计
1999	74358	50447	124805	4735	47893	52628	28080	786	28866	41543	1768	43311
2000	69441	50878	120319	4728	47345	52073	25939	776	26715	38774	2757	41531
2005	61675	70849	132524	3063	58887	61950	21600	5749	27349	37012	6213	43225
2010	71544	91979	163523	1678	74555	76233	32236	8378	40614	37630	9046	46676
2014	129239	95301	224540	2580	71249	73829	70446	11601	82047	56705	11959	68664

资料来源：海西州统计局《海西州统计年鉴》。

表4-4 海西州城乡从业人员三次产业就业比重变动

年份	第一产业（%）	第二产业（%）	第三产业（%）
1999	42.17	23.13	34.70
2000	43.28	22.20	34.52
2005	46.75	20.64	32.62
2010	46.62	24.84	28.54
2014	32.88	36.54	30.58

资料来源：海西州统计局《海西州统计年鉴》。

从表4-2和表4-3中的三次产业从业人数可以看出，《青海省统计年鉴》和《海西州统计年鉴》中的数据统计结果有差异，其中两种统计结果中总从业人员数相差较大，青海省统计年鉴以常住人口为统计对象，海西州统计年鉴以户籍人口为统计对象。两种统计口径下，三次产业从业人员比重有一定的差距。表4-2中各年第一产业就业比重显著低于表4-4中的相应数据，第三产业就业比重显著高于表4-4中的数据。说明海西州第三产业从业人员主要是外来人口，本地居民从事第三产业的较少，这也与实际情况相符。

例如，2000年两种统计结果中三次产业就业比重分别为35.64∶21.96∶42.4和43.28∶22.20∶34.52，2014年两种统计结果中三次产业就业比重分别为26.64∶35.3∶38.06和32.88∶36.54∶30.58。尽管数据有一定差异，但是都能揭示柴达木盆地西部大开发以来第二产业吸收就业能力总体不足，第三产业就业规模较小。一方面，说明盆地资源型工业结构和资源型城镇创造的非农就业岗位极其有限，不能满足农牧业剩余劳动力转移就业的需要。另一方面，也说明盆地农牧民思想比较保守，创业意识不强，第三产业从业竞争力不及外来人口，这种情况对盆地城镇化进程也有一定程度影响。

三、柴达木盆地城镇化与产业结构协调发展实证分析

（一）评价指标体系构建与指标权重计算

1. 建立评价指标体系

借鉴已有的城镇化与产业结构协调度综合评价的成果[3-6]，在指标的

选取上遵循全面性、动态性、可操作性三个原则，从城镇化综合水平与产业结构两个方面设计评价指标体系。

在城镇化综合水平方面，本书第三章已经将城镇化内涵归纳为区域经济发展、居民生活质量和科技教育发展三个方面，并构建城镇化发展的评价指标体系。[①] 衡量产业结构的评价指标则从三次产业产值结构和就业结构两方面来考察，包括第二产业增加值、三次产业增加值占 GDP 的比重和三次产业就业比重，具体评价指标体系（见表4－5）。

表4－5　柴达木盆地城镇化与产业结构协调发展指标体系与权重

<table>
<tr><th colspan="2"></th><th>具体指标</th><th>信息熵</th><th>冗余度</th><th>指标权重</th><th>综合权重</th></tr>
<tr><td rowspan="12">城镇化发展综合水平指标</td><td rowspan="5">区域经济发展</td><td>人均 GDP</td><td>0.8107</td><td>0.1893</td><td>0.0752</td><td rowspan="5">0.3406</td></tr>
<tr><td>城镇化率</td><td>0.8042</td><td>0.1958</td><td>0.0789</td></tr>
<tr><td>城镇固定资产投资额</td><td>0.8031</td><td>0.1969</td><td>0.0873</td></tr>
<tr><td>财政总收入</td><td>0.7994</td><td>0.1465</td><td>0.0315</td></tr>
<tr><td>社会消费品零售总额</td><td>0.8242</td><td>0.1758</td><td>0.0677</td></tr>
<tr><td rowspan="3">居民生活质量</td><td>医院、卫生院床位数</td><td>0.8177</td><td>0.1823</td><td>0.0463</td><td rowspan="3">0.1462</td></tr>
<tr><td>森林面积</td><td>0.9205</td><td>0.0795</td><td>0.0374</td></tr>
<tr><td>城镇在岗职工工资总额</td><td>0.8244</td><td>0.1756</td><td>0.0625</td></tr>
<tr><td rowspan="4">科技教育发展</td><td>科技支出</td><td>0.8219</td><td>0.1781</td><td>0.0653</td><td rowspan="4">0.1984</td></tr>
<tr><td>教育支出</td><td>0.9123</td><td>0.0817</td><td>0.0468</td></tr>
<tr><td>专业技术人员</td><td>0.9098</td><td>0.0902</td><td>0.0517</td></tr>
<tr><td>中小学教师数</td><td>0.9013</td><td>0.0915</td><td>0.0346</td></tr>
<tr><td rowspan="7">产业结构指标</td><td rowspan="4">产出结构</td><td>第二产业增加值</td><td>0.7673</td><td>0.2327</td><td>0.0938</td><td rowspan="4">0.1966</td></tr>
<tr><td>第一产业增加值占 GDP 比重</td><td>0.9537</td><td>0.0463</td><td>0.0213</td></tr>
<tr><td>第二产业增加值占 GDP 比重</td><td>0.9170</td><td>0.083</td><td>0.0381</td></tr>
<tr><td>第三产业增加值占 GDP 比重</td><td>0.9056</td><td>0.0944</td><td>0.0434</td></tr>
<tr><td rowspan="3">就业结构</td><td>第一产业就业人员比重</td><td>0.8661</td><td>0.1339</td><td>0.0260</td><td rowspan="3">0.1182</td></tr>
<tr><td>第二产业就业人员比重</td><td>0.9331</td><td>0.0669</td><td>0.0307</td></tr>
<tr><td>第三产业就业人员比重</td><td>0.9433</td><td>0.0567</td><td>0.0615</td></tr>
</table>

① 关于柴达木盆地城镇化发展水平评价的具体内容，参见本书第三章第二节。

2. 熵值法计算指标权重

信息论中，熵是对系统无序程度的度量，某项指标的指标值变异程度越大，信息熵越小，该指标提供的信息量就越大；反之，某项指标的指标值变异程度越小，信息熵越大，该指标提供的信息量则越小。

本研究在已确定了柴达木盆地城镇化与产业结构协调度综合评价指标体系后，指标权重的确定就显得至关重要。确定指标权重的方法有主观赋权法和客观赋权法。主观赋权法是根据评价者主观上对各指标的重视程度来确定权重的方法，客观赋权法是根据各指标所提供的信息量来确定指标的权重。客观赋权法有熵值法、主成分分析法、因子分析法、复相关系数法等，在这里采用熵值法来确定指标的权重。采用熵值法进行综合评价的步骤如下：[2]

第一步：建立原始指标数据矩阵：设有 n 个指标，m 个年份，其中 $m=1$，2，…，i，$n=1$，2，…，j，则存在原始数据矩阵：

$$X=\begin{pmatrix} x_{11} & \cdots & a_{1j} \\ \vdots & \ddots & \vdots \\ x_{i1} & \cdots & x_{ij} \end{pmatrix} \tag{1}$$

第二步：数据的处理。

一是数据的无量纲化处理。由于不同的指标具有不同的量纲和单位，为了消除由此带来的不可共度性，需要将各指标进行无量纲化处理。无量纲化处理方法主要有极差正规化法、标准化法等，由于极差正规化法多数情况下属于超常值，其可靠程度不容易把握，在多指标综合评价中普遍使用的是标准化法。标准化法对指标数据进行无量纲化处理时，常用的方法有阈值法、比重法、Z－score 极值法等。结合上述评价指标的含义，选用 Z－score 对原始数据进行标准化处理：

$$z_{ij}=\frac{x_{ij}-\bar{x}_i}{Sx_i} \tag{2}$$

其中 x_{ij} 为指标的原始数据，z_{ij} 为标准化后的指标数据，$\bar{x}_i$ 为样本均值，Sx_i 为样本标准差。

二是对负值的处理。在对指标进行无量纲化处理时，由于小于指标样

本均值的数据会出现负值，而负值对评价没有意义，为了消除标准化后的指标数据负值的影响，进行坐标平移，其平移公式为

$$y_{ij} = z_{ij} + \alpha \tag{3}$$

其中，y_{ij} 为标准化指标数据平移后的值，α 为平移幅度，且 $\alpha > |\min(z_{ij})|$。从理论上来说，α 的取值越接近 $|\min(z_{ij})|$，则评价效果越好。

第三步：计算第 j 项指标在第 i 个年份的指标值所占比重：

$$p_{ij} = \frac{y_{ij}}{\sum_{i=1}^{m} y_{ij}} \tag{4}$$

并得到新的矩阵 P：

$$P = \begin{pmatrix} p_{11} & \cdots & p_{1j} \\ \vdots & \ddots & \vdots \\ p_{i1} & \cdots & p_{ij} \end{pmatrix} \tag{5}$$

第四步：根据信息熵论，第 j 项指标的信息熵值 e_j 可以表示为

$$e_j = -\frac{1}{\ln m} \sum_{i=1}^{m} p_{ij} \ln p_{ij} \tag{6}$$

由此，可以得出信息熵的取值范围为：$0 \leqslant e_j \leqslant 1$

第五步：确定第 j 项的指标的权重 W_j：

$$w_j = \frac{1 - e_j}{\sum_{j=1}^{n} (1 - e_j)} \tag{7}$$

本书选取柴达木盆地 1999—2014 年的数据作为样本，根据熵值法的计算步骤，对 1999—2014 年城镇化与产业结构协调发展的 19 项指标进行整理，计算出相应指标权重值（见表 4 -5）。

从表 4 -5 指标的权重排序来看，权重较大的指标分别是：城镇固定资产投资额、第二产业增加值、人均 GDP、城镇化率等指标，说明在这一时期的柴达木盆地城镇化与产业结构变动协调性方面，总体特征是城镇化进程快于产业结构的调整，产业结构中第三产业增加值占 GDP 比重、第二产业就业人员占总就业人员比重等指标权重较小，说明产业结构变迁滞后于城镇化。从综合权重来看，区域经济发展指标权重最大，达到 0. 3406，其

余各项包括产业结构变化、居民生活质量及就业结构等指标权重较小，也说明柴达木盆地城镇化还是依靠经济规模扩大带动，发展质量不高。

（二）柴达木盆地城镇化与产业结构协调发展综合评价分析

1. 柴达木盆地城镇化与产业结构的协调发展水平计算

根据表4－5各指标权重得分和相应的指标数据，最终可以计算出第 i 年柴达木盆地城镇化与产业结构综合水平得分：

$$v_i = \sum_{j=1}^{n} w_j p_{ij}$$

从表4－6和图4－1中可以看出，柴达木盆地城镇化子系统发展水平逐年上升，1999—2014年城镇化发展协调水平年均增长1.17%，自2005年以来呈快速增长态势。但产业结构发展水平不稳定，西部大开发初期增长较快，“十一五”以来增速下降，产业结构综合发展水平年均仅提高0.27%。

表4－6　柴达木盆地1999—2014年城镇化与产业结构协调发展水平得分

年份	城镇化	产业结构
1999	0.1483	0.1431
2000	0.1428	0.1442
2001	0.1435	0.1509
2002	0.1522	0.1745
2003	0.1648	0.1987
2004	0.1759	0.2223
2005	0.1698	0.2029
2006	0.1874	0.1994
2007	0.2135	0.2231
2008	0.2288	0.2125
2009	0.2461	0.1994
2010	0.2772	0.1977
2011	0.2898	0.1939
2012	0.2979	0.1889
2013	0.3064	0.1755
2014	0.3193	0.1834

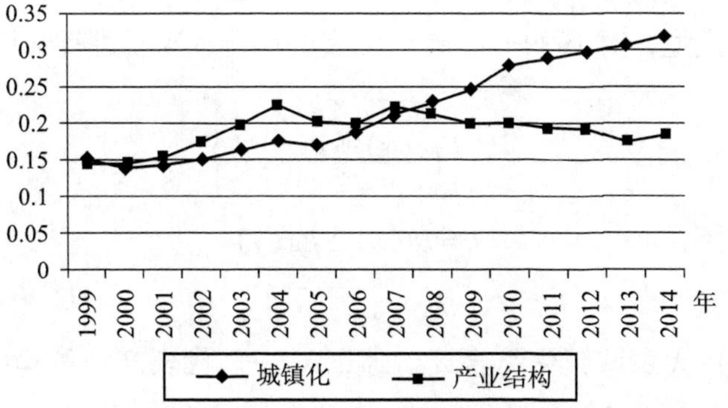

图 4 –1　柴达木盆地城镇化与产业结构系统协调发展水平变动态势

从表 4 –6 和图 4 –1 中还可以看出：西部大开发以来，柴达木盆地城镇化与产业结构这两个密切相关的经济系统在实际发展过程中出现明显的阶段性失调现象。2000 年以前，城镇化与产业结构综合发展水平大致相当，“十五”期间，随着资源开发，促进盆地产业结构迅速转变，并且城镇化与产业结构变动趋势基本一致；“十一五”以来，城镇化综合发展水平则呈现稳定增长态势，高于同期产业结构的发展水平，产业结构越来越滞后于城镇化发展，两者之间呈背离趋势。

2. 柴达木盆地城镇化与产业结构的协调度分析

所谓协调发展水平，是指度量系统或系统内部要素之间在发展过程中彼此和谐一致的程度，体现了系统由无序走向有序的趋势，是协调程度的定量指标，协调发展水平等级划分及其标准（见表 4 –7）。

表 4 –7　协调发展水平等级划分及其标准[7]

协调等级	协调发展水平
失调	0 ~0. 39
濒临失调	0. 40 ~0. 49
勉强协调	0. 50 ~0. 59
初级协调	0. 60 ~0. 69
中等协调	0. 70 ~0. 79
良好协调	0. 80 ~0. 89
优质协调	0. 9 ~1

为了进一步揭示柴达木盆地城镇化和产业结构的协调性，依据协调发展水平计算模型，对1999—2014年二者的协调水平c_{xy}进行计算。

$$c_{xy}=\left\{\frac{f(x)\times g(y)}{\left(\frac{f(x)+g(y)}{2}\right)^2}\right\}^k$$

$$T=\alpha f(x)+\beta g(y)$$

$$D=\sqrt{C_{xy}\times T}$$

其中，$f(x)$代表城镇化综合评价值，$g(y)$代表产业结构综合评价值，c_{xy}代表城镇化与产业结构的协调度，k代表调节系数，T为综合评价指数，D为协调系数。[7]考虑城镇化与产业结构同等重要，所以待定系数α，β均取0.5。

从表4－8和图4－2中能够看出西部大开发以来，柴达木盆地城镇化与产业结构发展协调程度变动情况：1999—2006年，产业结构变动与城镇化发展之间的协调度得分较高，在0.5～0.69，说明此阶段产业结构变动与城镇化互相促进，发展比较协调，具体看是产业结构变动带动城镇化发展。但是2007—2011年，产业结构变动与城镇化发展之间的协调度得分较低，在0.5～0.21，说明此阶段产业结构变动与城镇化发展不协调，具体看是城镇化发展速度较快，但产业结构调整滞后于城镇化发展需要。2012—2014年，二者协调程度有所提高，总体来看，产业结构仍明显滞后于城镇化发展的需要。

表4－8　1999—2014年柴达木盆地城镇化与产业结构发展协调度

年份	协调度	协调系数
1999	0.5347	0.2543
2000	0.5057	0.2532
2001	0.5804	0.3267
2002	0.5789	0.3462
2003	0.6292	0.3541
2004	0.6591	0.3420
2005	0.6953	0.3258
2006	0.6390	0.2981
2007	0.5019	0.1661

续表

年份	协调度	协调系数
2008	0. 4620	0. 2830
2009	0. 3267	0. 2480
2010	0. 2439	0. 1747
2011	0. 2162	0. 2035
2012	0. 1315	0. 2439
2013	0. 1531	0. 2546
2014	0. 1616	0. 2920

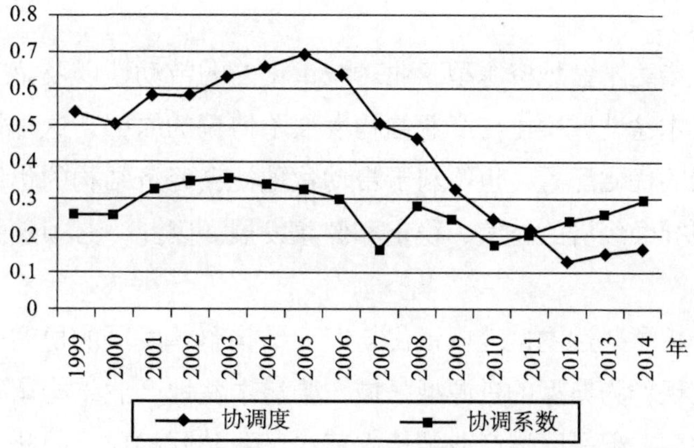

图 4－2　柴达木盆地城镇化与产业结构协调度与协调系数

从动态趋势来看，1999—2006 年，柴达木盆地城镇化与产业结构发展的协调度总体呈上升趋势，从勉强协调逐渐向初级协调状态演进，但是 2007—2011 年，协调发展状态总体呈下降趋势，从初级协调状态转变为失调状态，说明柴达木盆地在加速城镇化的同时，产业结构调整滞后，城镇化水平提升和产业结构的发展之间互相促进关系不明显，显然今后必须加强产业结构优化升级，才能促进盆地城镇化与产业结构协调发展。

（三）相关评价结论

第一，城镇化与产业结构优化之间存在相互促进、相互影响的内在关联机制。城镇化的快速发展产生巨大的市场需求，对区域经济总量增长、产业结构优化升级以及新兴产业出现发挥了重要的拉动作用；产业结构的有序演进必然使城市化模式、城市化动力机制发生深刻变化，从而推动城市化的进程。

第二，由城镇化与产业结构综合发展指数来看，自1999年以来，柴达木盆地城镇化水平逐步提高，尤其自2005年以后，其综合指数呈现出加速增长的态势，表明柴达木盆地城镇化已经进入全面发展的新时期，城镇基础设施水平提高，城镇规模增大。然而，由于柴达木盆地是典型的资源型区域，在资源开发推动下的城镇化进程与产业结构发展并不协调，柴达木盆地仍然是资源型产业占主导，第二产业占GDP比重过高，资源挤出效应导致第三产业发展比较缓慢，产业结构演进明显滞后于城镇化的发展。

第三，柴达木盆地资源型工业对城镇化的弱带动性以及第三产业发展缓慢是柴达木盆地城镇化与产业结构发展不协调的原因，这种状态既不利于资源要素的优化配置，也不利于带动盆地社会经济结构的优化升级，还不利于区域社会经济的持续、稳定和健康发展。因此，必须加强二者的协调发展。

前文分析了柴达木盆地城镇化与产业结构整体发展的协调程度，通过实证分析发现作为典型的资源型区域，柴达木盆地产业结构调整滞后于城镇化发展需要。但是区域产业结构由三次产业共同构成，因此本研究需分别分析农业、工业以及服务业发展与城镇化之间的关系，才能分别找到来自不同产业的干扰因素，促进柴达木盆地城镇化与产业结构整体协调发展。

第二节　柴达木盆地城镇化与工业化发展协调程度评价

柴达木盆地是青海省乃至全国著名的资源型区域，工业发展极具优势。在各级政府资源开发政策支持下，柴达木盆地依托区域内丰富的矿产资源，建立资源型工业体系，工业化水平不断提升。随着新型工业化发展，对盆地工业化与城镇化协调发展问题的专门研究变得十分必要。

一、工业化的内涵与研究现状

1. 工业化的内涵

关于工业化的内涵，各国学者对此有不同的解释。《新帕尔格雷夫经济学大辞典》中认为："工业化是一种过程。首先，一般来说国民收入（或地区收入）中制造业活动和第二产业所占比例提高了。其次，在制造业和第二产业就业的劳动人口的比例一般也有增加的趋势。在这两种比例增加的同时，除了暂时的中断以外，整个人口的人均收入增加了。"[8]德国经济学家霍夫曼认为："工业化不仅是一个国家从农业部门为主向非农业部门为主的转变过程，而且也是工业部门内部结构的变化过程。"钱纳里等人在《工业化与经济增长的比较研究》中，借助多国模型，按照人均GDP的变化将经济增长过程划分为六个时期和三个阶段，并对工业化过程中结构变动的一般特征作了全面归纳与分析。

工业化是经济发展和社会进步的必由之路，它是社会生产力发展到一定阶段的重要标志。工业化有广义和狭义之分。狭义的工业化，是指机器大工业在国民经济中发展并达到占统治地位的转变，它使一个国家由传统的农业国转变为现代的工业国。广义的工业化，是指发展或现代化。[9]张培刚认为，工业化是"一系列基要生产函数连续发生变化的过程，不仅包括工业部门的发展，也包括工业化了的农业的发展"。

2. 工业化发展研究现状

工业化是一个长期的、经济结构变化的过程，对工业化发展水平的评价越来越趋向于多元化评价。陈佳贵、钟宏武（2007）根据钱纳里标准，利用主成分分析法进行计算，指出西部地区是我国工业化进程最慢、工业化水平最低的地区。[10]魏龙（2010）认为，从发达国家经济景气和萧条时期的产业升级策略中，我们可以借鉴的经验是工业化是一个长期的、动态化的和开放的过程，根据我国的国情应建立多元化工业化评价指标。[11]

近年来，我国学者对工业化的研究重点转向对新型工业化道路的研究。① 在学术界关于新型工业化内涵的研究比较多：张海静（2003）、吴敬琏（2005）等从信息化与工业化以及服务业关系的角度，认为信息化是新型工业化最重要的特点和实现方式，服务业的发展降低了生产成本和交易成本。江小娟（2002）、崔向阳（2003）从可持续发展角度，认为可持续发展是新型工业化道路的核心，市场化、信息化、城市化、国际化和绿色化是其根本的实现要求。翟书斌（2006）认为，狭义的新型工业化主要包括以信息化带动工业化、工业领域科技含量高以及控制人口增长三个方面，广义的新型工业化还应包括制度设计、实现机制以及经济增长方式等问题。中国社会科学院工业经济研究所吕政认为，狭义的新型工业化除了强调以信息化带动工业化、工业领域科技含量高，经济效益好，还包括继续控制人口增长，使人口、资源、环境协调发展。[12]

青海省地处青藏高原，西部大开发以来，对青海省工业化发展问题的研究也逐步受到重视。陈建红（2005）分析指出，青海省技术进步贡献率、第二产业比重和劳动力结构停留在工业化初级阶段水平，特别是农业从业人员比重过大。[13]那小红（2008）提出，青海省要实现新型工业化道路需要优化工业布局，培育发展产业集群；推进资源综合开发，发展循环经济；重视企业的技术创新，增强产业和产品的竞争力。[14]张海峰、刘峰贵、王小梅（2009）在论述柴达木盆地资源开发的意义及必要性的基础上，阐述了柴达木盆地循环经济发展模式。[15]

从以上研究成果可以看出，对我国工业化发展的研究从定性向定量、从全国向区域、从工业化一般研究向新型工业化方向转变。柴达木盆地是典型的资源型区域，梳理其工业化发展历程与特点，分析工业化发展水平与城镇化发展是否协调，有助于促进地区资源型工业结构调整和新型城镇化发展。

二、柴达木盆地工业化的发展历程与现状特点

1. 柴达木盆地工业化发展历程

西部地区的现代工业起步于 20 世纪 50 年代，为了平衡沿海地区与内

① 新型工业化的定义见本书第三章第三节。

地工业发展的布局，“一五”时期苏联援建的项目的三分之一都放在了我国西部，为西部地区现代工业的发展奠定了基础。20 世纪 60 年代中期，四川、甘肃、陕西、贵州和青海被划入了“三线”的范围，“三线”的建设使西部地区的工业门类逐渐增多，工业体系逐步建立。位于青藏高原的柴达木盆地，资源型工业也得到初步发展。改革开放以来，柴达木盆地以其丰富的盐湖资源，建成了全国最大的钾肥生产基地。西部大开发战略的实施，为柴达木盆地工业发展提供了新的契机，盆地资源型工业迅速发展。2005 年 10 月，发改委、国家环保总局、财政部、商务部、科技部、统计局等六部委把柴达木盆地列为国家首批 13 个开展循环经济试点的国家级产业园区。由此，柴达木盆地工业化的发展进入了一个新的时代。

2. 柴达木盆地工业化现状特点

工业化的进程最直接表现为工业部门在国民经济中的比重不断上升，第二产业的产值在国民生产总值中占据主导性地位。西部大开发以来，柴达木盆地的工业化发展迅速，利税总额、工业增加值、工业从业人员、工业增加值占 GDP 的比重都不断上升。（见表 4－9）

表 4－9　西部大开发以来柴达木盆地工业化发展现状

年份	工业总产值（亿元）	规模以上工业企业（家）	工业增加值（亿元）	工业从业人员（人）	工业增加值占 GDP 的比重（%）	利税总额（亿元）
2000	70.57	84	25.10	42639	55.8	2.86
2005	178.75	65	85.60	33380	67.1	68.25
2010	477.12	100	271.45	53351	71.1	174.14
2014	805.32	139	428.2	51223	71.94	184.6

浆料来源：2001—2015 年《青海省统计年鉴》。

柴达木盆地工业化呈现以下特点：

一是发展速度快。柴达木盆地工业总产值 2000 年为 70.57 亿元，2014 年则达至 805.32 亿元，共增长 11.4 倍；工业增加值从 25.1 亿元增至 428.2 亿元，增长 17 倍；工业增加值占 GDP 的比重 2000 年为 55.8%，2014 年达到 71.94%；利税总额 2000 年为 2.86 亿元，2014 年达到 184.6 亿元，共增长 64 倍；规模以上工业企业 2000 年为 84 家，2014 年达到 139 家，共增长 1.65 倍（见表 4－9）。

二是资源优势十分突出。柴达木盆地蕴藏了丰富的盐类和其他化学元素，不仅是中国盐矿之最，也是世界盐矿之最，柴达木盆地又称为“盐的世界”。从自然资源的分布及组合来看，柴达木盆地在发展能源和原材料工业方面具有较强优势，这些资源为盆地实现工业化提供了强有力的原材料来源和市场来源，并建立起资源型工业体系。2014 年，钾肥、纯碱、天然气产量在全国占比分别为 79%、14%、5.6%，新能源装机规模达 3260 兆瓦、占全省的 57.8%，其中光伏装机容量达 2933 兆瓦、占全国的 9.2%，成为全国重要光伏发电基地。①

从表 4-10 可以看出，柴达木盆地主要工业产品都是资源型产品，区域经济对自然资源依赖程度极高。

表 4-10　柴达木盆地 2014 年主要工业产品产量

产品名称	单位	产量
原煤	万吨	1387.61
洗煤	万吨	215.97
焦炭	万吨	132.9
天然原油	万吨	220
天然气	亿立方米	68.9
铁矿石原矿	万吨	118.52
原盐	万吨	221.85
原油加工量	万吨	140.88
碳酸钠（纯碱）	万吨	326.58
钾肥（实物量）	万吨	832.45
黄金	公斤	6535.83
发电量	亿千瓦小时	54.26
其中：火力	亿千瓦小时	16.58
光伏	亿千瓦小时	29.74
石棉	万吨	8.92

资料来源：2015 年《青海省统计年鉴》。

三是政府政策支持。西部大开发以来，各级政府为柴达木盆地发展经济提供了各种政策扶持。柴达木盆地 2005 年被列为国家级“循环经济实验区”；2007 年 6 月，“西部大开发特色优势产业基地”在柴达木挂牌成

① “十二五”时期海西州经济社会跃上“四个新台阶”取得“四个新突破”[EB/OL]. http://www.haixi.gov.cn/info/1113/146691.htm.

立；2010 年 3 月，国务院批复了《柴达木循环经济试验区总体规划》，政府的各项政策为柴达木盆地发展新型工业化提供了有力的支持，营造了良好的宏观环境条件。

三、柴达木盆地城镇化率与工业化率的变动关系

从城镇化率与工业化率之间对比的世界发展模型中看出，工业化与城镇化的发展经历了由紧密到松弛的发展过程。① 本研究分别计算出柴达木盆地西部大开发以来各年城镇化率与工业化率（见表 4－11）。

表 4－11　西部大开发以来柴达木盆地城镇化率与工业化率

年份	I（工业化率）（%）	U（城镇化率）（%）	IU = I/U	（U/I）－1
1999	48.6	60.07	0.809	0.236
2000	55.8	63.12	0.884	0.131
2001	55.3	63.11	0.876	0.141
2002	50.2	63.63	0.789	0.267
2003	53.1	64.04	0.829	0.206
2004	59.5	62.21	0.956	0.045
2005	67.1	62.11	1.080	－0.074
2006	69.9	61.33	1.139	－0.123
2007	70.5	61.05	1.155	－0.134
2008	73.3	61.04	1.201	－0.167
2009	70.7	61.05	1.158	－0.136
2010	71.1	62.83	1.132	－0.116
2011	73.8	70.07	1.053	－0.051
2012	74.53	71.69	1.039	－0.038
2013	73.10	74.84	0.977	0.024
2014	71.94	75.05	0.958	0.043

资料来源：2000—2015 年《青海省统计年鉴》。

从表 4－11 工业化率、城镇化率指标，可以刻画柴达木盆地西部大开发以来城镇化率与工业化率发展变动态势及其关系（见图 4－3）。

如果用 IU 标准值 0.5 来评价，西部大开发以来，柴达木盆地工业化率

① 城镇化率 =（城镇人口/总人口）×100%；工业化率 =（工业增加值/GDP）×100%。

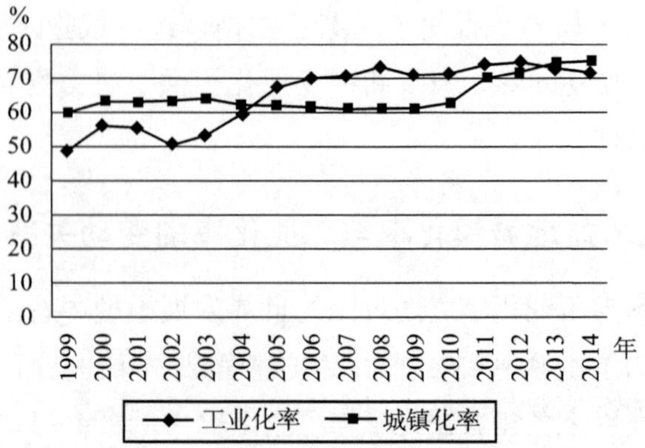

图4－3　西部大开发以来柴达木盆地城镇化率与工业化率的变动关系

提高迅速，城镇化率则比较平稳，主要原因是柴达木盆地工业总体上属于资源密集型，创造劳动就业岗位有限。通过IU比值的变化趋势来看，“十一五”期间，工业化超前发展十分明显。“十二五”以来，柴达木盆地城镇化与工业化发展逐步趋于协调。

城镇化与工业化的“偏差系数”（城市化率/工业化率－1）也是衡量一个国家或地区城市化过程与工业发展是否相互协调的一项重要指标。一般认为偏差系数为1左右是适宜的。从表4－11偏差系数也可以看出，柴达木盆地2004年以前，城镇化率与工业化率偏差较小，2005年以后，工业化率上升很快，并超过城镇化率，偏差越来越大。“十二五”以来，差距逐渐缩小。从以上两个指标的变动均反映出柴达木盆地城镇化水平显著提升，城镇化与工业化发展逐步趋于协调。

四、柴达木盆地新型工业化发展的实证分析

新型工业化道路不仅是一种发展工业化的新模式，它是整个人类社会进步、文明、发展的新模式。新型工业化道路的特征，一是企业成为技术创新的主体，科技含量较高。二是倡导绿色环保的理念，是可持续发展型的经济。三是质量效益型的经济，力求以最少的投入追求最大的利润，要努力生产具有高附加值、高质量的产品。四是协调发展型的经济。不仅要求三次产业之间协调发展，同时也要求协调不同区域、农村与城市以及社会不同群体之间的利益关系，促进和谐发展。五是人力资源得到充分发挥

型的经济。在推进信息化的同时也要重视劳动密集型的产业发展，发挥人力资源优势的工业化道路。[17-18]

（一）柴达木盆地新型工业化发展评价指标体系建立

传统的工业化指标的特点是在很大程度上只追求数量和速度，国内学者对新型工业化的评价指标体系进行了积极地探索，主要思路是选择既反映工业化进程又反映工业化质量的指标去评价新型工业化的发展。[19-23]本研究结合新型工业化的内涵与柴达木盆地实际情况，构建包含工业发展规模、工业发展质量、工业发展效益3个一级指标、共12个具体指标（三级指标）构成的新型工业化发展评价指标体系，如表4-12所示：

表4-12　柴达木盆地新型工业化发展评价指标体系

评价目标	一级指标	二级指标	三级指标
新型工业化发展水平	工业发展规模	产业规模	工业总产值 工业增加值
		就业规模	工业从业人员
	工业发展质量	科技含量	科学技术支出 全年专利申请数
		信息化水平	互联网宽带用户 移动电话年末用户数
		人力资源利用	专业技术人员数 普通中学在校学生数
	工业发展效益	直接效益	利税总额
		间接效益	年末金融机构各项存款余额 全社会固定资产投资额

（二）评价方法与过程

第一，数据的无纲量化处理。根据无纲量化的公式 $U_i' = (U_i - \bar{u}_i) / \sigma$（其中，$U_i$ 表示指标的原始数值，$\bar{u}_i$ 表示指标数的平均值，σ 表示指标数值的标准差）分别计算12个三级指标标准化后的数值。

第二，因子分析法计算结果。通过SPSS软件进行因子分析后，根据方差贡献率>85%和特征值>1的原则，提取前三个主要因子 F_1，F_2，F_3，其方差贡献率分别为68.197%、14.106%和7.921%，累计方差贡献率为90.224%，这说明用 F_1，F_2，F_3 能代表原来12个指标90.224%的信息，确保评价结论可靠。

根据表4-13主因子成分矩阵可以看出，主因子 F_1 在工业总产值、工业增加值、年末金融机构存款余额、互联网宽带用户数等指标上系数值较大，因此 F_1 可以命名为工业经济规模因子；F_2 在工业从业人员数、专业技术人员数以及普通中学在校生人数等指标上系数值较大，因此 F_2 命名为工业人力资源因子；F_3 在科技支出、全年申请专利数等指标上系数值较大，因此 F_3 命名为工业科技因子。

表4-13 成分矩阵[a]

	成分		
	1	2	3
工业总产值（亿元）	0.991	0.054	-0.002
工业增加值（亿元）	0.979	0.105	-0.020
工业从业人员（人）	-0.237	0.911	0.118
利税总额（亿元）	0.910	-0.031	-0.002
年末金融机构各项存款余额（万元）	0.981	0.104	-0.041
全社会固定资产投资额（万元）	0.929	0.156	0.027
科学技术支出（万元）	0.030	0.220	0.904
全年专利申请数（件）	0.207	-0.189	0.960
互联网宽带拉入用户（户）	0.984	0.118	-0.019
移动电话年末用户数（户）	0.969	0.059	-0.054
专业技术人员数（人）	0.300	0.744	-0.016
普通中学在校学生数（人）	0.478	0.832	-0.097

表4-14 柴达木盆地主要年份的新型工业化因子得分值

年份	新型工业化因子得分值			新型工业化综合得分
	F_1	F_2	F_3	F
2000	-1.1336	0.32307	-0.12905	-0.82017
2001	-1.23856	0.96399	-0.43207	-0.82163
2002	-0.85468	-0.35946	-0.32664	-0.73320
2003	-0.7053	-0.91857	-0.47474	-0.72098

续表

年份	新型工业化因子得分值			新型工业化综合得分
	F_1	F_2	F_3	F
2004	-0. 57885	-0. 55355	-0. 4186	-0. 56198
2005	-0. 51764	-0. 68957	-0. 44516	-0. 53935
2006	-0. 2925	-0. 84633	-0. 50607	-0. 39802
2007	-0. 10865	-0. 83917	-0. 3419	-0. 24419
2008	0. 25422	-0. 40814	-0. 45653	0. 091382
2009	0. 07046	-0. 00322	-0. 33995	0. 025838
2010	0. 48461	0. 05903	-0. 27505	0. 355744
2011	0. 82014	0. 17617	-0. 16676	0. 638153
2012	1. 73554	0. 20628	-0. 12128	1. 342313
2013	2. 06482	0. 28946	0. 18586	1. 630446
2014	2. 22470	0. 27599	0. 22368	1. 752825

根据表 4－13 可得因子得分模型：

$$F_1 = 0.991 \times X_1 + 0.979 \times X_2 - 0.237 \times X_3 + 0.910 \times X_4 + 0.981 \times X_5 + 0.929 \times X_6 + 0.030 \times X_7 + 0.207 \times X_8 + 0.984 \times X_9 + 0.969 \times X_{10} + 0.300 \times X_{11} + 0.478 \times X_{12}$$

$$F_2 = 0.054 \times X_1 + 0.105 \times X_2 + 0.911 \times X_3 - 0.031 \times X_4 + 0.104 \times X_5 + 0.156 \times X_6 + 0.220 \times X_7 - 0.189 \times X_8 + 0.118 \times X_9 + 0.059 \times X_{10} - 0.744 \times X_{11} - 0.832 \times X_{12}$$

$$F_3 = -0.002 \times X_1 - 0.020 \times X_2 + 0.118 \times X_3 - 0.002 \times X_4 - 0.041 \times X_5 + 0.027 \times X_6 + 0.904 \times X_7 + 0.960 \times X_8 - 0.019 \times X_9 - 0.054 \times X_{10} - 0.016 \times X_{11} - 0.097X_{12}$$

式中 X_i 表示无纲量化后的指标值。依据因子得分模型计算出柴达木盆地主要年份 F_1，F_2，F_3 因子得分以及新型工业化综合得分 F（见表 4－14）。

（三）柴达木盆地新型工业化发展水平评价结论

从综合评价因子模型的评价结果可以看出，柴达木盆地新型工业化水平在逐年提升。但从各因子贡献情况来看，柴达木盆地新型工业化发展并不均衡。从表 4－14 和图 4－4 中可以看出经济规模因子对新型工业化贡献较大，但是人力资源因子以及科技因子对新型工业化发展的贡献较小。

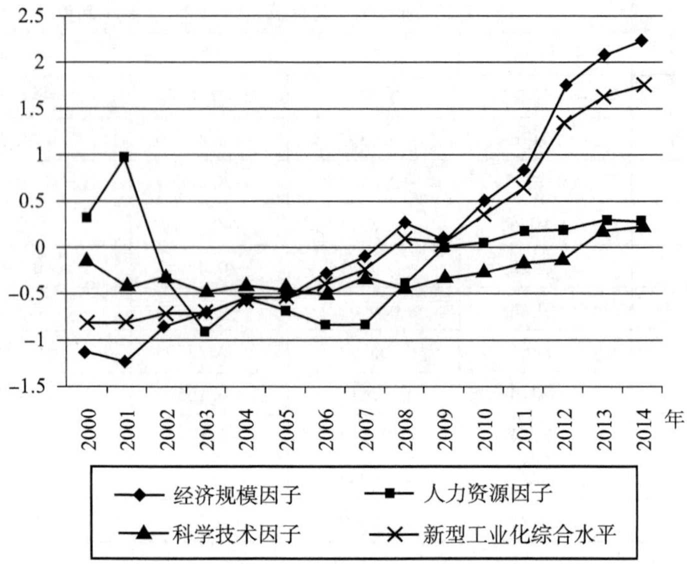

图 4－4　柴达木盆地新型工业化发展因子变动

第一，工业经济规模因子在2000—2014年呈现稳定增长趋势，并且是新型工业化最重要的支撑力，但在“十二五”以来增速放缓。

第二，工业人力资源因子在2000—2005年不断下降，“十一五”以来稳步上升，“十二五”趋于稳定。这主要是由于西部大开发期初柴达木盆地资源型工业主要是资源密集型和资金密集型，这些产业发展对人力资源没有足够的吸引力，反而产生资本替代劳动的效果，造成人力资源贡献下降。近几年，人力资源稳步上升是由于柴达木盆地经济发展水平提高，产业发展带来新的就业机会，吸收许多应届大学毕业生就业，因而2006—2010年柴达木盆地新型工业化人力资源因子稳定上升。“十二五”期间，柴达木盆地人力资源趋于稳定，增长速度减缓。调查发现主要是受到经济大环境影响，柴达木盆地传统资源型工业效益下滑，产业结构调整滞后，对人力资源吸引力下降，因此人力资源增长趋于停滞。

第三，在科学技术因子方面，2005年之前，柴达木盆地工业化发展的科学技术因子有一定程度下降，这也是由于资源型区域的工业发展过于依赖资源和资金，产生对科学技术的挤出效应。2006—2014年，科学技术因子得分稳定增加，特别是“十二五”以来，科学技术因子增速明显加快。这主要是由于柴达木盆地开始重视调整产业结构，重视科技创新活动，从而使科学技术在柴达木盆地新型工业化发展中的贡献逐步提升。

第三节　柴达木盆地城镇化与服务业发展的相关性分析

第三产业就是广义的服务业，城镇化水平与服务业发展之间存在相互影响、相互推动的关系，即城镇化为服务业发展奠定人口和市场需求基础，而服务业的发展则是推动城镇化中后期阶段持续发展的主要动力。[24]随着工业化的推进、城市化水平的提高和产业结构调整，服务业逐渐替代工业成为城市主导产业。[25]服务业的发展水平不仅影响城镇发展规模，同时也影响城镇化质量；反之，服务业发展也受城镇化质量和水平的影响。[26]我国的城镇化进程已越过中期阶段，相关研究[27]表明我国服务业增加值与人口城镇化水平高度正相关，服务业发展提供的生产配套服务、生活消费服务等成为城镇化发展的后续动力，服务业健康发展也是我国粗放的城镇化模式转变为能承载生态文明转型“智慧式城镇化”的重要渠道。[28]全面客观评价柴达木地区服务业与城镇化发展水平动态变化，并深入分析服务业发展与城镇化的协调性，对于柴达木盆地资源型区域调整服务业结构、带动产业转型和新型城镇化发展具有重要的意义。

一、城镇化与服务业发展的相关研究成果综述

服务业和第三产业的区别在于划分基础不同。三次产业分类法的出发点是按经济体系的供给分类，服务业与其他产业的划分则以经济系统的需求为分类出发点，强调的是服务业与其他产业的相互依赖关系，而不是单向的依赖关系。二者所包含的行业基本相同，服务业即指从事生产和销售服务性产品的生产部门和企业的集合。服务性产品与其他产业产品相比，具有非实物性、不可储存性和生产与消费同时性等特征。在我国国民经济核算实际过程中，第三产业就是广义的服务业，所以将服务业定义为除第一产业、第二产业之外的其他所有产业部门。

服务业发展的衡量标准主要是服务业产值在总产值中的比重，以及服

务业就业人数占总就业人数的比重。服务业产值占生产总值的比重反映一个地区的服务业高度化程度，而服务业就业人员比重则反映这个国家或地区的服务业吸纳劳动力的能力。此外，服务业的贡献率也是服务业发展的重要评价指标。

(一) 国外学者对城镇化与服务业发展的相关研究

地理学家布莱恩·贝利认为，一个国家的经济发展水平与该国的城市化水平之间存在一定的关系，三次产业结构、经济发展与城镇化三者之间的关系是相互作用，相互影响，互为因果。[29]经济学家克拉克于1940年在《经济进步的条件》一书中指出，随着人均国民收入水平的提高，劳动力逐渐从第一产业向第二、第三产业转移。[30]美国经济学家库兹涅茨在"配第—克拉克定理"的基础上研究了国民收入与产业结构之间的联系，指出GDP中的比重和总劳动力比重在农业部门是趋于下降的，在工业部门则是趋于上升的，并且认为发达地区的城市化水平不断提高，是服务业不断发展的原因。[30]

地理学家国松久弥（1971）指出，城市化过程就是工业和服务业聚集的过程，伴随着发达国家工业现代化深度进行，工业在城市化进程中的作用减弱，服务业对城市化的促进作用进一步提升。[31]经济学家钱纳里分析了各个经济发展时期的产业结构及城市化发展的轨迹用来研究工业化的"标准模式"，指出工业和服务业中的劳动力份额伴随着城市人口的增加而增加。[32]

在城市经济发展与服务业的关系方面，Singelmann指出城市化是服务业发展的原因，城市化能促进政府服务和其他非盈利服务业的发展。[9]1979年，美国地理学家诺瑟姆在研究欧美城市化发展的基础上得出"诺瑟姆曲线"，将城市化分为起步、加速、成熟三个阶段，并分析在成熟阶段，服务业是城市化发展的后续动力。[33]

(二) 国内学者关于城镇化和服务业关系的研究

谢文蕙（1996）认为，产业结构的演变必然体现着城市化运动。[34]李建英（2002）指出，第二产业主要是从集聚效应和规模效应两个方面来影响城镇化，而第三产业的发展不仅促进城镇规模发展，同时也促进城镇质量提升，完善城镇功能体系，增强城镇的辐射、带动效应。[35]李培祥、李诚固（2003）分析了城市化发展与产业结构的变动，并且将城市化发展划分为初期阶段、加速阶段、高级阶段。[36]洪银兴（2003）指出，城镇化不仅仅是人口的城镇化，更要强调城镇在经济发展中的功能。[37]秦宪文（2004）指出，城市化与产业发展具有正相关性。[38]陈柳钦（2005）认为，产业结构和城市化之间存在相互作用，城市产业结构的升级是现代城市化的推动力。[39]都沁军（2005）从需求的角度出发分析了城镇化与第三产业之间的关系，认为需求带动第三产业的发展，城镇化是第三产业发展的基础。[40]徐士锋（2006）指出，产业结构变动与城市化之间有直接和间接两种途径。[41]张家俊（2010）研究城镇化与服务业的互动关系，提出城镇化对三次产业有明显的提升、优化和推动作用，同时指出合理的产业结构有助于推进城镇化进程。[42]

夏晴、郑吉昌等（2004）认为社会分工是服务业的催生剂，服务业则促进社会分工的发展。[43]杨治、杜朝晖（2000）研究在1870—1970年美国城镇化率与服务业、第二产业就业人数的比重的变化，得出美国城镇化与服务业就业人数增长的正相关性要高于同第二产业就业人数增长的相关性。[44]辜胜阻（2006）指出服务业是城镇化的后续动力，随着工业化的推进、城市化水平的不断提高和产业结构调整，服务业逐渐替代工业成为城市产业中的主力。[45]台冰（2007）实证分析了人均服务业增加值与人口城镇化水平的相互关系，得出二者高度正相关。[46]曾国平等（2008）指出，服务业发展不仅扩大城镇规模，而且还增强城镇功能，增强城镇扩散效应和城镇辐射效应。[47]

林汉达（1998）指出，服务业的发展可以增强城镇的吸纳能力，城镇化道路的选择影响服务业发展的方向和质量。[48]陈可（2002）分析我国服务业总量中城市占80%以上，农村则不足20%，指出城镇化水平相对低的地区服务业比重较低。[49]李健英（2002）认为，城市的类型既影响着服务业的内容和质量，也影响服务业的结构和发展规模。在工业聚集的中小城镇，服务业以交通、通信和商贸等流通部门为核心部门；在大城市和特大城市中，服务业以外部性较高的现代生产性服务业和生活性服务业为核心部门。[50]倪鹏飞（2004）采用模糊曲线方法多角度分析服务业影响因素，发现服务业发展受城镇化的质量和规模的影响。[51]曾芬钰（2004）认为，城市化是服务业发展的推动力，服务业的发展是经济水平不断提高的结果。[52]

二、柴达木地区服务业发展现状分析

（一）柴达木地区服务业总体发展状况

伴随资源开发和城镇化发展，柴达木盆地服务业得到快速发展（见表4－15）。

表4－15　柴达木地区服务业总体发展情况资料

年份	服务业产值（亿元）	服务业增加值比重（%）	服务业就业人数（人）	服务业就业比重（%）	人均服务业增加值（万元）
2000	15.53	29.1	41531	34.52	2.56
2005	29.74	22.1	43225	32.62	6.19
2010	66.24	18.1	46676	28.54	15.21
2014	106.18	18.93	68664	30.58	15.44

资料来源：2001—2015年《青海省统计年鉴》、2014年《海西州统计年鉴》。

从表4－15中看出，柴达木盆地服务业增加值从2000年的15.53亿元增至2014年的106亿元，增长6.83倍；人均服务业增加值从2.56万元增至15.44万元，增长6.03倍；服务业就业人数从2000年的41531人增至68664人，有一定程度增加。

服务业增加值比重从29.1%降至18.93%；服务业就业人口比重不稳定，2000年为34.52%，2010年降至28.54%，随后有所回升，2014年达到30.58%。从柴达木盆地服务业增加值比重和就业比重变化直接反映出盆地资源型工业对服务业发展存在挤出效应，不利于柴达木盆地服务业的发展壮大。

（二）柴达木地区服务业分层次发展现状

依据国家统计局修订的《国民经济行业分类》，将第三产业划分为四个层次。

第一层次是流通部门，包括交通运输、仓储及邮电通信业，批发和零售贸易、餐饮。

第二层次是为生产和生活服务的部门，包括金融、保险业，地质勘查业、水利管理业，房地产业，社会服务业，农、林、牧、渔服务业，交通运输辅助业，综合技术服务。

第三层次是为提高科学文化水平和居民素质服务的部门，包括教育、文化艺术及广播电影电视业，卫生体育和社会福利业，科学研究等行业。

第四层次是为社会公共需要服务的部门，包括国家机关、政党机关和社会团体以及军队、警察等。①

按照上述原则分层次统计柴达木盆地2011年、2013年以及2014年服务业内部结构状况。（见表4－16）。

表4－16　柴达木地区2011、2013、2014年服务业内部分行业发展情况统计

服务业层次	行业构成	占服务业产值比重（%）			服务业各层次比重（%）		
		2014年	2013年	2011年	2014年	2013年	2011年
第一层次	交通运输、仓储和邮政业	29.42	28.71	30.7	49.56	48.99	51.18
	批发和零售业	7.54	8.79	8.67			
	住宿和餐饮业	3.59	3.66	3.79			
	信息传输、计算机服务和软件业	9.03	7.83	8.02			
第二层次	金融保险业	10.93	7.35	8.20	18.72	19.04	22.30
	房地产业	4.79	3.23	3.25			
	租赁和商务服务业	4.61	3.91	4.91			
	科学研究、技术服务和地质勘察业	2.58	2.51	2.58			
	水利、环境和公共设施管理业	0.39	0.42	0.40			
	居民服务和其他服务业	2.77	1.62	2.96			
第三层次	教育	3.58	5.59	3.59	20.41	15.64	9.59
	卫生、社会保障和社会福利业	3.36	5.37	3.37			
	文化、体育和娱乐业	2.46	4.68	2.63			
第四层次	公共管理和社会组织	14.59	16.01	16.58	14.59	16.01	16.58
其他	其他服务业	0.37	0.32	0.35	0.37	0.32	0.35

资料来源：海西州统计局2011年、2013年、2014年《海西州统计年鉴》。

从表4－16柴达木地区2014年服务业内部各行业占服务业产值比重情况

① 不在上述分类范畴中的都归为其他服务业。

来看，首先交通运输、仓储和邮政占服务业产值比重最高，达到 29.42%，其次是公共管理和社会组织产值占服务业产值比重为 14.59%。对比 2011 年和 2013 年、2014 年的数据可以发现，柴达木盆地服务业结构正在发生调整，第一层次服务业产值比重从 2011 年的 51.18% 下降至 2014 年的 49.56%，第二层次服务业产值比重从 2011 年的 22.30% 下降至 2014 年的 18.72%，第三层次服务业产值从 2011 年的 9.59% 升至 2014 年的 20.41%，第四层次服务业产值比重从 2011 年的 16.58% 降至 2014 年的 14.59%。

总体来看，第一层次有所下降，第三层次有一定提升。从具体服务业行业来看，信息服务业与金融保险业增长最显著，教育、卫生、社会保障和社会福利业、文化体育和娱乐业产值比重上升也比较明显，传统服务业和新兴服务业总体规模均有所增加，传统服务业中的住宿餐饮、批发零售业比重下降，新兴服务业发展较快，服务业行业结构正趋于改善。

三、柴达木盆地服务业发展水平变动情况分析

1. 柴达木地区服务业增加值占 GDP 比重变动

衡量服务业发展水平的一个重要指标是服务业增加值占地区生产总值的比重。如表 4－17 所示是自 1999 年以来全国、青海省和柴达木盆地服务业增加值占 GDP 比重情况。

表 4－17　全国、青海省和柴达木地区服务业增加值占 GDP 比重

年份	柴达木地区（%）	青海省（%）	全国（%）
1999	34.40	43.20	37.7
2000	29.10	43.50	39.8
2005	22.10	39.30	41.4
2010	18.10	36.00	43.2
2011	16.00	36.70	44.3
2012	16.87	39.02	45.5
2013	15.94	32.8	46.9
2014	18.93	37.1	48.1

资料来源：2015 年《中国统计年鉴》、2015 年《青海省统计年鉴》。

从表 4－17 中可以看出，柴达木地区服务业增加值比重呈现先下降后

回升的趋势，1999 年服务业增加值比重为 34.4%，2013 年的增加值比重则下降至 15.94%，2014 年有所回升，达到 18.93%。

青海省服务业增加值比重也是呈现先下降后回升的趋势，1999 年为 43.20%，2013 年下降至 32.8%，2014 年回升至 37.1%。

全国服务业增加值占 GDP 的比重则持续上升，1999 年服务业增加值比重为 37.77%，2014 年上升至 48.1%，全国服务业增加值比重呈现不断上升的趋势。

根据表 4－17 数据资料，作出全国、青海省以及柴达木地区服务业增加值比重变化图。（见图 4－5）

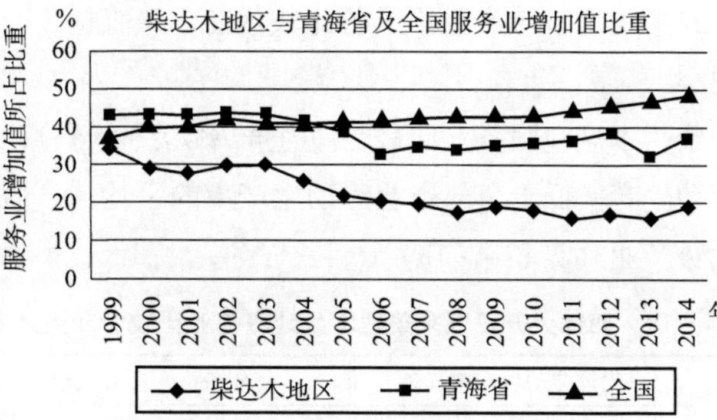

图 4－5　全国、青海省以及柴达木地区服务业增加值比重变化

依据库兹涅茨法则，随着国民经济的发展和社会的不断进步，第三产业即服务业的产值在地区生产总值中的比重是不断上升的，但是柴达木盆地西部大开发以来服务业增加值比重却是下降的，“十五”“十一五”期间下降明显，“十二五”期间服务业的增加值比重有所上升，但是一直是处于 20% 以下。同期青海省服务业增加值比重在 33%～40%，全国服务业增加值比重在 40% 以上，柴达木地区服务业增加值比重仅达到全国水平的一半。

这些数据都表明，柴达木地区服务业发展规模小，并且发展相对缓慢，这也是由于资源型城镇化区域的资源挤出效应，即当地资源和资金密集型产业需要的劳动力数量少，因而对区域服务业有效需求不足，导致服务业规模小，不能有效吸收劳动力就业，服务业发展萎缩。

2. 柴达木地区服务业比较劳动生产率变动

比较劳动生产率，是指某一时期某一产业（或部门）的产值比重与该产业（或部门）劳动力就业比重的比率，其内涵是指某产业（或部门）每增加1%的劳动力所创造的产值（或收入）比重。比较劳动生产率大致能客观地反映某产业（或部门）劳动生产率的高低。其计算公式是

B = 区域某产业产值或者国民收入相对比重/区域该产业劳动力相对比重

其中，B 代表比较劳动生产率。$B>1$，意味着该产业劳动生产率高于全部产业劳动生产率的平均值，该产业是具有比较优势的产业部门。B 值越大，标志着该产业比较优势越大。$B<1$，意味着该产业劳动生产率低于全部产业劳动生产率的平均值，该产业不具备比较优势。B 值越小，标志着该产业比较优势越小。

经计算，柴达木盆地服务业比较劳动生产率始终小于1，表明柴达木盆地服务业劳动生产率低于全部产业劳动生产率的平均值，服务业不是柴达木盆地的优势产业（见表4－18）。

表4－18　西部大开发以来柴达木盆地服务业比较劳动生产率

年份	比较劳动生产率（%）	年份	比较劳动生产率（%）
1999	0.776	2007	0.367
2000	0.758	2008	0.327
2001	0.486	2009	0.364
2002	0.471	2010	0.347
2003	0.497	2011	0.403
2004	0.486	2012	0.364
2005	0.368	2013	0.414
2006	0.358	2014	0.403

资料来源：2000—2015年《青海省统计年鉴》。

从表4－18和图4－6中能够清晰反映出柴达木盆地西部大开发以来服务业比较劳动生产率的变动态势。西部大开发初期，柴达木盆地服务业比较劳动生产率水平较高，但是1999—2008年，盆地服务业比较劳动生产率持续下降，2008年服务业比较劳动生产率仅为0.327。2008—2014年，服务业比较劳动生产率缓慢提高，这与盆地产业结构调整和城镇建设水平提

高有较大关系。

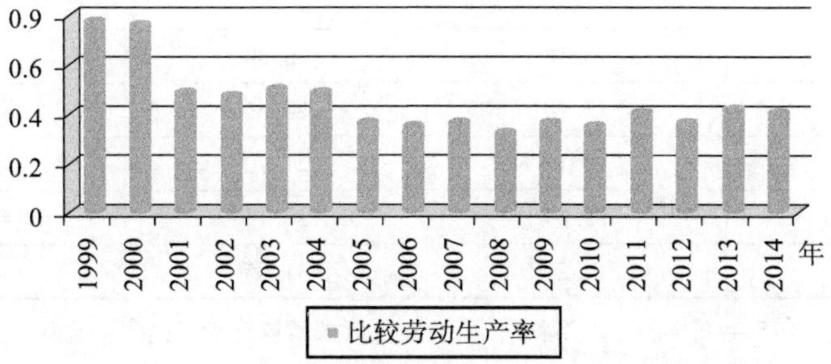

图 4－6 柴达木盆地服务业比较劳动生产率变动

3. 柴达木盆地服务业对经济发展的贡献率变动

产业贡献率是分析产业经济效益的指标。三次产业对 GDP 的贡献率是指三次产业对国内生产总值增长速度的贡献率，等于三次产业增加值增量与 GDP 增量之比。

产业贡献率能够反映一个国家或者地区经济发展中，第一、第二、第三产业对经济发展贡献的大小。如表 4－19 所示是全国、青海省以及柴达木盆地服务业的贡献率变动情况。

表 4－19 全国、青海省和柴达木盆地服务业贡献率对比

单位：%

年份	柴达木地区	青海省	全国
1999	29.24	36.58	36.2
2000	19.82	36.18	34.8
2001	19.75	35.03	38.2
2002	23.72	35.09	35.7
2003	20.93	34.88	38.1
2004	17.41	34.45	39.9
2005	18.67	33.69	43.3
2006	14.34	30.90	45.2
2007	17.22	29.32	46.3
2008	10.47	24.81	45.0
2009	16.68	25.12	43.6

续表

年份	柴达木地区	青海省	全国
2010	15. 18	26. 88	41. 3
2011	13. 16	24. 66	43. 8
2012	13. 12	27. 70	45. 6
2013	11. 54	30. 13	46. 12
2014	14. 21	31. 05	46. 77

资料来源：2015 年《中国统计年鉴》、2015 年《青海省统计年鉴》。

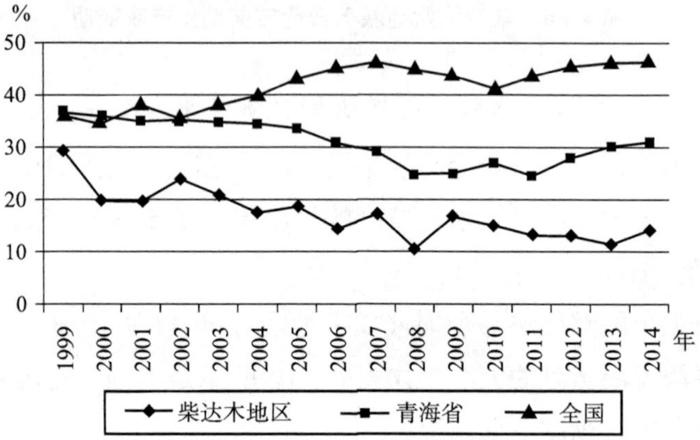

图 4 -7　全国、青海省和柴达木地区服务业贡献率变动

由表 4 - 19 和图 4 - 7 中可以看出，西部大开发以来，柴达木盆地服务业贡献率从 1999 年的 29. 24% 降至 2014 年的 14. 21% 。柴达木盆地服务业贡献率远低于青海省同期水平，甚至达不到全国水平的 1/3。这些数据资料表明，柴达木盆地服务业发展对经济发展的带动作用较弱，对经济发展的贡献较小，但是也看出柴达木盆地服务业有较大的发展空间和发展潜力。

4. 海西州服务业在全国 30 个自治州中的位次变动

通过整理得到柴达木地区海西蒙古族藏族自治州地区生产总值、服务业增加值和增长速度及在全国 30 个民族自治州中的位次情况，如表 4 - 20 所示。

表4-20　海西州服务业产值在全国30个民族自治州中的位次

单位：亿元

生产总值及位次					服务业增加值及位次			
年份	绝对数	位次	增速（%）	位次	绝对数	位次	增速（%）	位次
2010	365.49	9	18.3	4	66.24	16	10.0	26
2011	481.40	9	19.0	4	77.00	15	12.5	17
2013	609.72	10	10.7	18	97.19	16	7.6	28

资料来源：2013年《海西州统计年鉴》。

从表4-20中可以看出海西州地区生产总值在全国30个民族自治州中排名处于前列，2010年和2011年两年排名均为第9位，2013年下降至第10位；服务业增加值在全国30个自治州中的排名居中，2010年是第16位，2013年也为第16位，地区生产总值位次和服务业增加值位次差距较大。地区生产总值增长速度下降，2010年为18.3%，而2013年则为10.7%，增速列30个民族自治州中的第18位。服务业增加值增长速度下降，2010年增速为10.0%，而2013年则为7.6%，位次也从2010年的26位下降至2013年的第28位。

通过对柴达木地区城镇化和服务业发展的现状的分析可以看出，柴达木盆地城镇化率高，人均GDP水平高于全国和青海省的平均水平，但是城镇规模小，人口在20万以下的小城市和小城镇居多，只有格尔木市人口超过20万人。服务业产值比重小，对地区经济发展的贡献率小，比较劳动生产率低。第一层次服务业产值占服务业总产值比重较大，服务业内部结构比较落后，服务业质量不高。

四、柴达木盆地城镇化与服务业相关性实证分析

为进一步分析柴达木盆地城镇化与服务业之间的关系，采取实证分析的方法，对柴达木盆地服务业发展与城镇化的相关性进行评价。

（一）柴达木盆地服务业发展综合水平评价

为了更加客观真实地了解柴达木盆地城镇化和服务业发展之间的关系，本研究建立综合评价指标体系，计算服务业发展水平综合得分，然后分析二者相关性与协调度。

1. 柴达木盆地服务业发展评价指标体系建立

考虑指标代表性、数据可得性，从服务业发展规模、服务业内部结构、服务业发展基础等三方面构建柴达木盆地服务业发展水平评价指标体系（见表4－21）。

表4－21　柴达木盆地服务业发展评价指标体系

一级指标	二级指标
服务业发展规模	服务业产值（万元）X_1
	服务业产值比重（%）X_2
	服务业就业人数（人）X_3
	服务业就业比重（%）X_4
	人均服务业产值（万元）X_5
服务业内部结构	金融机构存款余额（万元）X_6
	城镇固定资产投资完成额（万元）X_7
	科学技术支出（万元）X_8
	电话用户数（户）X_9
	民用汽车数量（辆）X_{10}
	中小学专任教师人数（人）X_{11}
	医院和卫生院床位数（张）X_{12}
服务业发展基础	城镇在岗职工工资总额（万元）X_{13}
	限额以上商业销售总额（万元）X_{14}

2. 评价过程与结果

为了对柴达木盆地服务业发展水平进行综合评价，且避免评价指标之间信息重叠和不同量纲指标的不可共度性，选择因子分析法进行综合评价。[53]

运用*SPSS*软件对柴达木地区服务业发展指标进行标准化处理，得到因子特征根、方差贡献率和累计方差贡献率。选取特征根＞1的3个因子，方差贡献率分别为58.24%、15.95%和13.95%，累计方差贡献率达到88.14%，表明所提取因子能够代表原始指标体系88.14%的信息，符合评价要求。为了便于显示各因子的实际意义，对因子载荷矩阵进行旋转。在旋转后的因子载荷矩阵中，因子载荷的绝对值越大，表明主因子对所代表的原始指标变量的解释效果越好，据此将F_1命名为服务业结构发展因子，

F_2命名为服务业就业因子，F_3命名为服务业发展规模因子。

将因子表示为变量的线性组合 $F_I = b_{i1}X_1 + b_{i2}X_2 + \cdots + b_{ij}X_j$（$i=1$，2，…，$k$），据此计算出各因子得分，并以因子方差贡献率占累计贡献率的比重为因子的权重，计算出各年服务业发展的综合得分（见表4－22）。

表4－22　柴达木盆地服务业发展水平各因子得分计算结果

年份	服务业发展各因子得分与综合得分			
	F_1	F_2	F_3	综合得分
2000	－5.165	－0.263	－0.076	－3.47
2001	－5.474	0.332	－0.197	－3.59
2002	－5.908	0.437	－0.194	－3.85
2003	－5.606	0.210	－0.048	－3.67
2004	－4.206	－0.346	－0.036	－2.85
2005	－4.107	0.299	－0.044	－2.67
2006	－4.400	0.144	0.284	－2.84
2007	－2.673	0.187	0.022	－1.73
2008	－1.167	0.218	0.067	－0.72
2009	－0.678	0.182	0.055	－0.41
2010	1.382	0.115	0.116	0.95
2011	5.035	－0.405	0.234	3.29
2012	8.386	0.267	－0.170	5.56
2013	11.446	－0.639	0.046	7.45
2014	13.133	－0.737	－0.059	8.53

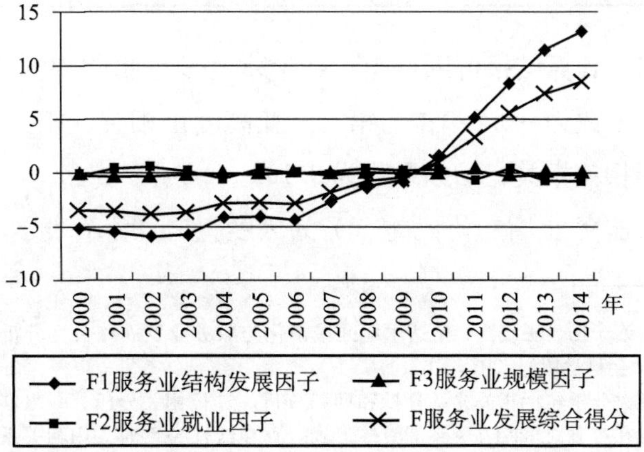

图4－8　柴达木盆地服务业发展水平因子得分变动情况

由表4－22和图4－8中可以看出，柴达木盆地自2000年以来服务业综合发展水平逐步提高，尤其是自2010年以来综合得分为正，发展比较迅速。从服务业各因子得分来看，服务业发展结构是服务业综合水平的最主要影响因素，服务业发展规模因子和就业因子在西部大开发以来得分逐步下降，说明柴达木盆地服务业行业结构逐步合理，但是受资源型区域的资源挤出效应的影响，服务业规模和就业人口没有逐步增长，制约盆地服务业发展和城镇化水平提高。①

（二）柴达木盆地城镇化与服务业综合发展水平相关性评价

1. 柴达木盆地城镇化率与服务业产值比重相关关系分析

相关分析法是用一个指标来表明事物相互之间的依赖程度和密切程度。② 本研究选取柴达木地区1999年以来城镇化率和三次产业的产值比重数据，对柴达木地区城镇化和三次产业的相关性进行分析，分别用Y、X_1、X_2、X_3来代表柴达木地区城镇化率和一、二、三次产业增加值占GDP的比重。运用Eviews软件计算柴达木盆地城镇化率与三次产业产值比重之间的相关系数。计算结果如表4－23所示。

表4－23 柴达木盆地城镇化率与三次产业增加值占GDP比重之间的相关系数

变量	X_1	X_2	X_3
Y	－0.883	0.831	0.103

由表4－23计算结果可以看出，柴达木盆地城镇化率与第一产业高度负相关，相关系数为－0.883；与第二产业高度正相关，相关系数为0.83；与服务业微弱相关相关，相关系数为0.103。

用Y表示服务业增加值比重（Y为因变量），用X表示城镇化率（X

① 丁生喜，诸宁扬，王晓鹏．柴达木地区城镇化与服务业发展相关性分析［J］．青海师范大学学报（哲学社会科学版），2015（6）．

② 广义的相关分析包括相关关系分析和回归分析。进行相关分析，一般涉及的变量都是随机变量，并且不给出变量之间相互关系的具体形式。存在线性关系时，用相关系数这一指标来衡量两个变量间相互关系的紧密程度，用字母r表示相关系数，取值范围为［－1，1］。一般判断标准是：$|r| \leqslant 0.3$为微弱相关；$0.3 < |r| \leqslant 0.5$为低度相关；$0.5 < |r| \leqslant 0.8$为显著相关；$0.8 < |r| \leqslant 1$称为高度相关或者强相关。

为自变量），分别对全国及柴达木盆地的两个因素进行回归分析，回归结果（见表4－24）。

从表4－24以看出，全国城镇化率与服务业增加值比重高度相关，城镇化率提高1，服务业增加值比重增加2.74。柴达木盆地城镇化率与服务业增加值比重弱相关，城镇化率提高1，服务业增加值比重增加0.04。

表4－24　柴达木盆地城镇化水平与服务业发展回归分析结果与全国对比

地区	因变量	自变量	相关系数	一元线性回归方程	F检验值	R^2值
全国	服务业增加值比重	城镇化率	0.915708	LnY＝－69.86105＋2.743832lnX	62.31328	0.838521
柴达木	服务业增加值比重	城镇化率	0.103327	LnY＝92.42230＋0.040258lnX	26.25224	0.580131
柴达木	服务业综合得分	城镇化综合得分	0.796386	Lny＝－0.00538＋1.099lnx	125.3131	0.919303

2. 柴达木盆地城镇化与服务业综合发展水平相关关系分析

用y表示柴达木地区服务业发展的综合得分，用x表示城镇化水平的综合得分。应用*Eviews*软件计算出相关系数为0.796386，表明柴达木地区城镇化综合水平和服务业发展综合水平之间显著相关。以服务业发展综合得分y作为被解释变量，城镇化发展综合得分x为解释变量，进行回归分析，结果如表4－24所示。

由表4－24可以看出柴达木地区城镇化综合得分每提高1，服务业综合得分增加1.099，符合经济发展的一般规律，说明城镇化水平的提升为柴达木盆地服务业发展的提供重要支撑条件。

五、柴达木盆地服务业与城镇化发展协调性评价

协调度是度量系统之间或系统内部协调状况的定量指标，若以A、B分别代表城镇化与服务业发展综合水平指数，C为二者发展的协调度，其计算公式为

$$C=(A+B)/(A^2+B^2)^{1/2}$$

协调度数值越大，表明协调程度越高。[54]应用此公式，计算出柴达木盆地城镇化与服务业发展综合水平协调度指数（见表4－25）。

由表4－25和图4－9可以看出，柴达木地区城镇化发展和服务业综合水平的协调程度方面，2000—2009年二者协调度较低，都为负值，并且城镇化发展滞后于服务业发展水平。从2010年开始，协调度逐渐提高，2012年其协调度最高，协调度为1.41339。2010年之后，城镇化发展水平指数超过服务业水平指数，说明柴达木地区城镇化的健康发展需要服务业发展作为后续动力，而且城镇化水平提高为服务业发展奠定了基础，这与城镇化的S形发展规律一致。

表4－25　柴达木盆地城镇化综合水平和服务业发展综合水平协调度

年份	服务业发展综合得分（A）	城镇化综合水平得分（B）	协调度（C）
2000	－3.47	－3.95	－1.39557
2001	－3.59	－3.65	－1.38987
2002	－3.85	－3.37	－1.37082
2003	－3.67	－3.84	－1.39365
2004	－2.85	－3.51	－1.40181
2005	－2.67	－3.07	－1.40531
2006	－2.84	－4.19	－1.41370
2007	－1.73	－2.23	－1.41252
2008	－0.72	－2.05	－1.31337
2009	－0.41	－0.39	－1.41165
2010	0.95	0.32	1.17576
2011	3.29	2.78	1.36455
2012	5.56	7.92	1.41339
2013	7.45	8.78	1.40642
2014	8.53	10.22	1.40801

注：本表中的城镇化水平得分见本研究报告第三章表3－7。

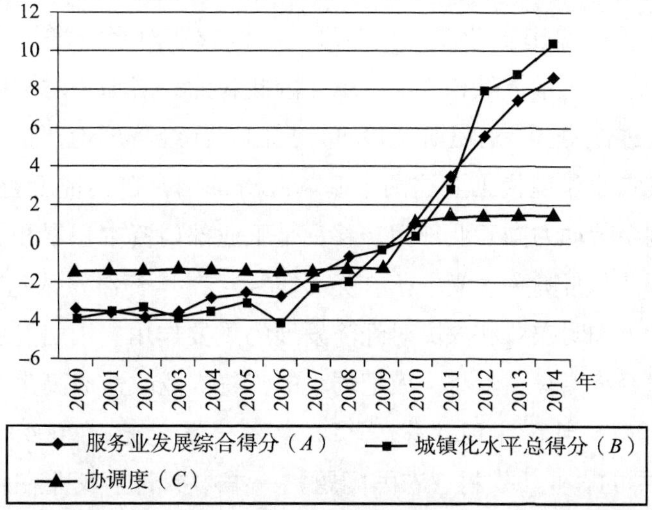

图 4－9　西部大开发以来柴达木盆地城镇化与服务业发展协调度

第四节　柴达木盆地城镇化与农业现代化发展协调性评价

柴达木盆地是中国地势最高的内陆盆地，盆地有内河流 70 余条、宜农土地 36.63 万 hm^2，光热能源丰富，昼夜温差大，有较大的开发潜力。[55] 依托盆地丰富的农牧业资源，促进农牧业现代化发展，是支撑和促进盆地新型城镇化、解决“三农”问题的重要途径，更是提高柴达木盆地人口资源环境综合承载力的必然选择。

一、农业现代化与城镇化关系的相关研究成果综述

（一）国外研究综述

对城市化问题研究中很早就有学者关注城市和农村之间联系与协调发展的问题。亚当·斯密（1776）提出的“绝对利益学说”，可以用来解释城市与农村的关系及生产要素城乡流动原因和结果，由于工业生产比农业能够获取更高收益，因此吸引农村人口流向城市，导致农村经济衰落。[56] 杜能（1826）提出了农业区位论，阐明农业经济活动的区位利益差异，是

距离城市远近不同的区域农业生产活动产生差异的原因。[57]西蒙·库兹涅茨（1961）首次提出农业四大贡献理论，即农业对经济增长具有产品贡献、市场贡献、要素贡献和外汇贡献，因此农业经济增长对国民经济增长有显著的促进作用。[58]刘易斯（1954）提出二元经济理论，指出发展中国家存在传统农业和现代工业这两个基本经济部门，在实现工业化过程中，农业部门剩余劳动力向工业部门转移，是工业部门资本积累和扩大再生产的主要来源。[59]西奥多·W. 舒尔茨（1964）在其著作《改造传统农业》中，从理论上阐明农业和农民对经济发展的重要作用，指出发展中国家的传统农业对经济增长贡献小，应把弱小的传统农业改造成高生产率的现代农业部门，即实现农业现代化。[60] D. 盖尔·约翰逊（2004）在其著作《经济发展中的农业、农村、农民问题》一书中探讨了农业在经济发展中的作用问题，以及人口增长、中国农业和农村问题的分析。[61]

（二）国内农业现代化与城镇化关系研究综述

农业现代化是实现传统农业向现代农业转变的重要手段，是社会文明进步的重要表征，是中国“四化”同步发展的重要内容。我国地区间农业现代化发展水平差异大，对不同地区城镇化与农业现代化发展相互关系的实证研究表明农业现代化发展水平提高能够有效促进区域城镇化发展。其中对于农业现代化发展水平测度，以及农业现代化与工业化、城镇化、信息化同步协调发展问题的研究成果比较丰富。

刘玉（2007）认为，农村经济与城镇经济脱节、农业与现代工业和现代服务业脱节、农民与城镇市民脱节是影响农业现代化与城镇化协调发展的关键因素。[62]辛岭，蒋和平（2010）测算了我国农业现代化发展水平，结果表明全国农业现代化的发展水平整体处于上升趋势，但是农业现代化发展水平地区差距明显，东部最高，中部次之，西部地区水平最低。[63]龙冬平，李同昇等（2010）分析我国农业现代化发展的地区差异，并将农业现代化分为几种不同类型。[64]韩长赋（2011）探讨了农业现代化发展问题，指出工业化、城镇化、农业现代化同步发展的思路。[65]王贝（2011）通过建立评价指标体系，对中国工业化、城镇化和农业现代化之间的关系进行实证研究。[66]陈志峰，刘荣章等（2012）采用函数模型方法，分析工业化、城镇化、农业现代化同步发展的内在机制和相互关系，提出倡导低碳发展，加快发展小城镇，提高农业综合生产能力。[67]杨爱君（2012）从工业化、城镇化与农业现代化的互动关系角度，分析了其协调发展问题。[68]

吴文倩（2012）认为，农村城镇化与农业现代化相互促进、相互制约，互为依托、互为基础和前提，应当统筹农村城镇化与农业现代化发展。[69]冯献，崔凯（2013）认为必须协调工农关系、城乡关系，破解城乡要素不公平交换问题，才能推进农业现代化建设，最终实现城乡一体化。[70]赵宏海（2013）通过分别建立城镇化与农业现代化发展评价指标体系，动态测度安徽省城镇化与农业现代化发展协调度指数。[71]曾福生，高鸣（2013）对中国农业现代化、工业化和城镇化协调发展进行测度，并分析影响因素。[72]

程丹（2013）认为城镇化与农业现代化发展相互促进，并从生产要素与产品方面对城镇化与农业现代化的耦合关系进行实证研究。[73]曹俊杰，刘丽娟（2014）实证分析了新型城镇化与农业现代化协调发展存在的问题，并就二者协调发展提出了相关对策。[74]徐维祥，舒季君，唐根年（2014）运用定量分析的方法，对我国工业化、城镇化、信息化、农业现代化发展情况进行测度，指出“四化”发展存在的不协调性。[75]张勇民，梁世夫，郭超然（2014）分析民族地区发展的特殊性，提出民族地区农业现代化与新型城镇化建设的新思路。[76]王琴梅，杨军鸽（2014）以陕西省为例，深入分析新型城镇化与农业现代化发展问题。[77]

柴达木盆地位于青藏高原，对于青藏高原地区农业现代化与城镇化发展关系的研究相对较少。李生梅，陈宗颜（2010）分析青海省农业产业变动对农业经济增长的贡献，结果表明青海省农业产业结构仍不协调，种植业比重过高，农作物结构单一，降低了农业抵御市场风险的能力。[78]韩宏（2013）运用农业生产条件和手段、农业发展水平、农业资源与环境等指标，测度结果表明青海省农业劳动生产率和土地生产率水平都较低。[79]杨明洪（2013）指出柴达木盆地应当实施包容性可持续发展方式，既合理有效开发资源，提高地方经济发展质量，又重视保护生态环境和资源可持续利用。[80]唐玉萍（2012）分析柴达木盆地生态环境变动趋势及其原因，提出调整产业结构，改变农牧业发展方式，发展循环经济等综合治理措施。[81]甘佩娟，丁生喜，霍海勇等（2014）建立柴达木盆地可持续发展评价指标体系，实证分析柴达木盆地西部大开发以来经济可持续发展水平变动态势，提出提高城镇化水平，发展新型工业化。[82]

二、柴达木盆地农业现代化发展现状

农业现代化有狭义和广义之分。狭义的农业现代化仅仅是生产部门的现代化，指运用现代科学技术将传统农业改造为现代农业的过程。在经济形态上，由自给自足的自然经济转变为商品经济；在生产手段上，用现代的科学技术和装备替代原有生产方式和手段；在经营管理方法上，对农业实施科学管理。广义的农业现代化要求农业生产力、农业生产关系和农村上层建筑的现代化。本研究基于狭义角度，从农业机械化水平，农业产业化水平，农业生产技术科学化，农业信息化发展水平方面，对柴达木盆地西部大开发以来农业现代化发展情况加以分析。①

1. 柴达木盆地农业机械化发展现状

农业现代化的一个重要标志就是机械化，机械化是农业现代化的基础[83]。柴达木盆地内部地势相对平坦，实现机械化的难度较低，而且盆地矿产丰富，资源型工业相对较发达，工业化程度较高，这为工业反哺农业和农业现代化发展提供经济支撑。从表 4 - 26 中可以看出柴达木盆地 2000—2014 年农业机械化水平变动情况。农机总动力 2000 年为 25. 3 万千瓦特，2014 年达到 38. 93 万千瓦特，增加 1. 54 倍；农村用电量增加 3. 56 倍；联合收割机增长 2. 19 倍。农用运输车 2000 年为 2235 辆，2014 年为 1064 辆，相较有所下降。

① 农业现代化是一个广义概念，包括种植业、畜牧业、林业、渔业的现代化。柴达木盆地主要是种植业和畜牧业，有些专家认为应该称为农牧业现代化。但是为了反映完整意义的农业现代化，所以本研究就用“农业现代化”这一名词。

表 4－26　柴达木盆地农业机械化水平变动

年份	农机总动力（万千瓦特）	农村用电量（万千瓦时）	农用运输车（辆）	联合收割机（辆）
2000	25.3	832	2235	86
2005	30.44	1409	2250	94
2010	37.12	1719	2229	138
2014	38.93	2961	1064	189

资料来源：2015 年《青海省统计年鉴》。

2. 柴达木盆地农业产业化发展现状

农业产业化经营既是农业走向规模化、市场化进而实现农工一体化发展和推进农业现代化的一条现实而有效的途径，也是农业生产经营方式向高度市场化的现代农业转化的产业组织形式[84]。从表 4－27 中可以看出，2000—2014 年柴达木盆地农业产业化水平发展变动情况。第一产业增加值 2000 年为 28997.7 万元，2014 年达到 264413 万元，增加 9.12 倍；农作物播种面积增加 1.47 倍；粮食产量 2000 年为 80355 吨，2014 年为 80401 吨，基本保持稳定；肉类产值增加 1.82 倍。

表 4－27　柴达木盆地农业产业化水平

年份	第一产业增加值（万元）	农作物播种面积（公顷）	粮食产量（吨）	肉类产量（吨）
2000	28997.7	31185	80355	16282
2005	44675.1	25270.5	77909	20041
2010	102828	36235.8	100757	23052
2014	264413	46762	80401	29657

资料来源：2001—2015 年《青海省统计年鉴》。

表 4－28　柴达木盆地 2014 年主要农产品产量

农产品名称	产量（万吨）
粮食	10.4597
油料	0.9019
蔬菜瓜果	0.64918
药材	0.52624
肉类	2.9657
奶类	1.4278
羊毛	0.2947
羊绒	0.0220

资料来源：2015 年《青海省统计年鉴》。

从表4－28中可以看出，柴达木盆地农产品种类比较丰富，包括粮食作物、油料、蔬菜水果、肉类、奶类、以及羊毛羊绒等。

在农业产业化方面，柴达木盆地目前共培育农牧业产业化龙头企业19家，农牧民专业合作经济组织512个，共带动农户29786户。农牧业生产经营方式从一家一户的小生产逐步向以龙头企业为主，“龙头企业＋合作社＋基地＋农户”的规模化、集约化、产业化转变。同时，海西州把发展壮大特色农牧业当作稳定新农村建设的首要任务，枸杞、马铃薯、油菜、果蔬等重点特色产业产值达8.54亿元，占农牧业总产值的41.6%。①

3. 柴达木盆地农业生产技术科学化现状

生产技术科学化是农业现代化的本质特征。传统农业转变为现代农业实质是将农业科学转变为科学农业，也就是用现代科技武装农业。[85]

从表4－29中可以看出，2000—2014年柴达木盆地农业生产技术科学化水平变动情况。农林水务支出2000年为814万元，2014年达到218012万元，增加267.8倍；农业科技人员数2000年为174人，2014年达到510人，增加2.93倍；涉农贷款2000年为24813万元，2014年达到83578万元，增长3.37倍。政府对农业财政支出的增加、农业科技队伍壮大，以及金融业对农业发展的支持，都是柴达木盆地农业现代化发展的重要支撑和体现。

表4－29　柴达木盆地农业生产技术科学化发展状况

年份	农林水事务支出（万元）	农业科技人员数（人）	涉农贷款（万元）
2000	814	174	24813
2005	4428	229	16942
2010	82318	478	83370
2014	218012	510	83578

资料来源：2015年《青海省统计年鉴》。

4. 柴达木盆地农业信息化现状

农业信息化在农业经济及农村各个方面的作用日益重要，使农业信息化必然成为我国新的农业经济增长点[86]。信息化对我国社会主义新农村建

① 资料来源：柴达木农牧民过上城镇生活［N］. 柴达木日报2013年1月7日第001版.

设的影响重大，是我国加速实现农业现代化发展的必然选择，也是缩小我国农业与发达国家农业之间差距的重要途径。

从表4－30中可以看出，2000—2014年柴达木盆地农业信息化发展水平变化情况。通电话的村所占比重2000年为60.7%，2014年达到91%，增长30.3%；通有线电视的村所占比重增长34%；境内通公路和铁路密度2000年为0.02公里/万平方公里，2014年达到0.041公里/万平方公里，增长2.05倍。无论从交通条件还是信息覆盖范围来看，都有显著提升。

表4－30　柴达木盆地农业信息化发展水平

年份	通电话的村所占比重（%）	通有线电视的村所占比重（%）	路网密度（公里/万平公里）
2000	60.7	31	0.020
2005	81.1	49	0.024
2010	90.3	55	0.032
2014	91	65	0.041

资料来源：2001—2015年《青海省统计年鉴》。

三、柴达木盆地农业现代化发展水平动态评价

1. 评价指标体系构建与评价方法选择

根据农业现代化的含义，结合柴达木地区实际情况和数据资料可获得性，建立柴达木盆地农业现代化发展水平评价指标体系（见表4－31）。

表4－31　柴达木盆地农业现代化水平评价指标

一级指标	二级指标
农业机械化	X_1农机总动力（万千瓦特）；X_2农村用电量（万千瓦时）；X_3农用运输车（辆）；X_4联合收割机（辆）
农业产业化	X_5地区生产总值（亿元）；X_6第一产业增加值（万元）；X_7农作物播种面积（公顷）；X_8粮食产量（吨）；X_9肉类产量（吨）；X_{10}年末金融机构存款余额（万元）；X_{11}涉农贷款（万元）
农业生产技术科学化	X_{12}农林水事务支出（万元）；X_{13}农业科技人员数（人）；X_{14}普通中学生在校人数（人）；X_{15}农村居民人均纯收入（元）；X_{16}工业企业数（个）
农业信息化	X_{17}通电话的村所占比重（%）；X_{18}通有线电视的村所占比重（%）；X_{19}境内通公路和铁路里程数（公里）

通过建立评价指标体系，可以发现柴达木盆地农业现代化发展水平评价的影响因素众多，而且指标之间存在相关性，考虑到评价对象的特点，本研究选用因子分析法进行评价。①

2. 柴达木盆地农牧业现代化水平评价结果

对原始数据进行标准化，计算出特征值和贡献率。以特征值 >1 和累计方差贡献率 >85% 为原则，提取了 5 个主因子，方差贡献率分别是 56.834%、11.767%、7.898%、7.094% 和 5.712%，累计方差贡献率为 89.304%。

根据因子得分矩阵（略）的信息，F_1 在 x_1、x_4、x_5、x_9、x_{10}、x_{11} 有较大载荷，因此将其命名为农业机械化与产业化发展因子；F_2 在 x_{13}、x_{14}、x_{16}、x_{17}、x_{18} 有较大载荷，将其命名为农业科技水平与信息化因子；F_3 在 x_2、x_{12}、x_{15}、x_{16} 有较大载荷，将其命名为农业发展潜力因子；其余因子信息量较小，故不命名。

通过计算各因子得分 F_1，F_2，F_3，F_4，F_5，并以各因子方差贡献率/总方差贡献率为其权重 f_1，f_2，f_3，f_4，f_5，农牧业现代化水平总得分计算公式为 $F = F_1 \times f_1 + F_2 \times f_2 + F_3 \times f_3 + F_4 \times f_4 + F_5 \times f_5$，计算结果（见表 4－32）。

表 4－32　柴达木盆地农牧业现代化因子得分与总得分

年份	F_1	F_2	F_3	F_4	F_5	总得分
2000	－12.36	－1.20	0.865	－1.65	0.775	－8.034
2001	－11.89	－2.68	0.888	－0.27	1.266	－7.785
2002	－9.93	－1.28	0.605	－0.27	0.495	－6.424
2003	－8.52	－0.72	－1.36	2.018	－0.68	－5.520
2004	－7.17	－0.56	－1.06	1.446	－0.45	－4.646
2005	－5.34	1.10	－0.89	0.399	－0.88	－3.354

① 从前文研究内容可知，因子分析是把刻画事物性质、状态的一组变量缩减成能反映这组变量的内在联系和能起主导作用的少数几个共同变量，其目的是揭示变量之间的内在关联性，在尽可能保存原有资料信息的前提下，用较少的维度去表示原来的数据结构。主成分分析也是利用降维的思想，把多指标转化为少数几个综合指标。因而采用因子分析或主成分分析法进行复杂社会经济问题多指标综合评价过程中，能够实现信息损失少，评价结论可靠。

续表

年份	F_1	F_2	F_3	F_4	F_5	总得分
2006	-1.868	2.03	-0.46	0.852	-0.75	-0.942
2007	0.112	0.69	-0.49	-3.02	-2.06	-0.252
2008	4.026	3.68	1.444	0.671	1.262	3.309
2009	6.118	2.26	1.309	0.438	0.231	4.357
2010	9.363	2.05	0.655	-0.74	0.184	6.239
2011	16.82	-1.13	-3.53	-0.76	1.640	10.28
2012	20.65	-4.16	2.04	0.89	-1.03	12.78
2013	20.01	-4.55	1.96	0.77	-0.95	12.23
2014	19.98	-4.73	1.89	0.72	-0.88	12.08

从表4-32中可以看出，柴达木盆地农牧业现代化综合水平2008年以前增长较为缓慢，得分为负数。从2008年开始农业现代化水平得分转为正数，并且增长迅速，2014年达到12.08分。从总得分构成来看，农业机械化与产业化发展因子F_1是农业现代化的最主要影响因子，农业科技水平与信息化因子F_2的贡献先上升后下降，农业发展潜力因子F_3的得分先下降后上升。

四、柴达木盆地农业现代化与城镇化发展的协调度分析

农业现代化与城镇化发展相互促进，相互影响。农业现代化发展水平越高，越能推动城镇化发展；反之，制约区域城镇化的进程。

1. 柴达木盆地农业现代化发展对城镇化的支撑作用分析

以农业现代化得分为x，城镇化综合得分为y，用回归的方法分析柴达木盆地农业现代化发展对城镇化的支撑作用。分析结果如表4-33、表4-34、表4-35所示：

表4-33 模型汇总表

模型汇总				
模型	R	R方	调整R方	标准估计的误差
1	0.925[a]	0.856	0.843	2.05915
a. 预测变量：(常量)，农业现代化				

表 4－34　回归分析表

回归分析表						
模型		平方和	df	均方	F	Sig.
1	回归	277.650	1	277.650	65.482	0.000[a]
	残差	46.641	11	4.240		
	总计	324.291	12			

a. 预测变量：（常量），农业现代化

b. 因变量：城镇化

表 4－35　系数表

系数[a]						
模型	非标准化系数		标准系数		t	Sig.
	B		标准误差			
1	（常量）	0.001	0.571		0.001	0.999
	农业现代化	0.699	0.086	0.925	8.092	0.000

a. 因变量：城镇化

从表 4－33、表 4－34、表 4－35 可以得出

$$Y=0.001+0.699x \tag{8}$$

$$(0.001)\ (8.092)$$

$$R^2=0.856 f=65.482$$

回归方程的标准误差的评价：$SE=2.05915$，说明回归方程与各观测值的平均误差为 2.05915。拟合优度检验：$R^2=0.856$，说明回归方程的解释能力为 85.6%，即柴达木盆地农牧业现代化对城镇化发展的 85.6% 做出解释，回归方程拟合度较好。

从式（8）可以看出，2000—2014 年，柴达木盆地农业现代化综合得分每增加 1，城镇化综合得分增加 0.699，农业现代化对城镇化发展有较明显的支撑作用，农业现代化与城镇化发展有显著正相关关系。

2. 柴达木盆地农业现代化与城镇化的协调度分析

将农业现代化与城镇化发展协调度定义为 $C=(A+B)/(A^2+B^2)^{1/2}$，式中 A 代表农业现代化水平得分，B 代表城镇化水平得分，C 为二者发展的协调度，C 由变量 A、B 决定，协调度指数得分越高越协调。[87]

根据协调度公式计算西部大开发以来柴达木盆地农业现代化与城镇化发展的协调度（见表4－36）。

表4－36　柴达木盆地农牧业现代化与城镇化发展综合水平协调度

年份	协调度	年份	协调度
2000	－0.299	2008	0.623
2001	－0.309	2009	0.549
2002	－0.372	2010	0.382
2003	－0.421	2011	0.229
2004	－0.488	2012	0.151
2005	－0.670	2013	0.143
2006	－0.929	2014	0.126
2007	－0.650		

从表4－36和图4－10观察柴达木盆地农业现代化与城镇化发展的协调度更为直观：2000—2005年，农业现代化综合得分与城镇化水平综合得分均为负值，且农业现代化水平低于城镇化水平，农业现代化滞后于城镇化发展，二者低度协调；2006—2011年农业现代化水平显著提高，对城镇化水平提升有促进作用，二者表现出协调发展态势。但是“十二五”以来协调度得分趋于下降，应当警惕。[88]

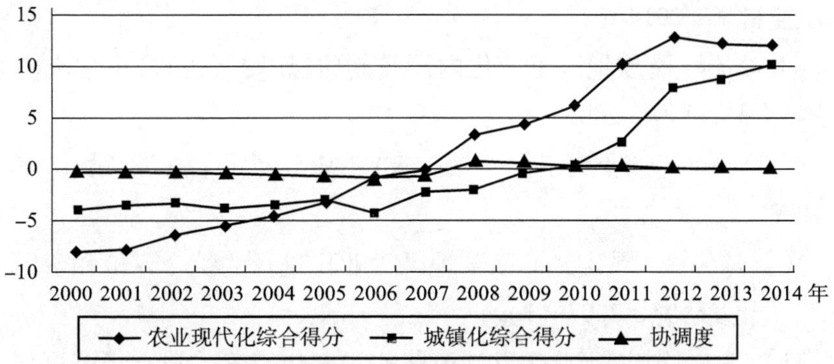

图4－10　柴达木盆地农牧业现代化与城镇化发展协调度分析

新型城镇化以城乡统筹、产城互动、生态宜居、和谐发展为基本特征，其核心是以保护农业和粮食生产、保护生态环境为前提，实现城乡一体化和可持续发展。农业现代化是整个社会现代化的基础，要保障柴达木盆地新型城镇化实现，必须提高农牧业现代化发展水平。

参考文献

[1] 丁生喜．环青海湖少数民族地区特色城镇化研究［M］．北京：中国经济出版社，2012.

[2] 魏后凯．现代区域经济学［M］．北京：经济管理出版社，2011.

[3] 刘勇，王莹，高建华．河南省城市化与产业结构演变互动研究［J］．人文地理，2011（3）.

[4] 王维国．协调发展的理论与方法研究［M］．北京：中国财政经济出版社，2000.

[5] 韩雪．山东省城镇化发展与产业结构演变的互动关系研究［D］．济南：山东大学，2013.

[6] 王军生，张晓棠，宋元梁．城市化与产业结构协调发展水平研究—以陕西省为例的实证分析［J］．经济管理，2005（22）.

[7] 孙立霞．城市化与产业结构协调发展研究—以青海省为例［J］．安徽农业科学，2014（2）.

[8] 李皓．民族地区工业化内涵及其路径［J］．云南民族大学学报（哲学社会科学版），2005（1）.

[9] 于同审．发展经济学（第三版）［M］．北京：中国人民大学出版社，2009.

[10] 陈佳贵、钟宏武．西部地区工业化进程的综合评价和阶段性特征［J］．开发研究，2007（1）.

[11] 魏龙．中国工业化发展道路的思考与借鉴［J］．经济思想史评论，2010（6）.

[12] 孙智军，周滢．中国新型工业化理论研究：回顾与展望［J］．学习与实践，2012（3）.

[13] 陈建红．青海省工业水平评价指标研究［J］．青海师范大学学

报（哲学社会科学版），2005（4）.

［14］那小红．青海省新型工业化模式研究［J］．青海师范大学学报（哲学社会科学版），2008（4）.

［15］张海峰，刘峰贵，王小梅．柴达木盆地工业循环经济发展战略研究［J］．工业技术经济，2009（9）.

［16］王颖．区域工业化理论与实证研究［D］．吉林大学，2005.

［17］刘超．安徽省新型工业化道路研究［D］．合肥工业大学，2006.

［18］陈文林．中国区域工业化差异研究［D］．陕西师范大学，2006.

［19］宋正．中国工业化历史经验研究［D］．东北财经大学，2010.

［20］周维富．中国工业化与城市化协调发展［D］．中国社会科学院，2002.

［21］吴红卫．青海柴达木实验区循环经济发展研究［D］．兰州大学，2008.

［22］茶娜．基于循环经济思维的内蒙古牧业旗县地区工业化成长模式研究［D］．内蒙古大学，2007.

［23］张兆义．可持续发展框架下的工业化模式研究［D］．吉林大学，2008.

［24］辜胜阻．我国农村城镇化的战略方向［J］．中国农村经济，2000（6）.

［25］杨治，杜朝晖．经济结构的演进与城市化［J］．中国人民大学学报，2000（6）.

［26］倪鹏飞．中国城市服务业发展：假设与检验［J］．财贸经济，2004（7）.

［27］都沁军．第三产业与城市化协调发展的对策研究［J］．城市发展研究，2005（10）.

［28］仇保兴．智慧地推进我国新型城镇化［J］．城市发展研究，2013（5）.

［29］封巧华．山东省城镇化与第三产业互动发展关系研究［D］．青岛大学，2012.

［30］丁生喜等．区域经济学［M］．西宁：青海人民出版社，2012.

[31] 国松久弥．城市空间结构 [M]．东京：古今书院，1971.

[32] Chenery H. B. Syrquin Patterns of Development：1950 – 1970 [M]. Oxford University Press，1975.

[33] Singelmann J. The Seetoral Transformation of the labor force in seven in industrialized countries [J]. The American Journal of Sociology，1978，83 (5).

[34] 赵艳芳．城市化与服务业互动发展研究—以河北省为例 [D]．河北经贸大学，2012.

[35] 郑旭悦．云南省城市化与服务业相关关系研究 [D]．云南财经大学，2012.

[36] 李建英．我国第三产业与城市化的相关性 [J]．城市问题，2002 (1).

[37] 李培祥，李诚固．区域产业结构演变与城市化时序阶段分析 [J]．经济问题，2003 (1).

[38] 洪银兴．城市功能意义的城镇化及其产业支持 [J]．经济学家，2003 (2).

[39] 秦宪文．城市化与产业发展 [J]．山东师范大学学报，2004 (1).

[40] 陈柳钦．产业发展与城市化 [J]．中国发展，2005 (3).

[41] 都沁军．第三产业与城市化协调发展的对策研究 [J]．城市发展研究，2005 (10).

[42] 徐士峰．产业结构变动与城市化关联的理论分析 [J]．技术经济与管理研究，2006 (1).

[43] 张家俊．城市化与服务业发展的互动机理研究 [J]．现代商业，2010 (36).

[44] 夏晴，郑吉昌，姜红．论服务业发展与分工的演进 [J]．中国软科学，2004 (10).

[45] 杨治，杜朝晖．经济结构的演进与城市化 [J]．中国人民大学学报，2000 (6).

[46] 辜胜阻．我国农村城镇化的战略方向 [J]．中国农村经济，

2000（6）.

[47] 台冰．人均第三产业增加值与人口城镇化水平关系研究 [J]．西安交通大学学报，2007（2）.

[48] 曾国平，刘佳，曹跃群．中国服务业发展与城市化关系的区际差异—基于面板数据的协整检验 [J]．山西财经大学学报，2008（1）.

[49] 陈可，顾乃华．城镇化与第三产业协调发展的辩证思考 [J]．南方经济，2002（4）.

[50] 李健英．第三产业与城市化互动关系探析 [J]．广东行政学院学报，2002（4）.

[51] 倪鹏飞．中国城市服务业发展：假设与检验 [J]．财贸经济，2004（7）.

[52] 曾芬钰．论城市化对第三产业优化、提升的促进作用 [J]．江西财经大学学报，2004（1）.

[53] 丁生喜，张宏岩等．西部省区城市竞争力的统计评价与提升对策—以青海省为例 [J]．城市规划，2005（3）.

[54] 黄玉竹．安徽省城镇化水平与第三产业互动发展关系研究 [D]．兰州大学，2010.

[55] 贾福宏．柴达木盆地绿洲农业可持续发展的探讨 [J]．中国农村水利水电，1999（4）.

[56] 亚当·斯密．国民财富的性质及其原因的研究 [M]．北京：商务印书馆，2002.

[57] 杜能．孤立国同农业和国民经济的关系 [M]．北京：商务印书馆，1986.

[58] [美] 库兹涅茨．美国经济中的资本 [M]．北京：商务印书馆，1961.

[59] 阿瑟·刘易斯（施炜译）．二元经济论 [M]．北京：北京经济学院出版社，1989.

[60] W. 舒尔茨．改造传统农业 [M]．北京：商务印书馆，1964.

[61] D. 盖尔·约翰逊（林毅夫，赵耀辉编译）．经济发展中的农业、农村、农民问题 [M]．北京：商务印书馆，2004.

[62] 刘玉．农业现代化与城镇化发展研究 [J]．城市发展研究，2007 (6).

[63] 辛岭，蒋和平．我国农业现代化发展水平评价指标体系的构建和测算 [J]．农业现代化研究，2010，31 (6).

[64] 龙冬平，李同昇，苗园园等．中国农业现代化发展水平空间分异及类型 [J]．地理学报，2014，69 (2).

[65] 韩长赋．加快推进农业现代化努力实现“三化”同步发展 [J]．农业经济问题，2011 (11).

[66] 王贝．中国工业化、城镇化和农业现代化关系实证研究 [J]．城市问题，2011 (9).

[67] 陈志峰，刘荣章，郑百龙等．工业化、城镇化和农业现代化三化同步发展的内在机制和相互关系研究 [J]．农业现代化研究，2012 (2).

[68] 杨爱君．工业化、城镇化与农业现代化的互动发展研究 [J]．学术论坛，2012 (6).

[69] 吴文倩．农村城镇化与农业现代化之间存在着必然的联系 [J]．商业时代，2007 (17).

[70] 冯献，崔凯．中国工业化、信息化、城镇化和农业现代化的内涵与同步发展的现实选择和作用机理 [J]．农业现代化研究，2013 (3).

[71] 赵宏海．安徽省城镇化与农业现代化协调发展研究 [D]．安徽大学，博士学位论文，2013.

[72] 曾福生，高鸣．中国农业现代化、工业化和城镇化协调发展及其影响因素分析—基于现代农业视角 [J]．中国农村经济，2013 (1).

[73] 程丹．城镇化与农业现代化的耦合关系研究 [J]．安徽农业科学，2013，(3).

[74] 曹俊杰，刘丽娟．新型城镇化与农业现代化协调发展问题及对策研究 [J]．经济纵横，2014 (10).

[75] 徐维祥，舒季君，唐根年．中国工业化、信息化、城镇化、农业现代化同步发展测度 [J]．经济地理，2014，34 (9).

[76] 张勇民，梁世夫，郭超然．民族地区农业现代化与新型城镇化

协调发展研究［J］．农业经济问题，2014（10）．

［77］王琴梅，杨军鸽．农业现代化推动新型城镇化的效应分析—以陕西省为例［J］．陕西师范大学学报（哲学社会科学版），2014，43（5）．

［78］李生梅，陈宗颜．青海省农业产业结构调整与农业经济增长关系的实证分析［J］．青海农林科学，2010（2）．

［79］韩宏．青海省农业产业化发展水平的实证分析［J］．青海师范大学学报（哲学社会科学版），2013，（7）．

［80］杨明洪．论柴达木盆地的包容性可持续发展方式［J］．民族学刊，2013（1）．

［81］唐玉萍．浅议柴达木盆地生态环境与治理［J］．青海草业，2012，21（3）．

［82］甘佩娟，丁生喜，霍海勇等．柴达木盆地经济可持续发展综合评价［J］．中国农业资源与区划，2014，35（3）．

［83］刘慧南．周恩来对“四个现代化”目标的思考与实践研究［D］．南开大学，2013．

［84］陈廉．我国农业企业化发展问题研究［D］．中共中央党校，2013．

［85］朱世桂．中国农业科技体制百年变迁研究［D］．南京农业大学，2012．

［86］李晓．农业信息化对我国农业经济增长影响研究［D］．湖南科技大学，2012．

［87］丁生喜，诸宁扬，王晓鹏．柴达木地区城镇化与服务业发展相关性分析［J］．青海师范大学学报（哲学社会科学版），2015（6）．

［88］丁生喜，王晓鹏等．柴达木盆地农业现代化与新型城镇化发展的协调度分析［J］．江苏农业科学，2016（3）．

第五章　柴达木盆地城镇化发展支撑环境与制约因素分析

城镇化是区域经济社会不断发展提升的动态过程，城镇化健康发展离不开良好的支撑环境，包括区域可持续发展水平的提高，区域人口经济活动支撑力、资源供给支持力、生态环境承载力不断增强，以及相关制度政策不断完善。柴达木盆地城镇化发展不但需要与各产业协调发展，更需要人口、经济、资源、生态环境的支撑。

第一节　柴达木盆地社会经济可持续发展水平评价

可持续发展是人类进入工业文明发展后的必然选择，经济高速发展，国际竞争日趋激烈，迫切要求对资源的利用必须要既满足当代人的需要，又不损害后代人的利益。自 1987 年“可持续发展”概念提出以来，对于可持续发展的定量分析评价备受国际国内学者关注。[1] 1996 年，英国环境部环境统计和信息管理处（EPSIM）提出 21 个专题，120 多个指标构成的可持续发展指标体系，该指标体系有利于衡量动态的可持续发展进程。[2-3] 牛文元，毛志峰（1998）提出的可持续发展指标体系框架，共有 15 项二级指标和 50 项三级指标。[4] 陆大道（2006）提出，以新的指标体系衡量社会经济发展，应增加就业率、期望寿命等反映社会全面发展的指标，还要逐步采用节制资源浪费的核算制度。[5]

可持续发展已经成为 21 世纪人类共同的行动指南和追求目标，可持续发展评价方法的研究应用是可持续发展问题研究的重要方向之一。针对地处青藏高原的柴达木盆地实施客观的社会经济可持续发展水平评价，有助于改善本区域乃至西部地区生态环境，促进资源合理开发利用，并且可以为柴达木盆地资源开发和环境治理提供相应的科学依据和决策参考。但是，从目前的相关研究成果[6-10]来看，着眼点主要在评价方法应用方面，系统、动态揭示柴达木盆地社会经济可持续发展的研究成果较少，因此本节将综合评价西部大开发以来柴达木盆地社会经济可持续发展水平的动态变化。

一、柴达木盆地社会经济可持续发展评价指标体系建立

通过对柴达木盆地社会经济发展现状的综合分析，筛选出37个与社会经济可持续发展关系较为密切的评价指标，并根据其相互关系构成多层次分析模型。具体评价指标体系如表5－1所示：

表5－1　柴达木盆地社会经济可持续发展综合评价指标体系

柴达木盆地社会经济可持续发展 A	经济发展 B_1	经济规模指标 C_1	地区生产总值 X_1，人均生产总值 X_2，工业总产值 X_3，地方财政一般预算收入 X_4，年末金融机构各项存款余额 X_5，社会消费品零售额总额 X_6，粮食总产量 X_7
		经济结构与效益指标 C_2	第二产业增加值占GDP比重 X_8，第三产业增加值占GDP比重 X_9，第二、第三产业从业人员数占总就业人数的比重 X_{10}，地方财政一般预算收入占GDP比重 X_{11}，工业增加值率 X_{12}，工业总产值利税率 X_{13}
	社会发展 B_2	人口发展指标 C_3	总人口 X_{14}，人口密度 X_{15}，人口自然增长率 X_{16}，城镇化水平 X_{17}
		生活质量指标 C_4	农村居民人均纯收入 X_{18}，每万人拥有医院床位数 X_{19}，参加养老保险人数 X_{20}，参加医疗保险人数 X_{21}
		基础设施指标 C_5	境内公路里程 X_{22}，民用汽车拥有量 X_{23}，移动电话用户数 X_{24}，全年用电量 X_{25}，自来水受益村占比重 X_{26}
		科技教育指标 C_6	科研经费占GDP比重 X_{27}，教育经费占GDP比重 X_{28}，专业技术人员数 X_{29}，公共图书馆图书总藏量 X_{30}
	资源环境发展 B_3	自然资源禀赋指标 C_7	建成区绿化覆盖面积占总建成区面积比重 X_{31}，人均耕地面积 X_{32}，森林覆盖率 X_{33}
		环境治理指标 C_8	环保投资占GDP比重 X_{34}，污水处理厂数 X_{35}，垃圾处理站数 X_{36}，人均造林面积 X_{37}

二、柴达木盆地社会经济可持续发展评价结果

运用主成分分析方法，进行区域可持续发展水平评价具有独特优

势。[12-17]因此，本研究采用主成分分析方法对柴达木盆地社会经济可持续发展进行评价。

通过对柴达木盆地社会经济可持续发展指标数据的标准化处理，运用SPSS软件进行分析，计算各评价指标的相关系数矩阵 R，并得到相关系数矩阵的特征值以及各特征值对应的主成分方差贡献率和累积方差贡献率，根据特征值 >1 且累积方差贡献率 >85% 的原则选取 4 个主成分，方差贡献率分别是 55.583%、16.368%、7.637%、5.679%，累积方差贡献率达 85.267%，已经能够反映原始指标所提供的绝大部分信息。[18]

从主成分载荷表（略）的大小来看，和第一主成分 F_1 密切相关的指标与经济总量和经济规模有关，因此 F_1 命名为地区经济规模因子；和第二主成分 F_2 密切相关指标基本属于地区产业结构范畴，因此 F_2 命名为产业结构因子；和第三主成分 F_3 密切相关的指标基本都属于人力资源范畴，因此 F_3 命名为人力资源因子；和第四主成分 F_4 密切相关的指标基本属于地区社会基础设施发展范畴，因此 F_4 命名为基础设施发展因子。

根据各主成分 F 的权重 = 各主成分方差贡献率/累计方差贡献率，可知 $f_1=0.6477$；$f_2=0.1943$；$f_3=0.0906$；$f_4=0.0674$；综合得分 $F=F_1\times f_1+F_2\times f_2+F_3\times f_3+F_4\times f_4$。通过计算得出柴达木盆地1999—2014年社会经济可持续发展的各主成分得分以及综合得分，结果如表5-2及图5-1所示。

表5-2　1999—2014年柴达木盆地社会经济可持续发展综合评价结果

年份	F_1 得分	F_2 得分	F_3 得分	F_4 得分	综合得分
1999	-17.8472	2.3647	0.0016	-0.1329	-11.1090
2000	-14.39445	1.8814	-0.1714	-0.3224	-8.99499
2001	-12.0891	1.3323	0.7519	-0.0886	-7.50909
2002	-9.9351	-0.0622	0.0428	-0.0981	-6.44978
2003	-6.6404	-0.1678	0.1444	-0.1353	-4.32963
2004	-5.3673	-0.4921	0.0220	0.2330	-3.55432
2005	-3.7651	-0.8381	-0.0339	0.2531	-2.58751
2006	1.1101	-1.2221	-0.0975	0.2243	0.487842
2007	2.6094	-0.7412	-0.1394	0.0762	1.538599
2008	5.4032	-0.9707	-0.1287	0.0323	3.301562

续表

年份	F_1得分	F_2得分	F_3得分	F_4得分	综合得分
2009	9.3775	-0.5947	-0.0866	0.1461	5.960258
2010	13.5018	-0.0673	-0.0761	0.1334	8.734136
2011	17.6703	0.9788	-0.0130	0.2296	11.63605
2012	21.7088	1.7989	0.1670	0.3582	14.42937
2013	19.0122	2.5539	0.3134	0.7684	13.48141
2014	19.3798	3.7868	0.6221	0.9932	13.64988

从表5-2及图5-1中可以直观反映出，自国家实施“西部大开发”战略以来，柴达木盆地社会经济可持续发展水平不断提高。可持续发展综合得分从1999年的-11.109提高至2014年的13.64988，发展水平呈现出逐年上升的趋势。尤其是2006年以后，柴达木地区的可持续发展综合得分由负值转向正值，增长幅度较大，充分体现通过柴达木循环经济试验区的建立等一系列政策措施的实施，对柴达木盆地经济可持续发展起到了积极的推进作用。

但是从图5-1也可以看出，1999—2014年影响柴达木盆地经济可持续发展的4个主成分因子的贡献并不相同，其中经济规模因子F_1对区域经济可持续发展起决定性作用，其他3个主因子贡献比较小，整体呈现出稳定发展的态势。还可以看出，在2005年之前，该地区经济发展总体规模小，制约可持续发展；2005—2010年，经济总量规模增加成为带动区域经济迅速发展的主要动因；在2010年之后，产业结构调整对社会经济可持续发展的贡献开始显著，但基础设施和人力资源贡献没有明显提高。2013年以来，柴达木盆地可持续发展综合水平有所下降，主要是受到经济下行影响。说明未来柴达木盆地经济可持续发展一定要由过去依靠总量规模增加转向依靠产业结构调整、人力资源和社会基础设施条件改善来实现。

根据区域经济发展理论可知，区域城镇化与社会经济发展水平是相互促进，相互影响的，区域城镇化水平会随着区域经济发展水平提高而提高。从柴达木盆地区域可持续发展动态变化来看，可持续发展水平基本呈现稳定上升的发展趋势，这就为柴达木盆地城镇化水平和质量提升提供了

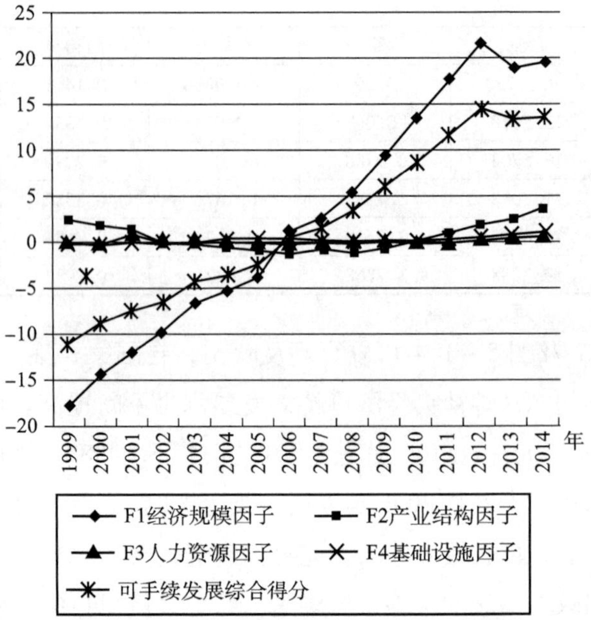

图 5－1　柴达木盆地社会经济可持续发展因子综合得分变动图

重要经济社会支撑条件，说明柴达木盆地城镇化发展是以社会经济发展为基础，这能够有效避免出现国内部分资源型区域城镇化进程中的“造城”和“空城”现象。

第二节　柴达木盆地人口资源环境承载力评价

柴达木盆地城镇化是一个动态过程，在此过程中，人口资源环境承载力既是盆地城镇化的重要支撑条件，也是实现可持续发展的重要保障。从前面的分析可以看出，柴达木盆地可持续发展能力逐年增强，但还是需要深入分析人口经济活动子系统、资源供给子系统与生态环境子系统的实际水平与变动态势，有助于找到盆地城镇化发展的制约因素。

一、人口资源环境承载力理论与研究现状

（一）人口资源环境承载力的含义

承载力原为物理学中的一个概念，是指物体在不产生任何破坏时所能

承受的最大负荷。承载力概念最早应用于生态系统中，将资源环境与经济系统作为生态系统的一部分，并强调两者之间的联系。

联合国教科文组织（UNESCO）于20世纪80年代初定义资源环境承载力，是指在可预见的时期内，利用该地区的能源及其他自然资源和智力、技术等条件，在保证符合其社会文化准则的物质生活水平下所持续供养的人口数量。不同学者对资源环境承载力的着眼点不同，提出不同的资源环境承载力的定义。

中国科学院牛文元教授（1994）提出的资源环境承载力是指一个国家或一个地区资源的数量和质量，对该空间内人口的基本生存和发展的支撑力，这个概念既简明而又具代表性。目前，承载力概念已经延伸到人口、自然资源、生态环境以及经济和社会各个领域，很多学者从不同角度来对资源环境承载力进行界定和理论探索，并且取得了丰硕成果，使资源环境承载力评价备受重视。

（二）国内人口资源环境承载力评价方面的成果

杨时民，李玉文，吕玉哲（2006）在深入研究湿地生态系统结构和服务功能的基础上，结合“压力—状态—响应”评价方法，即P（pressure）、S（state）、R（response）概念模型，建立了湿地生态安全评价的指标体系。[19]陈南祥等（2008）借助熵值法的属性识别模型，对陕西关中平原的地下水资源承载能力进行评价，研究结果与实际相符。程国平等（2009）结合煤炭生产的现状，提出了煤炭产出水平与环境承载力和资源承载力的关系模式。程莉等（2010）基于苏州市水资源现状，构建了水资源与社会、经济、生态环境相联系的水资源承载力系统动力学模型。韩博（2010）在对云南县域进行资源环境承载力研究时，主要运用了GIS法以及单要素集成分析法。毕明（2011）使用了生态足迹法以及状态空间法，对京津冀城市群的综合承载力进行了分析。赵鑫霈（2011）运用了生态足迹法，状态空间法以及层次分析法，对长三角城市圈的核心区域资源环境承载力进行了综合评价。曾浩（2013）运用了动态因子分析法，计算城市群资源环境承载力时空差异的发展状况。此外，秦成，王红旗（2011）、吴珠（2011）、苟延农（2012）、李叶（2012）、阮幸（2012）等也分别对

山东、湖南、陕西等地的人口资源环境承载力问题进行评价研究。[20-24]

（三）对青海省及柴达木盆地人口资源环境承载力的研究成果

张娟娟（2009）运用生态足迹模型对青海省主体功能区的发展潜力进行了分析和评价，对主体功能区进行了划分。刘京敏（2009）从自然生态安全、环境生态安全、社会生态安全三个方面着手，分析了目前西宁市存在的生态安全问题。李成英（2010）运用生态足迹模型对西宁市的土地可持续性利用进行了研究，提出了缓解生态赤字，实现土地可持续利用的方法。王晓鹏，丁生喜（2011）运用多元统计分析手段，建立可持续发展动态评价模型，并进行青海藏区社会经济发展水平实证分析。马进（2013）用能值分析理论改进生态足迹模型，研究了西宁市2001—2011年的人口、资源及环境状况。辛肖杰（2013）通过GIS模型对青海省海西州的生态环境质量进行了分析评价。夏薇（2013）运用GIS技术研究了柴达木盆地植被的动态变化，对盆地生态环境变化进行分析。李勇等（2013）选用生态足迹法分别对青海东部地区、环湖地区、柴达木地区和三江源地区生态环境承载力进行评价和预测。[25]

柴达木盆地既是重要的资源富集区，也是青海省主体功能区划的重点开发区域之一，在城镇化进程中承担着经济开发、人口发展、资源环境保护的重要功能。[26]为了客观评价柴达木盆地发展进程中人口资源环境承载力状况，本研究通过建立评价指标体系，选择西部大开发以来的时间维度，分析柴达木盆地整体及其所辖二市、三县、三行委的人口资源环境综合承载力差异。

二、柴达木盆地人口资源环境承载力评价指标体系建立

将柴达木盆地综合人口资源环境承载力作为目标层，准则层包括人口经济活动支撑力、资源供给支持力和生态环境承载力三个方面。[27]其中，人口经济活动支撑力包括人口压力和经济发展两个子系统，资源供给支持力包括自然资源和科技资源两个子系统，生态环境承载力包括环境污染和环境治理两个子系统，整个评价系统由25个具体变量指标构成(见表5-3)。[28]

表 5－3　柴达木盆地人口资源环境综合承载力评价指标体系①

T：总体层	S：系统层	F：状态要素层	X：变量指标层
柴达木盆地人口资源环境综合承载力 t	s_1：人口经济活动支撑力	f_1：人口压力	x_1：总人口（万人）
			x_2：人口密度（人/平方公里）
			x_3：城镇化率（%）
			x_4：人口自然增长率（‰）
		f_2：经济发展	x_5：GDP（万元）
			x_6：人均 GDP（元）
			x_7：非农产业产值比重（%）
			x_8：非农就业比重（%）
			x_9：农牧民人均纯收入（元）
			x_{10}：城镇人均可支配收入（元）
			x_{11}：城镇固定资产投资完成额（万元）
	s_2：资源供给支持力	f_3：自然资源	x_{12}：人均耕地面积（公顷）
			x_{13}：行政区域土地面积（平方公里）
			x_{14}：森林覆盖率（%）
			x_{15}：水域面积率（%）
		f_4：科技资源	x_{16}：研发支出占 GDP 比重（%）
			x_{17}：年申请专利数（件）
			x_{18}：专业技术人员数（人）
	s_3：生态环境承载力	f_5：环境污染	x_{19}：万元工业增加值 SO_2 排放量（吨）
			x_{20}：万元 GDP 电耗（千瓦）
			x_{21}：单位耕地化肥施用量（吨）
			x_{22}：民用汽车拥有量（辆）
		f_6：环境治理	x_{23}：工业废水排放达标率（%）
			x_{24}：环境污染治理本年完成投资额（万元）
			x_{25}：垃圾处理站（个）

① 柴达木盆地重点开发区域人口资源环境综合承载力评价指标体系的构建充分考虑了指标的全面性、重要性，以及数据资料可得性与完整性，同时密切结合青海省情确定。在自然资源分项指标中由于矿产资源分区数据无法获得，因此评价指标体系中没有矿产资源指标，水资源指标则以能够反映水资源丰裕程度的水域面积率表示，水域面积率＝水域面积/地区总面积×100%。

三、评价方法与结果

（一）全局主成分分析（GPCA）

时序立体数据表是一个按时间顺序排放的数据表序列，如果对每一张数据表分别进行主成分分析，则不同的数据表有完全不同的主超平面，以至于使它们有完全不同的简化空间，就无法保证系统分析的统一性、整体性和可比性。因此，要寻求一个对所有数据表来说是统一的简化子空间，将每张数据表在其中投影得到近似表达，使从全局角度来看该子空间的综合效果是最佳的。这种对时序立体数据表整体进行主成分分析（PCA）称为全局主成分分析（GPCA）。[29]

1. 分层构权 GPCA 模型

在综合评价问题中，尤其是复杂系统评价过程中，不再将多个指标放在同一个层面上，而是对其先进行分层分类处理（见图 5－2）。

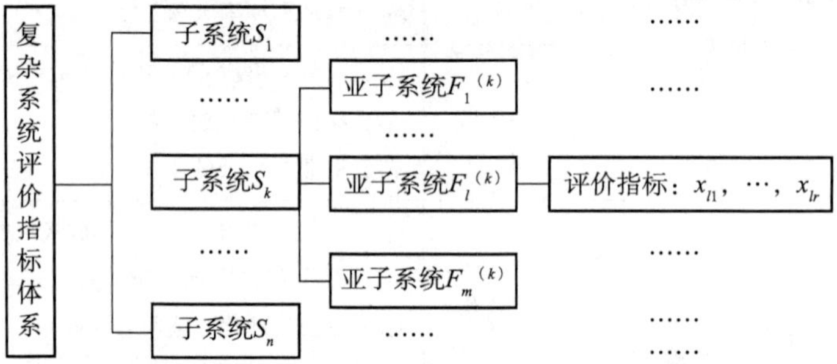

图 5－2　复杂系统评价 GPCA 指标分层处理

依照 AHP 法（或其他重要性赋权法）对各亚子系统及指标项分层给予归一化重要性权，设子系统层 S 权记作：$w_1^{(1)}$，…，$w_n^{(1)}$，亚子系统层 F 权记作：$w_1^{(2)}$，…，$w_m^{(2)}$。对终级子系统的评价采取 PCA 方法，最后可依照上两层重要权，层层向上加权合成子系统的环境质量分指数和综合总指数：

设亚子系统 $F_l^{(k)}$ 的 GPCA 评价指数记作：$f_l^{(k)}$，子系统 S_k 的评价指数记作：s_k，综合总指数记作 T，则有

$$s_k = \sum_{l=1}^{m} w_l^{(2)} f_l^{(k)} \tag{1}$$

$$T = \sum_{k=1}^{n} w_k^{(1)} s_k \tag{2}$$

从本质上来分析，该模型定权思想方法为将终级系统 GPCA 的系统效应权融合到评价指标重要性权（AHP 权）评价中。

2. 判定人口资源环境承载力级别的方法

运用此模型首先要对原始数据进行标准化，本研究采用极差正规化变换：

效益型指标　　$x_{ik}^* = (x_{ik} - x_{k\min})/(x_{k\max} - x_{k\min})$　　(3)

成本型指标　　$x_{ik}^* = (x_{k\max} - x_{ik})/(x_{k\max} - x_{k\min})$　　(4)

其中 x_{ik} 和 $x_{k\max}$，$x_{k\min}$，分别为第 k 指标第 i 样点实测值和最小、最大次序统计量观测值。经过数据标准化之后，计算出的全部指数都是越大越好。

判定、校验和修正样本的人口资源环境承载力级别的方法采用动态聚类法和判别分析相结合的方式进行。

（二）柴达木盆地人口资源环境承载力动态评价结果

本研究综合应用多元统计中的全局主成分分析（GPCA）方法，基于分层构权 GPCA 模型，对柴达木盆地整体及二市、三县、三行委 1999—2013 年人口资源环境承载力状况做综合性、定量化评价结果（见表 5－4、表 5－5、表 5－6、表 5－7、表 5－8）。①

1. 柴达木盆地人口资源环境承载力水平总体变动情况

从表 5－4 和图 5－3 中可以看出，西部大开发以来，柴达木盆地总体人口资源环境承载力指数 T 逐年上升，从 1999 年的－0.31572 上升至 2013 年的 0.32543，说明总体上柴达木盆地的人口资源环境综合承载力水平是平稳上升的。

从表 5－4 也可以看出，2006 年之前盆地综合承载力为负值，随后转

① 由于 2014 年部分地区水资源指标数据收集不全，因此本研究报告对柴达木盆地人口资源环境综合承载力评价的时间范围为 1999—2013 年。由于时间区间基本涵盖西部大开发以来的全部时段，因此可以确保评价结论的可靠性。

为正值，并不断提升。说明在柴达木循环经济试验区等一系列政策驱动下，盆地发展环境明显改善。

从表 5－4 还反映出在综合人口资源环境承载力指数中，各组成子要素的得分和变动态势并不相同。其中，人口经济活动支撑力的变动趋势与综合承载力指数变动趋势一致：2006 年之前为负值，随后人口经济活动支撑力转为正值，并稳定增加。资源供给支持力的变动趋势与综合承载力指数相反，2005 年之前为正值，随后变动趋势不稳定。生态环境承载力变动与综合承载力也表现出不一致，2004 年之前虽然指数为负值，但逐步提升，2005—2007 年出现波动，随后转为正值；但是 2010 年以来，生态环境承载力出现缓慢下降趋势。

表 5－4　柴达木地区 1999—2013 年人口资源环境承载力总体评价结果

项目 年份	s_1：人口经济活动支撑力指数均值	s_2：资源供给支持力指数均值	s_3：生态环境承载力指数均值	T：综合人口资源环境承载力指数均值
1999	－0. 80336	0. 00943	－0. 15334	－0. 31572
2000	－0. 56365	0. 03594	－0. 11404	－0. 21389
2001	－0. 4978	0. 06601	－0. 10135	－0. 1777
2002	－0. 28437	0. 05022	－0. 08418	－0. 10609
2003	－0. 38026	0. 01888	－0. 24588	－0. 2024
2004	－0. 48543	0. 01382	－0. 00882	－0. 16013
2005	－0. 25995	－0. 03657	0. 22132	－0. 02507
2006	－0. 08714	－0. 02778	0. 18881	0. 02463
2007	0. 04078	0. 22556	－0. 07393	0. 06413
2008	0. 02947	－0. 0416	0. 08268	0. 02352
2009	0. 18891	－0. 1899	0. 10749	0. 0355
2010	0. 40969	－0. 10588	0. 11128	0. 13835
2011	0. 57181	0. 03052	0. 08601	0. 22942
2012	1. 10117	－0. 06288	0. 0419	0. 36002
2013	1. 0201	0. 01423	－0. 05795	0. 32543

从表 5－4 和图 5－3 中看出柴达木盆地综合承载力各子系统变动态势并不一致，因此，需要对各子系统内部构成要素变动情况，进行具体分析。

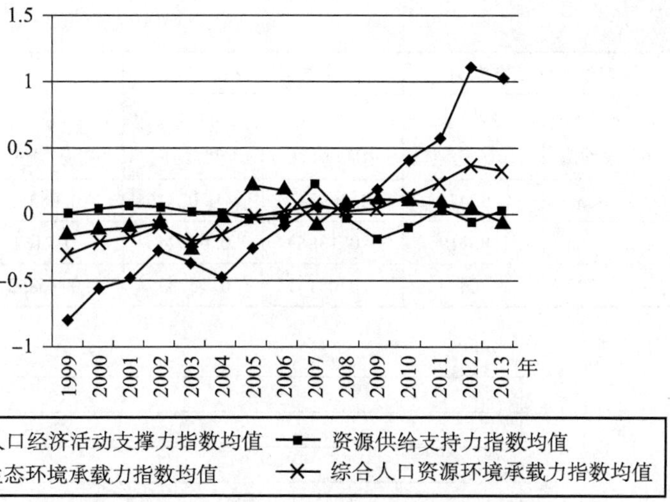

图 5－3　1999—2013 年柴达木盆地人口资源环境承载力总体变动情况

2. 柴达木盆地人口资源环境承载力各子系统变动情况分析

柴达木盆地人口资源环境综合承载力各子系统指数变动情况（见表 5－5 和图 5－4）。

表 5－5　柴达木地区 1999—2013 年人口资源环境综合承载力各子系统指数变动

项目 \ 时间	人口经济活动支撑力		资源供给支持力		生态环境承载力	
	f_1：人口压力指数均值	f_2：经济发展指数均值	f_3：自然资源指数均值	f_4：科技资源指数均值	f_5：环境污染指数均值	f_6：环境治理指数平均
1999	0. 18282	－1. 4608	0. 1422	－0. 18972	0. 20383	－0. 51051
2000	0. 14814	－1. 03818	0. 17896	－0. 17859	0. 20479	－0. 43286
2001	0. 16822	－0. 94182	0. 21439	－0. 15656	0. 2132	－0. 41589
2002	0. 14621	－0. 57141	0. 17665	－0. 13943	0. 19961	－0. 36796
2003	0. 08964	－0. 69352	0. 11635	－0. 12733	－0. 19428	－0. 2975
2004	－0. 05637	－0. 77147	－0. 01603	0. 0586	0. 17508	－0. 19272
2005	0. 07156	－0. 48096	－0. 01199	－0. 07345	0. 05592	0. 38672
2006	0. 06062	－0. 18564	－0. 03939	－0. 01035	0. 06768	0. 30994
2007	－0. 28451	0. 25765	－0. 05611	0. 64806	－0. 06896	－0. 0789
2008	－0. 40638	0. 32004	－0. 09043	0. 03164	－0. 02728	0. 19265
2009	－0. 00888	0. 32077	－0. 29198	－0. 03678	－0. 09786	0. 31283
2010	－0. 04445	0. 71245	－0. 17234	－0. 0062	－0. 06283	0. 2854

续表

项目/时间	人口经济活动支撑力		资源供给支持力		生态环境承载力	
	f_1：人口压力指数均值	f_2：经济发展指数均值	f_3：自然资源指数均值	f_4：科技资源指数均值	f_5：环境污染指数均值	f_6：环境治理指数平均
2011	-0.03255	0.97471	0.06984	-0.02846	-0.08353	0.25554
2012	-0.02686	1.85319	-0.13863	0.05074	-0.2164	0.30064
2013	-0.00723	1.70498	-0.08151	0.15783	-0.36852	0.25262

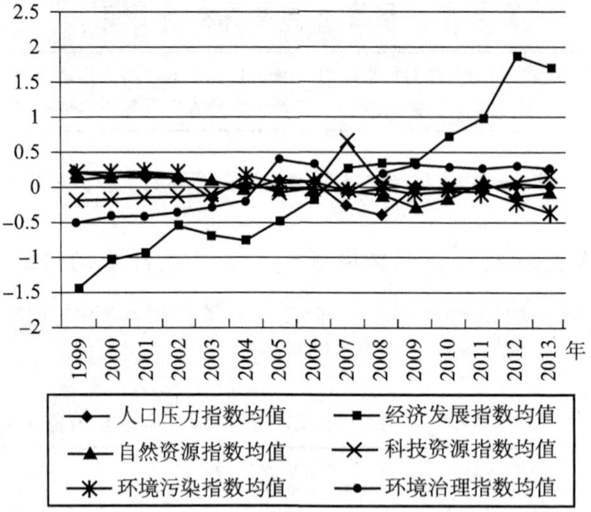

图5-4 1999—2013年柴达木地区人口资源环境承载力各子系统指数均值变化图

从表5-5和图5-4中可以看出，柴达木盆地人口资源环境综合承载力各子系统指数变动情况。人口经济活动支撑力的两个子系统中，人口压力指数在逐步下降，经济发展指数稳定上升，说明西部大开发初期，柴达木盆地人口较少，人口压力较小。但是随着柴达木盆地经济开发促进城镇化迅速发展，人口压力显著增加，对综合承载力的贡献下降。在资源供给支持力的两个子系统中，自然资源指数均值持续处于下降之中，科技资源指数均值始终不稳定，说明柴达木盆地资源型经济发展的自然资源支持能力不足，未来迫切需要产业转型。科技资源指数贡献极不稳定，对于柴达木盆地人口资源环境综合承载力没有起到明显支撑作用。生态环境承载力的两个子系统中，环境污染指数贡献持续下降，环境治理指数则逐步上升，说明柴达木盆地经济发展正处于边污染、边治理的阶段，这对于可持续发展是很不利的。

3. 柴达木盆地各地区综合人口资源环境承载力变动情况

从表 5 - 6 和图 5 - 5 中可以看出，柴达木盆地 8 个区域人口资源环境综合承载力各不相同。1999 年，八个区域综合承载力指数均为负值，最差是乌兰县，得分 - 0. 55931，其次是天峻县，得分 - 0. 53423，综合承载力水平最高的是格尔木市，得分 - 0. 12445。到 2013 年，柴达木盆地各区域综合承载力水平均有所上升，上升最显著的还是格尔木市，人口资源环境综合承载力得分达到 1. 3312，最差的仍然是乌兰县，得分为 - 0. 1529。

从图 5 - 5 还可以清晰反映出柴达木盆地综合承载力较好的是盆地西部的工矿业区，包括格尔木市、冷湖镇、茫崖镇、大柴旦镇；综合承载力较差的是盆地东部农牧业经济区，包括德令哈市、都兰县、乌兰县和天峻县。这种显著差距主要是地区间产业结构差异所致，位于盆西部的工矿业区人口较少，主要从事资源加工业，经济承载力较强；东部以农牧业为主，人口较多，经济承载力偏弱。

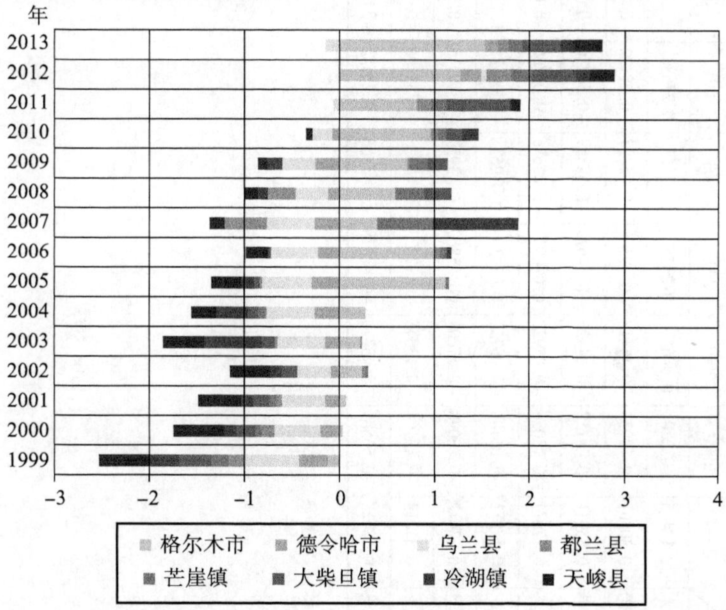

图 5 - 5　柴达木盆地各区域人口资源环境综合承载力指数变动情况

表 5－6　柴达木盆地各区域 1999—2013 年人口资源环境承载力综合指数评价结果

年份 / 地区	T:柴达木盆地各区域综合人口资源环境承载力指数														
	1999	2000	2001	2002	2003	2004	2005	2006	2007	2008	2009	2010	2011	2012	2013
1 格尔木	－0. 12445	0. 03220	0. 06630	0. 23751	0. 22563	0. 27630	1. 11505	0. 99516	0. 39964	0. 58629	0. 70284	0. 95764	0. 80029	1. 27700	1. 33120
2 德令哈	－0. 30801	－0. 19933	－0. 15418	－0. 09365	－0. 15827	－0. 25122	－0. 29956	－0. 22916	－0. 26606	－0. 12209	－0. 26245	－0. 07380	0. 01527	0. 21761	0. 13398
3 乌兰县	－0. 55931	－0. 48112	－0. 44923	－0. 34679	－0. 48859	－0. 51276	－0. 51361	－0. 48959	－0. 49438	－0. 34088	－0. 33907	－0. 21311	－0. 06900	0. 05244	－0. 15290
4 都兰县	－0. 17677	－0. 13036	－0. 05923	0. 04052	－0. 02686	－0. 01766	－0. 02099	0. 05942	－0. 44019	－0. 28496	0. 03149	0. 08082	0. 14380	0. 25702	0. 10816
5 茫崖	－0. 17871	－0. 06406	－0. 06752	0. 02430	0. 01063	－0. 06989	0. 03478	0. 07864	0. 58314	0. 30271	0. 19133	0. 08885	0. 16607	0. 22022	0. 15171
6 大柴旦	－0. 33412	－0. 20098	－0. 17005	－0. 15860	－0. 13954	－0. 10915	－0. 05768	－0. 02234	－0. 00448	0. 28871	0. 21350	0. 16649	0. 65780	0. 45962	0. 40564
7 冷湖	－0. 31019	－0. 13164	－0. 13045	－0. 12627	－0. 60355	－0. 33106	－0. 14260	0. 04842	0. 89768	－0. 10570	－0. 15052	0. 17190	0. 02151	0. 14016	0. 13578
8 天峻县	－0. 53423	－0. 53585	－0. 45720	－0. 42578	－0. 43866	－0. 26557	－0. 31592	－0. 24350	－0. 16230	－0. 13595	－0. 10315	－0. 07199	0. 09965	0. 25611	0. 28985

4. 柴达木盆地与全省其他重点开发区域人口资源环境承载力对比

青海省地处青藏高原，承担着“中华水塔”的重要生态功能，同时青海省也需要发展经济，提高民生水平，使经济发展与生态环境保护相得益彰。根据全国主体功能区规划和青海省主体功能区规划，柴达木盆地是青海省重点开发区域，将承担全省人口城镇化和经济发展增长极的重要职能。为了科学合理安排重点开发区域的经济发展，需要对青海省东部和柴达木盆地重点开发区域人口资源环境承载力进行横向对比，才能对柴达木盆地各区域科学定位，合理规划发展。

（1）柴达木盆地与省内其他重点开发区域综合承载力对比

通过计算得到全省重点开发区域2013年人口资源环境综合承载力得分及其等级（见表5－7和图5－6）。

表5－7 青海省东部和柴达木重点开发区域人口资源环境综合承载力得分

地区	承载力得分	承载力等级	地区	承载力得分	承载力等级
1 城东区	1.03433	2	14 海晏县	0.06934	4
2 城中区	0.56825	2	15 同仁县	0.06921	4
3 城西区	0.93985	2	16 尖扎县	−0.01756	4
4 城北区	1.53576	1	17 共和县	0.10747	4
5 大通县	0.39477	3	18 贵德县	0.0527	4
6 平安县	0.51797	3	19 贵南县	−0.03027	5
7 民和县	0.09104	4	20 格尔木	1.33120	1
8 乐都县	0.12685	4	21 德令哈	0.13398	3
9 湟中县	0.25972	3	22 乌兰县	−0.15290	4
10 湟源县	0.23577	3	23 都兰县	0.10816	4
11 互助县	0.32159	3	24 茫崖	0.15171	3
12 化隆县	0.10234	4	25 大柴旦	0.40564	3
13 循化县	0.16013	4	26 冷湖	0.13578	3

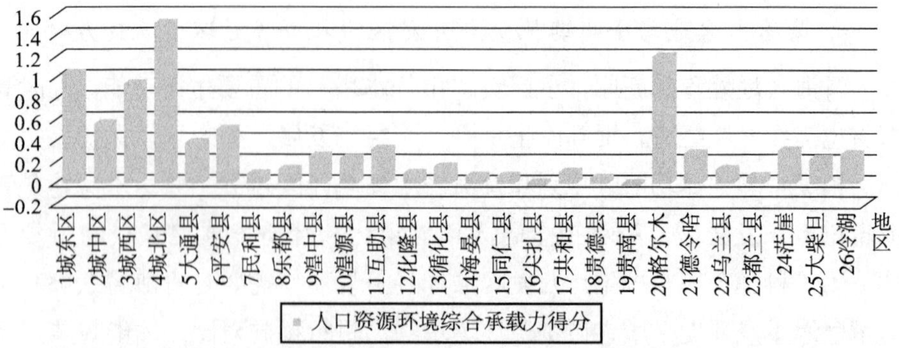

图 5-6　柴达木盆地与青海省东部重点开发区域人口资源环境综合承载力对比

从表 5-7 和图 5-6 中可以看到，东部重点开发区域的城北区和柴达木重点开发区域的格尔木市同属于全省重点开发区域中人口资源环境承载力等级最高的地区，但是柴达木盆地其他区域人口资源环境综合承载力水平较低，如德令哈、茫崖、大柴旦、冷湖均属于第三等级，都兰县和乌兰县属于第四等级。不过从两类重点区域人口资源环境承载力综合得分来看，全省东部重点开发区域平均得分 0.3431，柴达木重点开发区域平均综合承载力得分 0.3622，总体优于青海东部重点开发区域，未来发展潜力比较大。

（2）柴达木盆地与省内其他重点开发区域综合承载力各系统对比

通过全省各重点开发区域综合承载力计算结果（见表 5-7）整理出 1999 年和 2013 年东部重点开发区域中各地区的人口资源环境承载力水平，并与柴达木重点开发地区同期的总体水平对比（见表 5-8）。

表 5-8　青海省东部和柴达木重点开发区域人口资源环境承载力水平对比

区域	重点开发区域范围		人口经济活动支撑力指数		资源供给支持力指数		生态环境承载力指数		人口资源环境承载力综合指数	
	州（市）	县（区、行委）	1999 年	2013 年	1999 年	2013 年	1999 年	2013 年	1999 年	2013 年
东部重点开发区	西宁市	城西区、城东区、城北区、城中区、大通县、湟中县、湟源县	-0.229	0.565	-0.363	0.402	-0.573	1.553	-0.39	0.707
	海东市	乐都区、平安县、民和县、互助县、化隆县、循化县	-0.206	0.476	-0.53	0.109	-0.227	0.108	-0.32	0.22

续表

区域	重点开发区域范围		人口经济活动支撑力指数		资源供给支持力指数		生态环境承载力指数		人口资源环境承载力综合指数	
	州（市）	县（区、行委）	1999 年	2013 年	1999 年	2013 年	1999 年	2013 年	1999 年	2013 年
东部重点开发区	黄南州	同仁县、尖扎县	-0.212	0.189	-0.48	0.022	-0.177	-0.134	-0.289	0.03
	海南州	共和县、贵德县贵南县	-0.478	0.196	-0.73	-0.267	-0.162	-0.10	-0.457	0.04
	海北州	海晏县	-0.318	0.324	-0.406	0.0291	-0.622	-0.145	-0.448	0.069
小计			-0.289	0.35	-0.502	0.059	-0.352	0.256	-0.38	0.21
柴达木重点开发区	海西州	格尔木市、德令哈市、乌兰县、都兰县、大柴旦、冷湖、茫崖	-0.216	0.693	0.07	0.328	-0.11	0.095	-0.08	0.368
小计			-0.216	0.693	0.07	0.328	-0.11	0.095	-0.08	0.368

从表 5－8 中可以反映出，1999 年东部重点开发区域人口经济活动支撑力指数平均值为－0.289，资源供给支持力指数平均值为－0.502，生态环境承载力指数平均值为－0.352，人口资源环境承载力综合指数平均值为－0.38；同期柴达木重点开发区域人口经济活动支撑力指数平均值为－0.216，资源供给支持力指数平均值为 0.07，生态环境承载力指数平均值为－0.11，人口资源环境承载力综合指数平均值为－0.08。2013 年，东部重点开发区域人口经济活动支撑力指数平均值为 0.35，资源供给支持力指数平均值为 0.059，生态环境承载力指数平均值为 0.256，人口资源环境承载力综合指数平均值为 0.21；同期柴达木重点开发区域人口经济活动支撑力指数平均值为 0.693，资源供给支持力指数平均值为 0.328，生态环境承载力指数平均值为 0.095，人口资源环境承载力综合指数平均值为 0.368。

通过对比发现，两个地区各项承载力指数都有所上升，但是青海东部重点开发区域人口经济活动支撑力指数和资源供给支持力指数均低于柴达木重点开发区域，只有生态环境承载力指数高于柴达木重点开发区域。

（3）柴达木盆地与省内其他重点开发区域综合承载力各要素对比

柴达木盆地与省内其他重点开发区域综合承载力各要素平均得分见表

5－9。

表5－9　青海省东部和柴达木盆地重点开发区域人口资源环境承载力各要素平均得分

区域	范围		人口经济活动支撑力		资源供给支持力		生态环境承载力	
	州（市）	县（区、行委）	人口压力	经济发展	自然资源	科技资源	环境污染	环境治理
东部重点开发区	西宁市	城西区、城东区城北区、城中区大通县、湟中县湟源县	－0.079	0.876	－0.133	1.206	1.42	1.686
	海东市	乐都区、平安县民和县、互助县化隆县、循化县	0.405	0.523	－0.309	0.654	0.236	－0.02
	黄南州	同仁县、尖扎县	0.092	0.254	－0.119	0.234	－0.101	－0.168
	海南州	共和县、贵德县贵南县	0.184	0.204	－0.506	0.095	－0.091	－0.109
	海北州	海晏县	0.034	0.517	－0.066	0.1719	－0.107	－0.183
小计			0.127	0.475	－0.227	0.472	0.271	0.242
柴达木重点开发区	海西州	格尔木市、德令哈市、乌兰县、都兰县、大柴旦、冷湖、茫崖	－0.204	1.266	0.723	－0.278	0.233	－0.062
小计			－0.204	1.266	0.723	－0.278	0.233	－0.062

从表5－9中可以看出，东部重点开发区域中，人口经济活动支撑力、资源供给支持力和生态环境承载力子系统中，人口压力最大的是西宁市，为－0.079，经济发展水平最高的也是西宁市，达到0.876，但是东部重点开发区域整体受自然资源制约比较明显，尤其是海东市和海南州三县；生态环境承载力除西宁市外，其余地区表现出环境污染较大而环境治理不足。柴达木重点开发区域人口压力均值为－0.204，经济发展指数平均值1.266，自然资源指数平均值0.723，但科技资源指数为－0.278。自然资源条件总体优于东部，发展潜力优势明显，但是发展受到科技资源和生态环境承载力约束。

四、柴达木盆地人口资源环境承载力评价结论

（一）从柴达木盆地人口资源环境综合承载力指数变动情况分析

一是盆地综合人口资源环境承载力水平稳定上升，但是其中人口经济活动支撑力上升，资源供给支持力下降，生态环境承载力先上升后下降；

二是盆地内各区域人口资源环境承载力水平差异较大，从总体来看，盆地内中心城市总体承载力较高，西部工矿业城镇人口经济活动支撑力较强，但是资源供给支持力不足，生态环境承载力下降；东部农牧业县人口经济活动支撑力较弱，资源供给支持力较强，生态环境承载力略高于西部工矿城镇。

（二）从全省重点开发区域人口资源环境综合承载力横向对比

第一，全省东部重点开发区域平均人口资源环境承载力综合得分0.21，柴达木重点开发区域平均人口资源环境综合承载力得分0.368，比青海东部重点开发区域高0.158，总体优于青海东部重点开发区域，未来发展潜力较大。

第二，柴达木重点开发区域从人口压力来看，由于人口规模增加较快，因此人口压力增大，而且盆地综合承载力受到科技资源不足和生态环境治理方面的约束，尤其是环境治理方面显著落后，这是未来发展需要重点关注的领域。

第三节　柴达木盆地生态足迹评价

从柴达木盆地综合人口资源环境承载力评价结果来看，盆地中心城市与东部农牧业区和西部工矿业区存在较大发展差距。盆地生态环境与区域经济发展关系密切，因此，有必要深入分析柴达木盆地生态环境承载力组成要素及其变动情况。

一、生态足迹方法概述

生态足迹（Ecological Footprint）是指生产一定人口所消费的资源和吸纳这些人口消费产生的废弃物所需要的生物生产性土地的总面积（Wackernagel，1996）。[30]自1996年以后，William和Wackernagel又从不同侧面对其进行了解释："一个国家范围内给定人口的消费负荷""用生产性土地面积来度量一个给定人口或经济规模的资源消费和废物吸收水平的账户工具"（李利锋，2000），"能够持续地提供资源或消纳废物的、具有生物生产力的地域空间"（Winiom，1997）。

总之，生态足迹这一形象化概念既反映了人类对地球环境的影响，又包含了可持续性机制。它用生态空间大小表示人类对自然资本的消费及自然系统能够提供的生态服务功能，从而对人类活动的可持续性做出评价。生态足迹的度量尺度可为一个国家、一个城市、一个产业或个人；生态足迹的大小受到人口规模、生活水平、技术和生态生产力等因素的影响。

1. 生物生产性土地

生物生产性土地是生态足迹模型计量分析的基础，它是指具有显著的光合作用活动和生物量生产的土地或水域；也即具有生物生产能力、资源再生能力和自净能力的土地或水域，而其他不具有生物生产能力或人类目前还无法利用的土地面积则不计入生物生产性面积中，如沙漠、深海等。根据生产力大小的差异，在生态足迹模型帐户计算中，将生物生产性土地面积划分为耕地、草地、林地、水域、建设用地和化石能源用地6类。在研究人类活动消费的各种资源、排放的废弃物以及自然的生态供给时，就将这些消费项目和自然生态供给折算成相应的生物生产性面积。

2. 计算方法

在计算生态足迹时，由于6种生物生产性土地类型的生态生产力不同，因此需要引入均衡因子，使不同类型的生物生产性土地转化为等价的生态生产力，从而计算出总的生态足迹。

生态足迹的计算公式：$$EF = \left[\sum_{i=1}^{n} \frac{P_i + I_i - E_i}{EP_i}\right] EQ_i \qquad (1)$$

其中，EF 为总生态足迹；EP_i 为生态生产力（全球平均）；p_i 为资源生产量；I_i 为资源进口量；E_i 为资源出口量；EQ_i 为均衡因子。化石燃料用地、耕地、草地、林地、建筑用地及水域的均衡因子分别为：1.1、2.8、0.5、1.1、2.8、0.2。

生态承载力（又称生态足迹供给）计算公式

$$EC = \sum_{i=1}^{n} A_i EQ_i Y_i \quad (2)$$

其中，EC 为总生态承载力；A_i 为不同类型生态生产性土地面积；EQ_i 为均衡因子；Y_i 为不同类型生态生产性土地产量调整系数。耕地、林地、草地、水域、建筑用地的产量因子分别取 1.66、0.91、0.19、1、1.66。在计算柴达木盆地生态足迹供给时，依照惯例扣除 12% 的生物多样性保护面积。

人均生态盈余/赤字的计算公式

$$ER' = EC' - EF' \quad (3)$$

其中，EF'为人均生态足迹；EC'为人均生态承载力。$ER' > 0$ 表示该地区生态土地资源的供给量大于人们对其消耗使用量，该地区处于生态承载力范围以内，即存在生态盈余；$ER' < 0$ 表示该地区对生态土地资源的占用量超过了生态承载力所允许的值范围，即出现生态赤字。

二、柴达木盆地总体生态足迹计算结果

生态足迹的计算主要包括生物资源和能源资源两类。柴达木地区属于高原，其消费结构和内陆城市有所不同，根据柴达木地区的具体情况，生物资源主要是农产品、畜牧产品、奶类和油料等四类，由于生活习惯等因素，畜牧产品消费量较大；能源消费主要涉及如下几种：煤、焦碳、原油、电力、柴油、汽油、天然气等。相关生态足迹计算的土地类型见表 5－10。①

表 5－10　柴达木盆地生态足迹的土地类型组成

生态足迹组成部分	类别	指标	土地类型
生物资源生产部分	农产品	粮食作物、油料、蔬菜	耕地
	林产品	水果、木材、药材	林地
	畜产品	猪肉、牛肉、羊肉、奶类、羊毛、羊绒	牧草地
	水产品	淡水产品和鱼类	水域
能源资源生产部分	化石燃料	原煤、燃料油、液化石油气、煤油、洗精煤、汽油、焦碳、焦炉煤气、柴油、其它洗煤	化石能源地
	电力、热能	炼厂干气、电力	建筑用地

① 说明：根据海西州 2015 年国民经济和社会发展统计公报和青海省 2015 年统计年鉴等资料的数据，进行柴达木盆地 2014 年人均生态足迹计算。

通常情况下，生物资源生产面积折算的具体计算指标都是采用联合国粮农组织1993年计算的有关生物资源的世界平均产量资料，本研究亦使用该指标将柴达木盆地的消费转化为提供这类消费需要的生物生产面积。煤炭、石油产品等能源消费量转化为化石燃料生产土地面积，以世界上单位化石燃料生产土地面积的平均发热量为标准，折算成一定的化石燃料土地面积，相关生态足迹计算的土地面积见表5-11，计算结果见表5-12。

表5-11 2014年柴达木盆地土地利用现状

土地类型	土地面积（hm^2）	占总面积的比重（%）	人均面积（hm^2/人）
可耕地	40984.07	0.14	0.08109
林地	907779.84	3.02	1.79616
牧草地	11055563.06	36.75	21.87488
建筑用地	124491.11	0.41	0.24632
水域	1077082.32	3.58	2.13115
未利用土地	16879547.32	56.10	33.39839
合计	30085447.72	100.00	59.52799

资料来源：2015年《青海省统计年鉴》。

表5-12 2014年柴达木盆地生态足迹供需计算结果表

生物生产面积类型	生态足迹的需求			土地类型	生态足迹的供给		
	人均足迹（hm^2/人）	均衡因子	均衡面积		人均面积	产量因子	均衡面积
可耕地	0.11919	2.8	0.33372	可耕地	0.08109	1.66	0.37692
林地	0.00473	1.1	0.00520	林地	1.79616	0.91	1.79796
草地	0.38774	0.5	0.19387	草地	21.87488	0.19	2.07811
建筑用地	0.02529	2.8	0.07082	建筑用地	0.24632	1.66	1.14490
水域	0.04966	0.2	0.00993	水域	2.13115	1	0.42623
化石燃料	8.55591	1.1	9.41150				
人均生态足迹			10.02505	人均生态容量			5.82412
生态赤字			4.89982	生物多样性保护面积		0.69889	
				可利用的人均生态容量		5.12523	

从表5-12柴达木盆地生态足迹供需情况计算结果可知，柴达木盆地2014年人均生态足迹需求10.02505hm^2，人均生态足迹供给为5.82412hm^2，减去12%的生物多样性保护面积0.69889hm^2，可利用的人均生态容量为5.12523hm^2。人均生态足迹需求是可利用的人均生态容量供给的近2倍，生态赤字为4.89982hm^2。同期，全国人均生态足迹需求约为1.2hm^2，人均生态容量约为0.8hm^2，生态赤字0.4hm^2。柴达木盆地人均生态足迹需求与人均生态足迹供给水平远高于全国平均水平，柴达木盆地的生态赤字也高于全国平均水平。但如果不考虑化石燃料生态足迹，则柴达木盆地人均生态足迹0.61335hm^2，人均生态容量5.12523hm^2，生态盈余4.51168hm^2。

从需求足迹类型可以看出，首先是化石燃料用地所占比例最高，约占93.9%，这说明柴达木盆地的能源消费非常大；其次是可耕地，约占3.3%；再次是草地，约占1.9%，最后是建筑用地、水域、林地，分别约占生态足迹的0.71%、0.1%和0.05%。

造成柴达木盆地生态足迹供给与需求不均衡，除了由于高原城市恶劣的自然环境导致生态足迹供给低、需求高之外，其中的重要影响因素是化石燃料足迹比重过大，而这与柴达木盆地工业结构密切相关。柴达木盆地是典型资源型区域，工业占GDP的比重近80%，主要工业都是资源型高耗能产业。2014年盆地主要工业品产量为原煤1387.61万吨，天然原油220万吨，铁矿石原矿118.52万吨，天然气68.9亿立方米，原盐221.85万吨，钾肥832.45万吨，火力发电16.58亿千瓦时，水泥244.61万吨。[①]显然柴达木盆地资源型工业发展是导致生态赤字的重要原因；其次是可耕地与草地生态足迹较大，这与近年来畜牧业快速发展以及当地食品消费结构有关，因此城市供养人口增加对柴达木盆地人均生态赤字也有一定影响。这个结论与前一部分人口资源环境综合承载力评价的结论相一致，进一步说明评价结论可靠。

① 资料参见本书第四章中表4-8。

三、柴达木盆地各区域生态足迹状况分析

（一）柴达木盆地各区域 2009—2014 年生态盈余（赤字）变动

在不考虑化石燃料足迹情况下，计算出柴达木盆地各市县 2009—2014 年生态盈余（赤字）变动情况（见表 5 - 13）。

从表 5 - 13 中看出，柴达木盆地各区域的生态盈余差距较大，2014 年生态盈余最高是都兰县，是冷湖的 7 倍。虽然各地区都存在生态盈余，但是生态盈余表现出下降趋势。[①] 意味着柴达木盆地未来城镇化与工业化发展必须要重视生态环境保护，迫切需要改变经济发展方式，否则，造成的生态破坏将是永久的，而且会造成不可逆转的损失。

表 5 - 13　2009—2014 年柴达木盆地各区域生态盈余（赤字）变动情况

单位：hm^2/人

区域＼年份	2009	2010	2011	2012	2013	2014
格尔木	6. 6498	6. 5281	6. 3049	6. 0931	5. 3772	5. 1049
德令哈	2. 8561	2. 6483	2. 6331	2. 7294	2. 6081	2. 5944
乌兰县	4. 6443	4. 5932	4. 0578	3. 8735	3. 2530	3. 0991
都兰县	8. 3748	8. 133	7. 5233	7. 8096	7. 4368	7. 0124
茫崖	1. 7790	2. 4478	1. 7215	1. 6954	1. 3223	1. 2788
大柴旦	5. 0558	5. 1243	5. 2644	5. 1217	5. 0339	4. 7866
冷湖	2. 1981	1. 3934	1. 4042	1. 4017	1. 2308	1. 0062
天峻县	5. 3994	5. 0039	4. 8943	4. 3261	4. 1132	4. 0098

从图 5 - 7 看出，在不考虑化石燃料足迹的情况下，与青海省东部重点开发区域相比，柴达木盆地由于区域面积大，人口规模少，生态盈余有较大优势。这也为柴达木盆地未来新型城镇化发展和“美丽乡村”建设提供生态基础。

---

① 这一结果也印证了本章第二节柴达木盆地人口资源环境承载力评价的结果，进一步说明评价结果比较可靠。

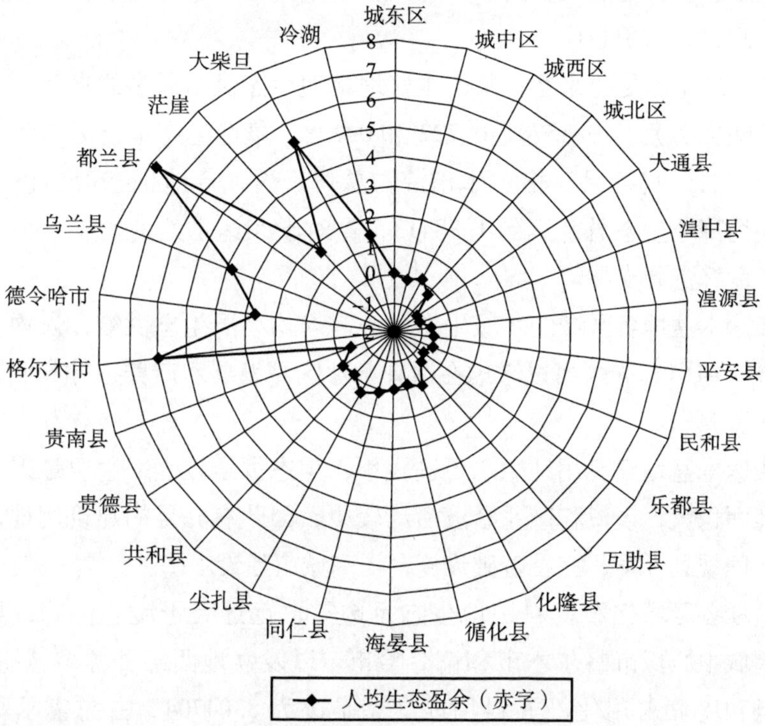

图5－7　柴达木盆地与青海东部重点开发区域人均生态盈余（赤字）雷达图

（二）柴达木盆地各区域各类用地生态足迹需求与供给分析

柴达木盆地各区域2014年各类用地生态足迹与承载力计算结果（见表5－14）。从表5－14可以看出，柴达木盆地各区域各类用地生态盈余各不相同。

从耕地生态足迹来看，生态足迹需求较大的格尔木、德令哈分别为0.122和0.159，占耕地总需求足迹的84.2%。生态供给较大的都兰县和乌兰县分别为0.143和0.116，占耕地足迹总供给的68.7%。虽然柴达木盆地可耕地资源比较稀缺，但是耕地总体供给大于生态足迹需求，略有盈余，说明未来还可以充分发挥耕地生产潜力。

从林地生态足迹来看，由于高海拔高寒区域的影响，林地生态足迹供给明显高于生态足迹需求，人均林地生态盈余1.7928，说明林地仍然有较大开发利用潜力。但是柴达木盆地生态林生长缓慢，对区域防风固沙改善环境的生态意义远远大于其经济意义，未来仍应当种养结合，实施保护性开发，避免大面积破坏。

从草地生态足迹来看，柴达木盆地草地生态供给最多的乌兰县、都兰县和天峻县分别为0.8578、0.722和0.228。草地生态足迹需求较大的区域是天峻县、乌兰县、格尔木市等，总体来看，草地生态盈余也比较显著，人均草地生态盈余达到1.88413，这对于柴达木盆地发展草地畜牧业提供了良好资源支撑。

柴达木盆地各区域的水域生态足迹需求均小于生态供给，人均水域生态盈余0.4161，未来可以考虑在适宜条件区域发展水产养殖等产业，充分利用水资源。

柴达木盆地建筑用地生态足迹较小，生态供给较大，主要是因为柴达木盆地面积大，人口和产业经济活动较少，因此有充足的建筑用地，未来需要合理规划开发，完善基础设施，提高城市建设水平。

盆地各区域化石燃料用地生态足迹需求远远大于生态供给，具体来看，区域中心城市格尔木市和德令哈市，以及盆地西部资源型城镇茫崖、大柴旦和冷湖占用化石燃料用地生态足迹为8.04704，占总需求足迹的85.5%。这既与这些区域资源型主导产业有关，也与这些区域城镇人口较密集、生活消耗能源有关。

表5-14　柴达木盆地各区域各类用地生态足迹需求与供给

单位：hm^2/人

区域＼项目	耕地足迹		林地足迹		草地足迹		水域足迹		建筑用地足迹		化石燃料用地足迹	
	需求	供给	需求	供给	需求	供给	需求	供给	需求	供给	需求	供给
格尔木	0.122	0.047	0.0001	0.4278	0.020	0.1463	0.0050	0.0309	0.0246	0.2516	1.88974	0.00
德令哈	0.159	0.048	0.0001	0.3563	0.0361	0.0847	0.0021	0.0642	0.0187	0.1439	0.64523	0.00
乌兰县	0.019	0.116	0.0020	0.5878	0.0366	0.8578	0.001	0.0205	0.0018	0.1238	0.04123	0.00
都兰县	0.018	0.143	0.0030	0.2812	0.0156	0.7220	0.0000	0.0969	0.0017	0.2006	0.14377	0.00
茫崖	0.0025	0.00	0.0000	0.0080	0.0024	0.0010	0.0000	0.0391	0.0151	0.1885	1.37768	0.00
大柴旦	0.0105	0.023	0.0000	0.0001	0.0062	0.0321	0.0000	0.0020	0.0050	0.1577	2.78641	0.00
冷湖	0.001	0.00	0.0000	0.0005	0.0005	0.006	0.0000	0.0510	0.0035	0.0528	1.99321	0.00
天峻县	0.00172	0.00	0.00	0.1370	0.0764	0.228	0.0018	0.1271	0.0004	0.0279	0.53379	0.00
合计	0.33372	0.377	0.0052	1.798	0.19387	2.078	0.0099	0.426	0.0708	1.145	9.411	0.00

（三）柴达木盆地万元 GDP 生态足迹分析

万元 GDP 生态足迹是衡量一个地区 GDP 生产所占用生态足迹的一个指标，它表示的是每万元 GDP 所占用的生态足迹，是一个 GDP 生产的生态效率指标，反映了技术进步和生活水平的提高对可持续发展和生态安全的影响。

万元 GDP 生态足迹 = 总生态足迹/GDP（万元）

该指标越高，表明被评价地区生态足迹利用效率越低，反之则说明其资源利用效率高。2009—2014 年柴达木盆地各区域万元 GDP 生态足迹计算结果见表 5 - 15。

表 5 - 15　2009—2014 年柴达木盆地各区域万元 GDP 生态足迹

单位：hm^2万元

年份/区域	2009	2010	2011	2012	2013	2014
格尔木	0.049	0.042	0.043	0.037	0.025	0.021
德令哈	0.283	0.272	0.227	0.195	0.188	0.167
乌兰县	0.642	0.533	0.319	0.321	0.333	0.316
都兰县	1.641	1.306	1.152	0.808	0.745	0.717
茫崖	0.037	0.045	0.038	0.037	0.026	0.025
大柴旦	0.059	0.133	0.052	0.042	0.033	0.027
冷湖	0.046	0.055	0.065	0.044	0.034	0.033
天峻县	0.474	0.512	0.503	0.435	0.418	0.407

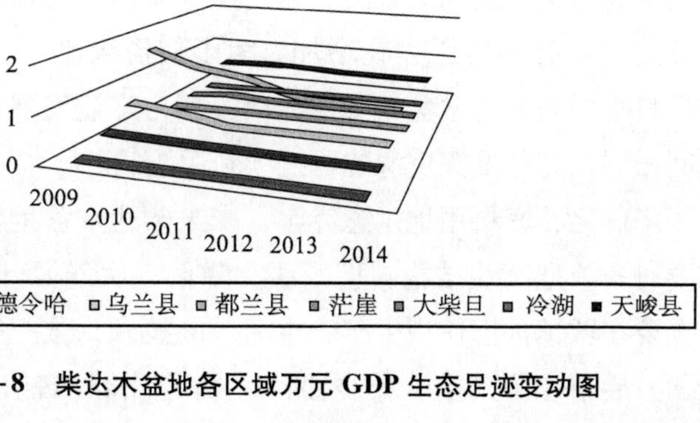

图 5 - 8　柴达木盆地各区域万元 GDP 生态足迹变动图

从表5－15和图5－8可以看出，2009—2014年柴达木盆地各区域的万元GDP生态足迹基本都处于下降的趋势，说明随着经济发展，柴达木盆地各区域生产技术水平都有所提高，促使区域生产效率提升，减轻对生态环境的消耗。从表5－15中也可以看出，2014年柴达木盆地各区域万元GDP生态足迹差异很大，其中东部都兰县、乌兰县和天峻县万元GDP生态足迹分别达到0.717、0.316和0.407，西部工矿区万元GDP生态足迹明显较小。

四、柴达木盆地生态足迹评价结论

（1）柴达木盆地人均生态足迹需求与生态足迹供给水平都高于全国平均水平，目前存在生态赤字。从需求足迹构成来看，化石燃料用地生态足迹占到总生态足迹的93.9%，如果不考虑化石燃料生态足迹，则柴达木盆地存在人均生态盈余。总体来看，首先，柴达木盆地资源型工业发展是导致生态赤字的根本原因；其次，随着区域经济发展和城镇化水平提高，城市人口增加对人均生态赤字也有明显影响。未来随着资源型产业转型发展，柴达木盆地城镇化的生态足迹盈余会逐渐显现出来，能够促进区域城镇化的健康发展。

（2）从柴达木盆地各区域各类用地生态足迹需求与供给对比分析可以发现，除了化石燃料用地需求足迹大于生态供给、存在明显赤字外，其余各类用地都存在生态盈余。具体来看，格尔木市、德令哈市和盆地东部农牧业县在耕地、林地、牧草地、水域以及建筑用地上均存在生态盈余，未来城镇化发展的支撑空间比较大。但是盆地总体生态盈余下降速度快，说明经济开发的生态环境压力在增加。为了使盈余水平下降的趋势得到扭转，需要科学规划柴达木盆地城镇人口集聚与产业发展规模，优化产业结构与空间布局，充分发挥资源的可持续利用效益。

为了降低化石燃料用地生态赤字，未来柴达木盆地在城镇化进程中一方面需要对资源型产业结构转型升级，降低一次能源开采类产业的比重；另一方面要在城镇推广使用生产、生活节能技术，依托柴达木盆地光伏资源，大力发展新能源产业，减少生产生活的能源消耗，提高能源使用效率，降低生态负担。

（3）西部大开发以来，柴达木盆地各区域的万元 GDP 生态足迹都处于下降的趋势，表明柴达木盆地各区域资源利用效率逐步提高，社会生产生活方式正朝着合理利用资源、能源，由粗放式生产向集约式生产方式转变，区域各产业的总体情况正在朝着可持续发展方向转换。但是柴达木盆地各区域万元 GDP 生态足迹差异很大，其中盆地东部农牧业为主的各县万元 GDP 生态足迹较大，西部工矿业城镇万元 GDP 生态足迹较低。从产业结构来看，盆地东部农牧业县产业结构比较落后，技术水平较低是该区域万元 GDP 生态足迹较大的根本原因。显然，从提高生态经济效益角度出发，柴达木盆地迫切需要调整优化产业结构，提升整个区域城镇化水平，才能促进经济发展质量提升。

第四节　柴达木盆地城镇化发展的外部环境与制约因素

通过柴达木盆地城镇化的社会经济可持续发展水平、人口资源环境承载力以及城镇化发展的生态环境支撑条件分析，发现柴达木盆地城镇化发展既有优势，也存在一些制约因素。

一、柴达木盆地城镇化发展的外部环境分析

青海省地处青藏高原，在高纬度、高海拔的自然地理条件、脆弱的生态经济环境、复杂的民族人口构成、内陆偏僻的区位条件，以及相对较弱的经济基础影响下，城镇化水平低于全国平均水平，城镇化质量不高。[①] 根据第二章分析可知，柴达木盆地在青海省内经济发展和城镇化方面，都占据举足轻重的地位。但是，全省社会经济发展的大环境对柴达木盆地的发展也有显著影响。

（一）城镇空间分布与发展不均衡，省会城市极化效应显著

青海省地域辽阔，总人口 583 万人，西宁市和海东市土地面积仅占全省面积的 2.8%，人口却占全省总人口的 64%，其中省会西宁占总人口的

① 丁生喜，王晓鹏，诸宁扬等．基于人口—经济—生态协调发展的青海省新型城镇化研究［J］．生态经济，2015，31（3）．

39.3%，居全省第一位，海东市的户籍人口规模为144.34万人，占24.8%。海南藏族自治州、海西蒙古族藏族自治州、海北藏族自治州、黄南藏族自治州和果洛藏族自治州人口分布不足10人/km^2，全省城镇密度仅为1.95座/万km^2。(见表5－16)

从表5－16可以看出，青海省城镇化发展的重心在西宁和海东，海西州与省内其他少数民族自治州都存在人口密度小，城镇数量少、城镇规模小的问题。在以西宁为中心的东部地区极化效应作用下，柴达木盆地人口城镇化与产业发展受到遏制。通过课题组实地问卷调查可知，盆地多数城镇人口都有迁往西宁市（或其他城市）的意愿，而且其中的多数人在西宁市购置房产，周末或节假日到西宁消费，这些因素是导致柴达木盆地城镇第三产业长期规模较小的重要原因。

表5－16　青海省内各地区之间城镇化发展差异比较

地区	面积（万km^2）	总人口（万人）	人口密度（人/km^2）	建制镇数（座）	城镇密度（座/万km^2）	城镇化率（%）
西宁市	0.783	229.07	293	37	47.25	68.6
海东市	1.316	144.34	109.7	35	26.59	27.04
海南州	4.579	47.05	10.28	16	3.49	23.89
海北州	4.495	29.65	6.60	11	2.45	26.07
玉树州	19.779	41.85	2.12	11	0.56	16.26
黄南州	1.79	27.34	15.27	11	6.14	24.32
果洛州	7.575	18.96	2.50	8	1.06	21.10
海西州	31.96	41.25	1.29	21	0.56	75.05

资料来源：2015年《青海省统计年鉴》。

（二）县域经济发展水平滞后于城市地区，基本公共服务不平衡

青海省内经济发展极不平衡，2014年地区生产总值中省会城市西宁占比达46.81%，工农业重点发展区域海西州及海东市占比分别为22.50%及16.03%，其余各地区合计占比约为15%，青南地区的黄南、玉树、果洛三州占比分别仅为2.87%、1.90%及1.35%，区域经济发展差距大。西宁、海东、格尔木三个城市的第二产业增加值占全省第二产业增加值总量的66.59%，第三产业的集中程度更高，2014年三城市的第三产业增加值

占全省第三产业总量的67.16%。青海省的经济高度集中在以西宁为首的三个城市，县域经济发展水平滞后于城市地区。

青海省农村各项社会事业发展明显滞后于城市地区。教育方面，据第六次人口普查，黄南、玉树、果洛三州15岁及以上人口文盲率分别为22.37%、17.85%及11.94%，同期西宁市文盲率为3.44%。医疗卫生方面，农村医疗网点少、水平低、设施差的问题普遍存在。目前，青海省县域平均每万人拥有医院、卫生院病床数约20.7张，仅为城市地区人均水平的45.7%；县域每万人拥有卫生技术人员数为28.2人，为城市地区的48.5%，而乡村卫生医疗条件又要明显落后于城镇。①

从表5－17和图5－9可以看出，全国城乡居民收入差距最大是在2007年，达到3.33∶1，青海省城乡居民收入差距最大为2006年，达到3.82∶1，随后逐步缩小，但是始终大于全国平均水平。青海省内黄南藏族自治州城乡居民收入差距最大为2010年，达到5.07∶1，“十二五”期间虽然有所下降，但仍为4.00∶1，远远落后于同期全国及全省平均差异水平。柴达木盆地城乡居民收入差距2009年之前基本都高于全国平均水平，“十二五”期间差距水平有所下降，略低于全国平均差距水平，说明这一时期柴达木盆地城乡一体化取得了显著进展。

表5－17　柴达木盆地与青海、全国城乡收入水平差异比较

年份	青海省城乡居民人均收入比	全国城乡居民人均收入比	柴达木盆地城乡居民人均收入比	黄南藏族自治州城乡居民人均收入比
2000	3.47	2.78	3.01	3.99
2001	3.58	2.89	3.04	4.05
2002	3.62	3.11	3.05	4.23
2003	3.71	3.23	3.65	4.30
2004	3.65	3.21	3.73	4.06
2005	3.72	3.22	3.78	4.08
2006	3.82	3.28	3.75	4.32

① 丁生喜，王晓鹏，诸宁扬等．基于人口—经济—生态协调发展的青海省新型城镇化研究[J]．生态经济，2015，31（3）．

续表

年份	青海省城乡居民人均收入比	全国城乡居民人均收入比	柴达木盆地城乡居民人均收入比	黄南藏族自治州城乡居民人均收入比
2007	3.82	3.33	3.77	4.27
2008	3.80	3.31	3.58	4.57
2009	3.79	3.33	3.32	5.04
2010	3.58	3.23	3.08	5.07
2011	3.39	3.13	3.03	4.54
2012	3.27	3.10	2.68	4.34
2013	3.57	3.03	2.63	4.15
2014	3.06	2.97	2.47	4.00

资料来源：2015 年《青海省统计年鉴》，2015 年《中国统计年鉴》。

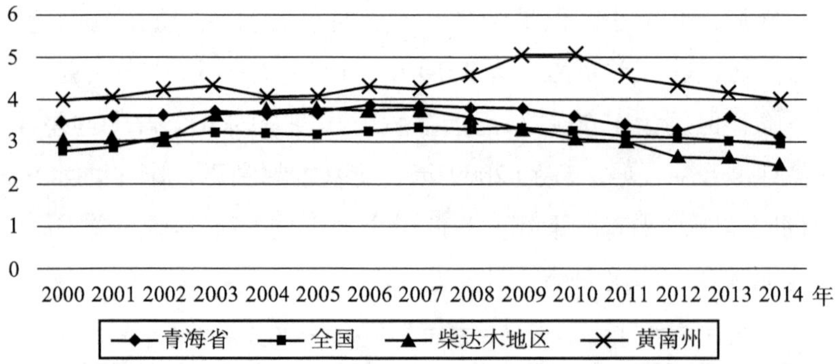

图 5-9　柴达木盆地城乡居民收入差距与其他地区对比图

（三）城镇体系等级结构不合理，城市功能发挥不足

城镇体系（Urban System），也称为城市体系或城市系统，是指在一个相对完整的国家或区域以中心城市为核心，由一系列不同等级规模、不同职能分工、相互密切联系的城镇组成的系统。① 根据梯度推移理论，创新是通过多层次的城市体系传递的。青海省现有大城市 2 个，小城市 3 个，其余均为小城镇，城镇结构上出现中等城市断层。中等城市断层就会阻碍创新成果在区域扩散的效果，制约腹地创新能力提升。而且青海省城镇总

① 丁生喜等. 区域经济学［M］. 西宁：青海人民出版社，2012.

量的1/2集中在总面积不足全省3%的西宁和海东，广大牧区城镇数量很少。这种非均衡分布虽然有利于资金、人才的积累和资源、公共基础设施的集约利用，但是会影响经济均衡发展和区域公平。因此，迫切需要在有条件的区域发展城市，优化城镇等级体系。

柴达木盆地目前有县级市2座，建制镇21个（含县城3个，行委驻地3个），14个乡，8个街道办事处。盆地城镇建成区面积超过110平方公里，城镇化率达到75.05%，是青海省城镇化率最高的地区。其中格尔木市建成区面积31.00平方公里，德令哈市建成区面积16.59平方公里。柴达木盆地城镇体系如图5－10所示。

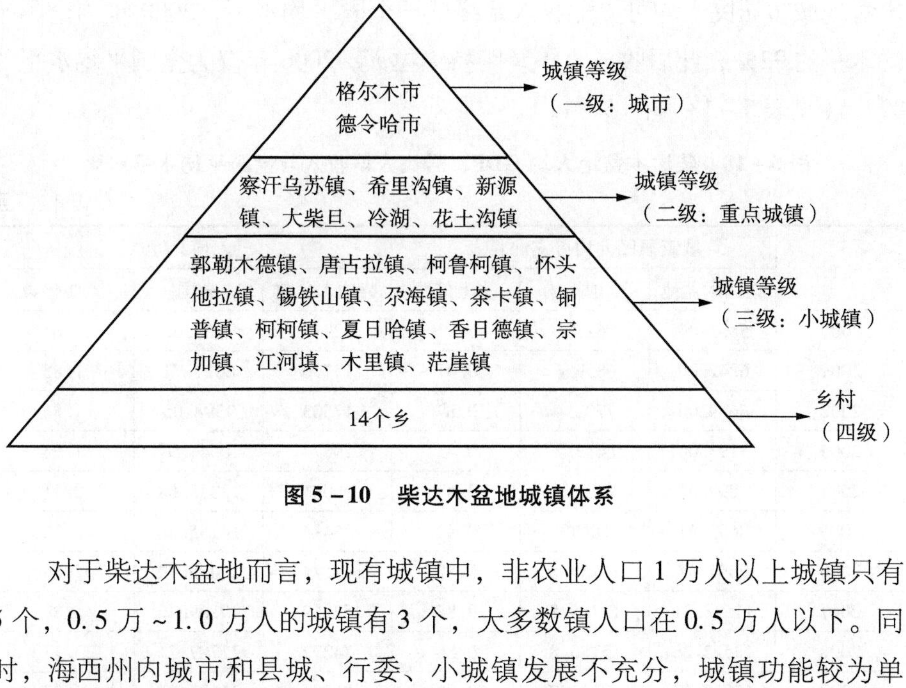

图5－10　柴达木盆地城镇体系

对于柴达木盆地而言，现有城镇中，非农业人口1万人以上城镇只有5个，0.5万~1.0万人的城镇有3个，大多数镇人口在0.5万人以下。同时，海西州内城市和县城、行委、小城镇发展不充分，城镇功能较为单一，生活配套服务还不完善；城市周边小城镇不发育，集聚规模有限。从城镇等级体系来看，盆地东部与西部各有一个小城市，但是首位城市格尔木市规模等级和行政等级均较低，与资源富集的柴达木盆地“聚宝盆”的深度开发与可持续发展的需要并不匹配。城镇缺乏特色，人口集聚功能与产业集聚功能不显著，不利于招商引资，推动城镇持续发展的动力不足。

柴达木盆地有诸多石油、盐湖化工、煤炭等资源开发类型的大型国有企业，但是盆地首位城市仅仅是一个县级市，在资源开发利益分享、基础设施建设、招商引资等方面都存在“小马拉大车”的状况，制约盆地社会经济发展。

(四) 柴达木资源型区域存在“富饶的贫困”现象

根据资源型区域发展的相关理论可知，大多数资源型区域都存在资源潜在价值很大，资源开发产生经济效益增加，但与此同时当地居民生活水平并没有相应提高的现象，被称为“富饶的贫困”。西部大开发以来，柴达木盆地人均 GDP 远远高于同期全国平均水平。2000 年盆地人均 GDP 为全国平均水平的 1.65 倍，此后迅提高，2012 年达到 3.71 倍。但同期柴达木盆地城镇居民人均可支配收入始终低于全国平均水平，2000 年为全国平均水平的 92%，此后收入水平差距持续拉大，2006 年仅为全国平均水平的 82%（见表 5－18 和图 5－11）。

表 5－18　柴达木盆地人均 GDP、居民人均收入与全国平均水平对比

单位：元

年份	城镇居民人均可支配收入			人均 GDP		
	柴达木盆地	全国平均	差距倍数	柴达木盆地	全国	差距倍数
2000	5803.00	6280	0.92	12973	7857.68	1.65
2001	6242.00	6859.6	0.91	15776	8621.71	1.83
2002	6669.00	7702.4	0.87	17503	9398.05	1.86
2003	7193.00	8472.7	0.85	20874	10541.97	1.98
2004	7899.00	9421.6	0.84	26001	12335.58	2.11
2005	8693.31	10493	0.83	35484	14185.36	2.50
2006	9691.37	11759.5	0.82	47174	16499.70	2.86
2007	11548.31	13785.8	0.84	57869	20169.46	2.87
2008	13522.26	15780.8	0.86	74292	23707.71	3.13
2009	15077.12	17174.7	0.88	85202	25607.53	3.33
2010	16758.64	19109.4	0.88	96551	30015.05	3.22
2011	19906.95	21809.8	0.91	118255	35197.79	3.36
2012	21252.00	24564.7	0.87	142632	38459.47	3.71
2013	22799.00	26955.1	0.85	122114	41908.0	2.91
2014	25453.00	29381.2	0.87	111254	46628.5	2.39

资料来源：2001—2015 年《青海省统计年鉴》，2001—2015 年《中国统计年鉴》。

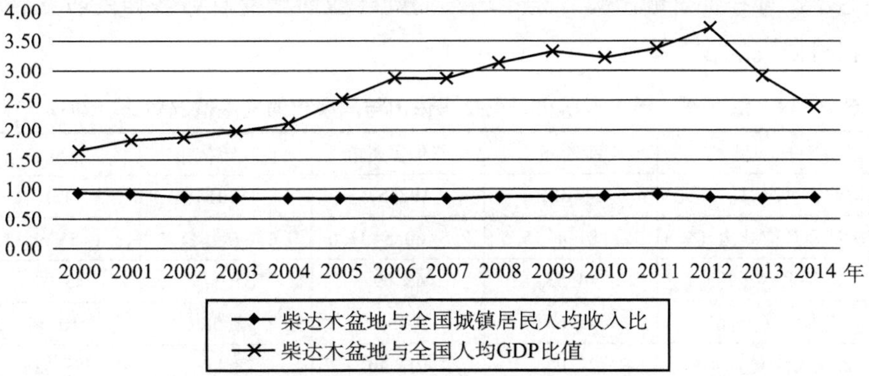

图 5－11 柴达木盆地城镇居民人均收入和人均 GDP 与与全国对比

从表 5－18 和图 5－11 都明显看出，西部大开发以来，柴达木盆地资源开发带来经济总量增加，但是当地居民的收入水平相对却在下降，存在典型资源开发型区域“富饶的贫困”现象。

为了进一步说明柴达木盆地收入水平与其他同类资源型区域的差距，现将柴达木盆地与具有相似特征并且同处西部的内蒙古自治区鄂尔多斯市、新疆自治区的克拉玛依市和甘肃省酒泉市进行比较（见表 5－19）。①

从表 5－19 可以看出，就业结构方面，除克拉玛依市外，其余三个地区的就业结构均符合现代经济体特点，即第三产业就业比例最高，其后依次为第二产业和第一产业。但是海西州三次产业就业结构十分不合理，第一产业就业比例达 27.6%，显著高于其他地区，第二产业就业比例仅为 29.2%，低于其他地区。

从城乡居民收入来看，2012 年海西州的城镇居民人均可支配收入仅高于酒泉市，与克拉玛依市基本相当，约为鄂尔多斯市的 64.13%。农村居民人均纯收入与其他三个地区相差甚远，分别仅相当于酒泉市的 82.07%、鄂尔多斯市的 69.34% 和克拉玛依市的 58.76%。

这种现状持续下去，将大大削弱盆地城镇对劳动力和居民的吸引力，使盆地第三产业发展趋于萎缩，制约盆地城镇化与可持续发展。说明未来

① 殷颂葵，丁生喜等．海西州“十三五”时期就业与收入分配问题研究［R］．海西州人力资源和社会保障局，2015.

柴达木盆地在促进经济持续稳定增长的同时应着力提高城乡居民收入特别是农村居民的收入水平。

表 5-19　海西州、鄂尔多斯市、克拉玛依市与酒泉市的发展情况对比（2012 年）

对比项目	海西州	鄂尔多斯市	克拉玛依市	酒泉市
人均地区生产总值（元）	114871	182457	135018	52116
三次产业产值结构（%）	3.1∶81.4∶15.5	2.5∶60.5∶37.0	0.6∶87.9∶11.5	12.1∶53.5∶34.4
工业化率（%）	74.53	48.99	85.37	45.02
总人口（万人）	49.65	200.42	28.58	110.44
就业人数（万人）	27.06	102.40	23.80	58.62
三次产业就业结构（%）	27.6∶29.2∶43.2	25.8∶30.3∶43.9	0.3∶73.9∶25.8	5.0∶33.2∶61.8
城镇登记失业率（%）	2.33	2.55	0.69	2.98
城镇化率（%）	70.06	72.01	99.6	52.15
城镇居民人均可支配收入（元）	21252	33140	22937	20062
农村居民人均纯收入（元）	7916	11416	13472	9645

资料来源：各地区 2012 年度国民经济和社会发展统计公报。

二、柴达木盆地新型城镇化发展的制约因素

（一）产业结构不合理，制约新型城镇化

城镇化是经济和社会发展的一个重要标志，从城镇化的内涵来看，城镇化绝不仅是追求城镇化率提高，还应当包括在城镇化进程中产业结构优化升级。西部大开发以来，柴达木盆地城镇化率稳定上升，高于全国同期平均水平。① 根据城镇化发展阶段理论，这一阶段推动城镇化发展的产业动力将会由第二产业为主导转向第三产业为主导，但是柴达木盆地产业结构明显不合理。

1. 三次产业发展存在严重偏离

产业结构偏离度是区域各产业就业比重与增加值比重之差，反映特定

① 但是需要注意，城镇化率单一指标不能反映地区城镇化发展质量，因此本书第三章对柴达木盆地城镇化发展质量进行定量、多指标、综合、动态评价。

区域各产业劳动生产率和劳动力在各产业分布的均衡程度。偏离度越大，说明劳动力就业结构与产业结构越不对称，产业结构的效益越低。①

从表 5－20 可以看出，柴达木盆地三次产业占 GDP 的比重变化表现出第一产业趋于稳定，第二产业占据绝对优势，第三产业占 GDP 的比重则处于下降态势。

表 5－20　柴达木盆地主要年份三次产业结构与青海和全国对比

年份	全国		青海		柴达木盆地	
	产值比重	就业比重	产值比重	就业比重	产值比重	就业比重
2000	14.7∶45.4∶39.8	50∶22.5∶27.5	15.2∶41.3∶43.5	55.8∶12.6∶31.6	5.9∶65∶29.1	35.64∶21.96∶42.4
2005	11.7∶46.9∶41.4	44.8∶23.8∶31.4	12∶48.7∶39.3	49.5∶17.4∶33.1	3.3∶74.5∶22.2	33.81∶21.09∶45.1
2010	9.6∶46.2∶44.2	38.1∶27.8∶34.1	10∶55.1∶34.9	41.4∶22.6∶36	2.8∶79.1∶18.1	36.13∶25.5∶38.37
2014	9.2∶42.7∶48.1	29.5∶29.9∶40.6	9.4∶53.6∶37	36.6∶22.9∶40.5	4.64∶76.43∶18.93	26.64∶35.3∶38.06

资料来源：2015 年《中国统计年鉴》，2015 年《青海省统计年鉴》。

运用表 5－20 的数据，分别计算 2014 年柴达木盆地三次产业就业结构与产业结构之间的偏离度（见表 5－21 和图 5－12）。

表 5－21　柴达木盆地 2014 年三次产业偏离度对比

项目	产业结构偏离度		
	柴达木盆地（%）	青海省（%）	全国（%）
第一产业	22	27.2	20.3
第二产业	－41.13	－30.7	－12.8
第三产业	19.13	3.5	－7.5

资料来源：根据表 5－20 数据计算得到。

从表 5－21 和图 5－12 可以看出，我国总体上第一产业偏离度为 20.3，第二产业偏离度为－12.8，第三产业偏离度－7.5，反映了从全国平均水平来看，工业化和城镇化发展创造的非农就业岗位仍然不足，农村剩余劳动力滞留在第一产业，城镇化滞后于工业化。

柴达木盆地第一产业偏离程度为 22，第二产业偏离度达－41.3，第三产业偏离度为 19.13，第一产业偏离程度与全国平均水平接近，但第二产业、第三产业偏离度很高。究其原因主要是柴达木盆地作为典型资源型区

① 丁生喜．环青海湖少数民族地区特色城镇化研究［M］．北京：中国经济出版社，2012.

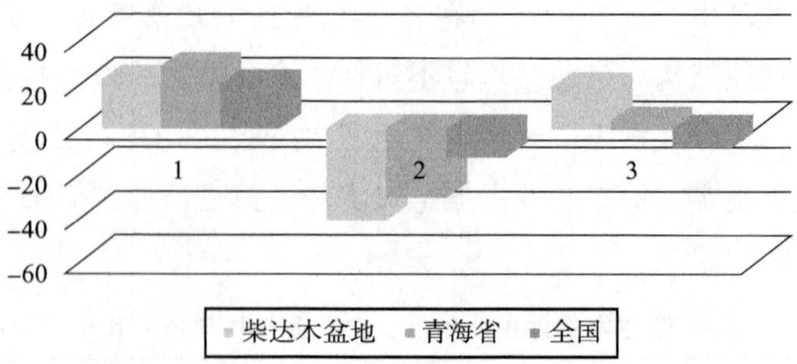

图 5-12　柴达木盆地三次产业偏离度示意图

域，资源开发带动的工业化和城镇化出现严重的资源排挤劳动力现象，因此第二产业吸收就业严重不足，与此同时工矿业城镇功能单一，以传统第三产业为主，创造财富的能力比较弱。

2. 三次产业内部结构存在问题

工业化的过程是制造业加工度不断提高的过程，是工业结构转变的过程。从 2014 年柴达木盆地工业的内部结构来看，轻工业增加值 3.9 亿元，占 1.05%；重工业增加值 366.6 亿元，占 98.95%，轻、重工业的比例严重不协调。从经济类型来看，股份制经济增加值 337 亿元，占 91%；国有经济增加值 17.8 亿元，占 4.8%；外商及港澳台经济增加值 14.4 亿元，占 3.9%；其他经济增加值 1.3 亿元，占 0.3%。从经营项目来看，工业企业大多数集中在盐湖化工业，资源产品和初级产品工业占主导地位，低水平的重复建设的情况依然存在。从本研究第四章柴达木盆地新型工业化发展评价结果也可以看出，柴达木盆地虽然第二产业规模较大，但是新型工业化发展中存在科技及信息化水平较低，人力资源对新型工业化发展的贡献较小，工业发展主要依靠资源开发，工业污染程度较严重，环保设施不完善等问题。

农牧业发展方面，从第四章因子分析结果可以清楚看出，西部大开发以来，农牧业机械化与产业化发展是柴达木盆地农业现代化的最主要贡献因素，农牧业科技水平与信息化因子的贡献先上升后下降，农牧业发展潜力因子的贡献先下降后上升。虽然农业机械化水平有所提高，但是受到农业经营规模的限制，机械化水平提升较慢；农牧业产业化发展方面，缺少有创新意识的农牧民企业家，农牧业种—养—加产业链不完整，产—供—销生产服务体系不完善；农牧业生产技术科学化和农业信息化还比较落后，对经济的贡献较少。农牧业发展潜力方面，柴达木盆地独特的自然环境条件，具备发展特色种植业、养殖业的独特优势，盆地主要农畜产品包括粮食与油料作物、蔬菜、水果、肉类、羊毛羊绒等，特别是柴达木黑枸杞独具特色优势。但从产量比重来看，比重最大的仍是传统粮食作物，肉类和奶类，高附加值的经济作物产量小。[①] 可见盆地农牧业发展潜力很大，但是特色农牧业优势尚未充分发挥。

第三产业发展方面，根据产业结构演变规律可知，第三产业比较劳动生产率应稳定在 1 以上。[②] 但是从第四章分析可知，1999 年柴达木盆地服务业比较劳动生产率为 0.776，2014 年则为 0.403，呈明显下降趋势。从服务业贡献率来看，1999 年为 29.24%，2014 年降为 14.21%，同期青海省为 31.05%，全国为 46.77%，可见柴达木盆地服务业贡献率明显过低。从服务业增加值占 GDP 比重来看，1999 年为 34.4%，2014 年为 18.93%，同期青海省为 37.1%，全国则为 48.1%，柴达木盆地服务业增加值占比呈下降趋势，不符合产业结构演进规律。柴达木地区服务业总体规模小，服务业结构以传统服务业为主，新兴第三产业发展不足，不利于服务业发挥其劳动力“蓄水池”的作用，难以承担盆地新型城镇化发展的后续动力。

从第四章柴达木盆地城镇化与产业结构协调度分析结果可知，新型工业化、农牧业现代化和服务业健康发展都是柴达木盆地城镇化持久发展的新动力。但是，如果柴达木盆地不积极调整产业结构，这将严重阻碍本地区产业结构效益的提高和城镇化质量提升，还会严重威胁区域生态平衡。

3. 盆地各市县产业发展差异大

柴达木盆地各县市产业发展差异很大，从表 5－22 可以看出，从地区从业人员数量来看，格尔木市和德令哈市以及都兰县三次产业从业人员数量为 107023 人，占盆地全部从业人数的 73.54%，其他二县三行委从业人员数仅 38494 人，也说明盆地人口分布不均衡。从三次产业就业比重来看，

---

① 关于柴达木盆地主要农产品产量的数据参见本研究报告第四章。

② 孙久文，叶裕民．区域经济学［M］．北京：中国人民大学出版社，2006.

盆地西部的格尔木市、大柴旦、冷湖和茫崖第一产业就业比重低于 30%，但是其余地区第一产业就业比重均在 50% 以上。从三次产业产值比重来看，除了都兰县之外，柴达木盆地其他区域第一产业产值比重均在 15% 以内；第二产业方面，除了德令哈市和都兰县之外，盆地其他区域第二产业增加值比重均超过 70%；第三产业产值比重差异极大，除了德令哈市之外，盆地其他区域第三产业占 GDP 的比重均低于 30%。

从盆地三次产业就业结构和产值结构均可以看出，盆地各市县产业发展差异极大。这种产业结构差异的形成与柴达木盆地自然资源的分布有密切关系，盆地东部地区矿产资源较少，农牧业发展条件较好，因此产业结构中依然是农牧业比重较大；盆地西部矿产资源比较丰富，资源开采加工类工业发展比较快。

表 5－22　柴达木盆地各市县 2014 年产业发展差异

市县	地区从业人员（人）			三次产业增加值（万元）			三次产业就业比重（%）			三次产业增加值比重（%）		
	第一	二产	三产	一产	二产	三产	一产	二产	三产	一产	二产	三产
格尔木	12960	23245	11783	40955	2150931	729185	27.01	48.44	24.55	1.40	73.64	24.96
德令哈	16046	5261	9603	47845	183475	214522	51.91	17.02	31.07	10.73	41.15	48.12
乌兰县	10306	1631	2139	29071	146967	27589	73.22	11.59	15.20	14.28	72.17	13.55
都兰县	24554	973	2603	106072	125610	58710	87.29	3.46	9.25	36.53	43.26	20.22
天峻县	7794	1687	2459	28683	156544	37095	65.28	14.13	20.59	12.90	70.41	16.69
大柴旦	591	4841	838	2609	310584	39987	9.43	77.21	13.37	0.74	87.94	11.32
冷湖	0	956	414	0	122260	6059	0.00	69.78	30.22	0.00	95.28	4.72
茫崖	200	3561	1077	1151	584086	26908	4.13	73.60	22.26	0.19	95.42	4.40

本书认为，盆地长期以来依赖矿产资源开发带动经济发展的模式，产生了明显的资源型产业挤出其他产业部门的效应，造成盆地东西部产业发展严重不均衡，使盆地东部地区长期得不到发展，经济资源综合开发利用效果差。盆地西部过分依赖矿产资源开发，会使区域陷入环境破坏加重的不可持续发展状态。

（二）生态环境承载力下降，制约新型城镇化

柴达木盆地每平方公里水资源量为 3.87 万 m^3，是全青海省平均水平的 44.3%，全国平均水平的 13.3%。水资源短缺使得农业种植面积受限，工业发展区域受限，影响区域人口聚集规模。同时，柴达木盆地气温低、

干旱、少雨，具有高寒荒漠气候特征，荒漠化问题严重，水土流失面积较大。水域、湿地面积小，分别仅占总面积 3.6%、0.5%，生态脆弱限制人口集聚和产业发展布局。（见图 5－13）

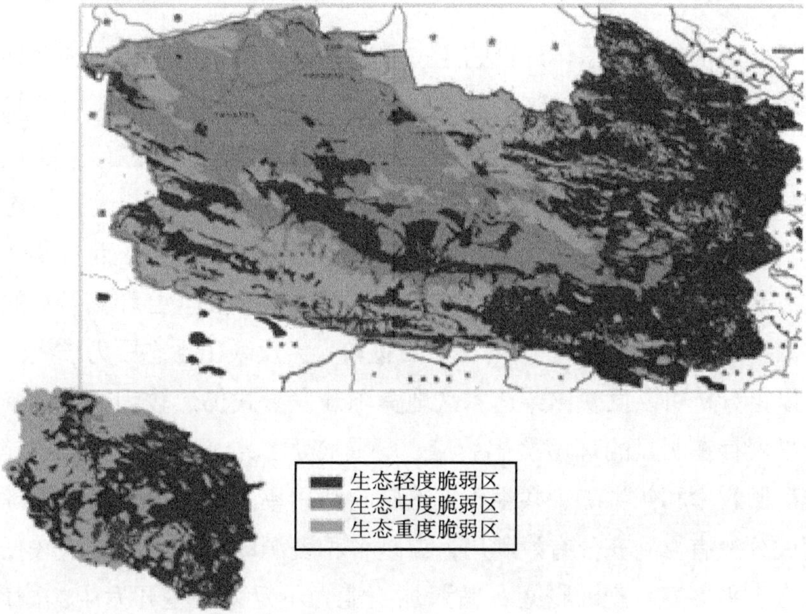

图 5－13　柴达木盆地生态脆弱度分布现状

水资源是柴达木盆地经济开发的保证，决定未来开发程度及方向。柴达木盆地的地表水资源总量为46.97 亿 m^3，地下水总量为38.97 亿 m^3。城市用水主要包括城镇生活用水、工业用水和城镇生态用水等三大部分。通过对柴达木盆地城镇人口发展及需水量预测结果可知，格尔木市 2020 年预测城镇合计需水量为 16383.7 万 m^3，城镇可供水量为 13274.2 万 m^3，缺水量为 3109.5 万 m^3（见表 5－23）；德令哈市城镇需水量预测合计为 3016.7 万 m^3，可供水量预计为 3030 万 m^3。[31] 从柴达木盆地两座城市水资源供需平衡预测值来看，格尔木市存在较严重的缺水问题。城镇人口增长，高耗水企业的增加，工业用水重复率不足和居民节水意识落后都会加剧柴达木盆地水资源短缺。

表 5-23 格尔木市 2020 年预测城镇需水量

城市	2020 年预测城镇人口（万人）	用水定额（升/日·人）	生活需水量（万 m^3）	工业需水量（万 m^3）	城镇生态需水量（万 m^3）
格尔木市	30	175	1916.25	14306.2	161.3

从柴达木盆地城镇化建设的生态承载力评价结果可知，盆地各地区综合承载力差异很大，其中格尔木综合承载力最高，有较明显的承载力优势；德令哈市与冷湖、大柴旦、茫崖的综合承载力位于第三级，都兰县与乌兰县综合承载力位于第四级。从生态足迹计算结果来看，盆地生态盈余水平下降速度快，说明经济开发对生态环境的破坏在加重。而且柴达木盆地重点开发区域万元 GDP 生态足迹差异很大，其中都兰县和乌兰县的区域生产活动比较落后，万元 GDP 生态足迹较大，反映出生态压力较大。

以上分析可以反映出柴达木盆地资源开发模式仍然较为粗放，资源型产业发展存在明显的环境挤出效应：一是资源综合开发利用水平比较低，采选矿回收率和伴生矿、共生矿、尾矿的利用率不高，锂、镁、硼等多种有用成分没有得到充分有效利用；二是各种资源联合开发的层次较低，产业融合水平不高，产业链短，精深加工能力不足；三是开发中的副产品、废弃物未能得到有效利用，既破坏了环境，又造成了资源浪费；四是资源开发过程中的资源、能源、水的消耗比较高，资源保障能力不足。① 此外，还存在地表植被破坏，土壤和空气污染等问题，制约可持续发展。

（三）科技投入不足，制约新型城镇化

科技创新已经成为区域经发展最活跃的生产要素，而科技创新投入是影响区域科技创新能力的重要因素。从科技财力投入来看，西部大开发以来，柴达木盆地科技投入增长较快，1999 年科学技术支出仅为 28 万元，2014 年增至 7100 万元。但是从科技支出占 GDP 的比重变动情况来看，2006 年以前，柴达木盆地科技支出占 GDP 的比重大约为 0.01%，没有大的变化。在柴达木循环经济试验区建立之后，盆地科技支出占 GDP 的比重表现出持续增长态势，但截至 2014 年，也仅达到 0.13%，占比很低。从

① 《海西州州域城镇体系规划（2013—2030）》。

科技人力资源投入来看，1999 年地区专业技术人员数为4026 人，2014 年增至5405 人，增长数量不明显。从万人专业技术人员数来看，柴达木盆地1999 年为125.4 人，2008 年达到最大值为241.6 人，但是随后持续下降，2014 年万人专业技术人员数仅106.9 人（见表5－24）。

表5－24 柴达木盆地西部大开发以来科技投入情况

年份	科技支出（万元）	专业技术人员（人）	科技支出占GDP 的比重（%）	万人专业技术人员数（人/万人）
1999	28	4026	0.01	125.4
2000	31	4102	0.01	125.5
2001	39	4710	0.01	142.7
2002	67	5261	0.01	157.2
2003	86	6670	0.01	196.0
2004	59	7495	0.01	208.0
2005	76	6912	0.01	190.7
2006	108	7515	0.01	204.1
2007	522	7012	0.03	187.3
2008	975	9207	0.03	241.6
2009	1190	6114	0.04	158.4
2010	1915	6356	0.05	162.7
2011	1807	6544	0.04	165.3
2012	2385	6810	0.04	169.0
2013	5203	6213	0.09	123.9
2014	7100	5405	0.13	106.9

资料来源：2000—2015 年《青海省统计年鉴》。

造成柴达木盆地专业技术人才流失的原因，本书认为主要有两个方面，一是柴达木盆地恶劣的自然环境条件和偏僻的交通区位，对吸引人才有很大影响。二是柴达木盆地资源型经济结构产生挤出人力资源的效应。大多数资源型企业的经济增长主要是靠投资规模增加来实现，存在高投入、高耗能、高污染、低效益。自然资源和资金密集型产业结构对专业技术人才需求量少，而且专业技术人才的价值得不到的相应的体现，这是造成盆地专业技术人才流失的根本原因。

此外，柴达木盆地在选拔人才和留住当地人才方面也存在问题。例如，柴达木盆地的天峻县总人口2.26万人，少数民族人口占总人口的85.98%，藏族人口又占总人口的85%。因此，在天峻县学好、用好藏语是做好群众工作，服务经济发展的关键，也是人才选拔的必备条件。但目前实施的事业单位招聘及公务员考试中对当地少数民族大学生政策倾斜不够，每年正式应聘的外来人才较多，对当地大学毕业生造成严重就业压力。同时，外来人才由于对区域经济不熟悉，对少数民族语言不掌握，对少数民族地区的生活习惯不适应，就职后不安心工作，造成人才流失现象十分严重。① 最终出现当地人才不能用，外来人才不好用的现象。

（四）基础设施建设水平低，制约新型城镇化

公共基础设施建设是经济发展的基础，对经济发展起支撑作用。西部大开发以来，柴达木盆地的公共基础设施水平有显著提升，但是公共基础设施综合实力始终处于较低的水平。

1. 交通与通信设施建设方面

交通运输方面，尚未形成完善的交通网络体系，运输能力不能满足经济发展需求。从铁路运输方面来看，柴达木盆地仅有一条国铁干线铁路，地方支线铁路通车里程仅有100余公里，且尚未形成网络，铁路运输缺口较大；从公路方面来看，公路运输网密度仅为3.8公里/百平方公里，不足全国平均水平的20%。道路网络化程度低，尚有部分干道与次道、村与村之间的连接公路未建成。公路等级低，满足不了大运量要求。在其他运输方式中，柴达木盆地仅有格尔木机场，开通航线少，年完成客运量仅2.5万~3万人次，吞吐量小，成本高，效益差。

通讯建设方面，由于柴达木盆地大部分地域人口密度小且居住分散，通信投资远大于其收入。因此通信设施建设主要集中在中心城区，其它地区特别是农牧区的通信设施水平和服务能力较为落后。随着工业化建设步伐的加快，城市建设、道路修建严重影响网络的安全，通信设施的破坏等

① 尖措．《关于解决天峻县当地少数民族大学毕业生就业问题的建议》，http://www.haixi.gov.cn/.

也是影响网络安全运行、导致信息不畅的原因。

2. 城镇建设条件方面

柴达木盆地城镇建设方面，各城镇大力推动旧城改造，实施道路、电网、供排水、供气、供热、污水和垃圾处理、城镇亮化、美化等基础设施建设。[①] 但是柴达木盆地各区域发展条件差异极大，城镇化发展难度大。柴达木盆地城镇、乡村建设条件得分情况见表5－25、表5－26。[②]

表5－25　柴达木盆地城镇发展建设条件一览表

城镇	区位交通	建制条件	经济基础	城镇规模	旅游资源	用水条件	用电条件	邮电设施	建设基础	农副资源	矿产资源	建设条件	灾害影响	总得分
格尔木市	5	5	5	5	5	3	5	5	5	3	4	5	3	58
德令哈市	3	5	4	4	3	3	5	5	4	4	4	4	3	51
乌兰县城（希里沟镇）	3	4	3	3	4	3	4	4	3	5	3	3	2	44
天峻县城（新源镇）	3	4	3	3	4	3	4	4	3	5	3	3	2	44
都兰县城（察汗乌苏镇）	3	4	3	3	2	3	4	4	3	5	3	3	2	42
大柴旦行委（大柴旦镇）	4	4	3	2	3	2	4	4	3	2	5	3	2	41
茶卡镇	4	3	3	2	2	2	3	3	3	2	4	3	2	36
冷湖行委（冷湖镇）	2	4	3	2	2	1	3	3	3	2	5	3	2	35
香日德镇	3	3	2	1	3	3	3	3	2	5	3	2	2	35
宗加镇	3	3	2	1	3	3	3	3	2	5	3	2	2	35
锡铁山镇	4	3	3	1	2	1	3	3	3	2	5	3	2	35
茫崖行委（花土沟镇）	2	4	3	2	1	1	3	3	3	2	5	3	2	34
夏日哈镇	3	3	2	1	1	3	3	3	2	5	3	2	2	33
木里镇	1	3	3	1	1	3	2	2	3	4	5	3	2	33
怀头他拉镇	3	3	2	1	2	3	3	3	2	5	2	2	2	33
唐古拉山镇	3	3	2	1	2	3	3	3	2	3	3	2	3	33
柯柯镇	3	3	2	1	2	2	3	3	2	4	3	2	2	32

① 课题组实地调研了解到的情况。

② 《海西州州域城镇体系规划（2013—2030）》。

续表

城镇	区位交通	建制条件	经济基础	城镇规模	旅游资源	用水条件	用电条件	邮电设施	建设基础	农副资源	矿产资源	建设条件	灾害影响	总得分
铜普镇	3	3	2	1	1	3	3	3	2	4	3	2	2	32
尕海镇	2	3	2	1	2	3	3	3	2	5	2	2	2	32
柯鲁柯镇	3	3	2	1	2	2	3	3	2	5	2	2	2	32
郭勒木德镇	3	3	2	1	1	3	3	3	2	4	2	2	2	31
茫崖镇	2	3	3	1	1	1	2	2	3	2	5	3	2	30
江河镇	1	3	2	1	1	3	2	2	2	4	3	2	2	28

从表5－25可以看出，柴达木盆地城镇发展建设条件差异主要体现在区位交通、城镇规模、建设条件、旅游资源等方面，建制条件、灾害影响、矿产资源条件差异并不显著。这更加说明未来柴达木盆地城镇化发展应当是多元的，各城镇应当充分发挥其优势，走差异化城镇发展道路。

从表5－26柴达木盆地重点乡发展建设条件对比可知，盆地各乡建设条件差距主要体现在区位交通条件和旅游资源等方面，其他条件差距不大。这说明盆地未来乡村发展中，需要认真规划道路交通基础设施，尽可能使各乡村道路与交通主干道连通。区位特别偏僻的乡村根据实际情况进行搬迁，规划安置到区位条件较好的城镇，一方面减少海西州基础设施建设投资压力，另一方面促进就地城镇化发展。

表5－26　柴达木盆地重点乡发展建设条件一览表

乡村	区位交通	建制条件	经济基础	城镇规模	旅游资源	用水条件	用电条件	邮电设施	建设基础	农副资源	矿产资源	建设条件	灾害影响	总得分
热水乡	3	2	1	1	3	3	3	3	1	4	2	1	2	29
大格勒乡	3	2	1	1	1	3	3	3	1	4	2	1	2	27
乌图美仁乡	2	2	1	1	1	3	3	3	1	4	2	1	2	26
香加乡	3	2	1	1	2	3	2	2	1	4	2	1	2	26
沟里乡	2	2	1	1	3	3	2	2	1	4	2	1	2	26
巴隆乡	3	2	1	1	1	3	2	2	1	4	2	1	2	25
蓄集乡	1	2	1	1	1	2	3	3	1	4	2	1	2	24
快尔玛乡	2	2	1	1	1	3	2	2	1	4	2	1	2	24

续表

乡村	区位交通	建制条件	经济基础	城镇规模	旅游资源	用水条件	用电条件	邮电设施	建设基础	农副资源	矿产资源	建设条件	灾害影响	总得分
苏里乡	1	2	1	1	2	3	2	2	1	4	2	1	2	24
生格乡	1	2	1	1	1	3	2	2	1	4	2	1	2	23
阳康乡	1	2	1	1	1	3	2	2	1	4	2	1	2	23
龙门乡	1	2	1	1	1	3	2	2	1	4	2	1	2	23
织合玛乡	1	2	1	1	1	3	2	2	1	4	2	1	2	23
舟群乡	1	2	1	1	1	3	2	2	1	4	2	1	2	23

（五）城乡二元结构明显，制约新型城镇化

1. 城乡收入差距大

从混合城乡基尼系数指标来看，从改革开放至西部大开发战略实施之前，柴达木盆地城乡收入差距总体呈拉大态势。“十一五”期间，城乡混合基尼系数又进一步拉大，2010 年城乡混合基尼系数为 0.22，高于 2005 年以前的水平。① “十二五”以来，柴达木盆地城乡混合基尼系数逐步下降，2014 年为 0.21，但城乡差距仍然较大（见图 5－14）。

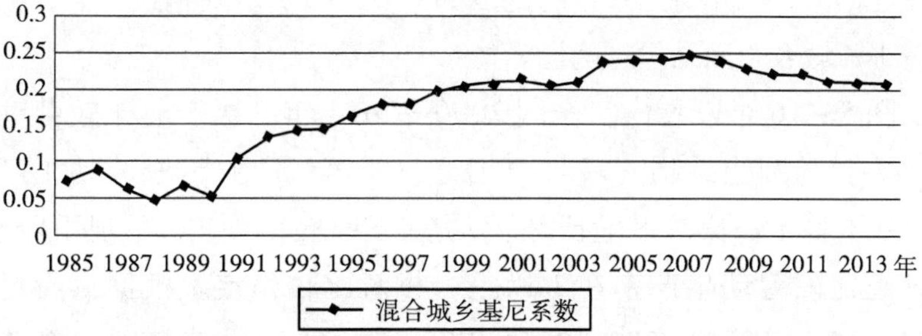

图 5－14　柴达木盆地改革开放以来混合城乡基尼系数变动情况

从城乡居民恩格尔系数来看，西部大开发以来，柴达木盆地城镇居民的恩格尔系数显著低于农村居民，城乡居民生活质量差异明显（见图 5－15）。

① 《海西州州域城镇体系规划（2013—2030）》。

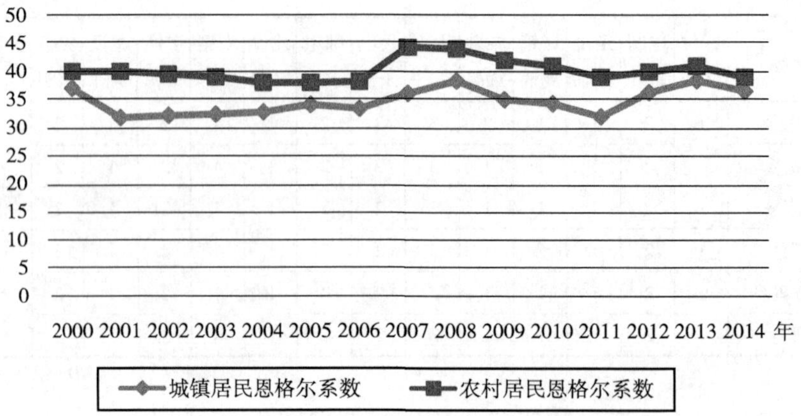

图 5－15　柴达木盆地 2000～2014 年城乡居民恩格尔系数对比图

2. 城乡产业发展差距大

二元对比系数能够反映城乡二元结构的总体水平，是目前用来衡量城乡二元结构的主要指标。

二元对比系数（T）＝农业部门比较劳动生产率/非农业部门比较劳动生产率

在理论上，二元对比系数的范围为 $0<T\leqslant 1$。一般情况下，二元对比系数越小，城乡二元结构越明显。[32]

从图 5－16 可以看出，全国 2000—2014 年三次产业比较劳动生产率变动态势与产业结构一般规律相符，即第一产业比较劳动生产率小于 1，基本稳定；第二产业比较劳动生产率在 1 以上，呈现下降趋势；第三产业比较劳动生产率在 1 以上，相对比较稳定。根据二元对比系数计算公式，计算出 2000—2014 年我国城乡二元生产率对比系数（见图 5－17）。

从图 5－17 可以看出，我国城乡二元对比系数 2000 年为 0.08，2014 年为 0.12，呈明显上升趋势。

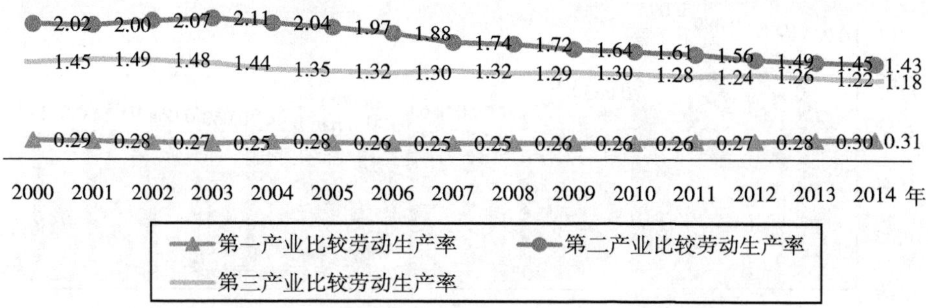

图 5-16 2000—2014 年我国三次产业比较劳动生产率

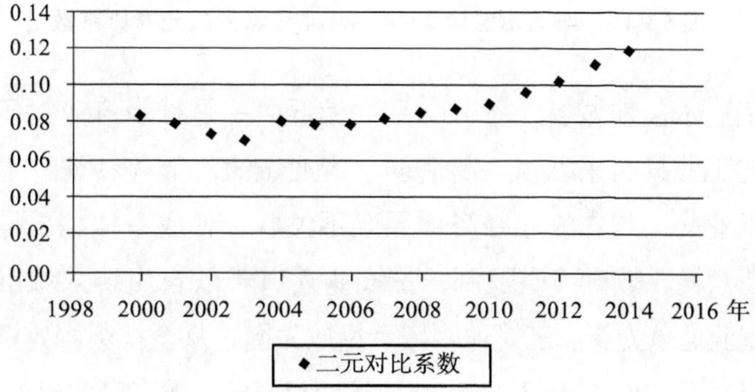

图 5-17 2000—2014 年我国城乡二元对比系数变动情况

通过计算柴达木盆地 2000—2014 年二元生产率对比系数，可以发现，西部大开发以来柴达木盆地城乡二元对比系数一直小于 0.1，对比系数最高的年份是 2003 年，仅达到 0.095，城乡经济二元性十分突出。“十一五”以来，柴达木盆地以资源型工业化为主的发展模式导致农牧业发展效率与非农业发展效率相比显得更加落后，盆地二元对比系数一直在 0.05 左右的超低位徘徊，2009 年出现最低值 0.049，随后有所上升，2014 年仍然仅达到 0.055，柴达木盆地的二元对比系数显著低于全国平均水平（见图 5-18）。

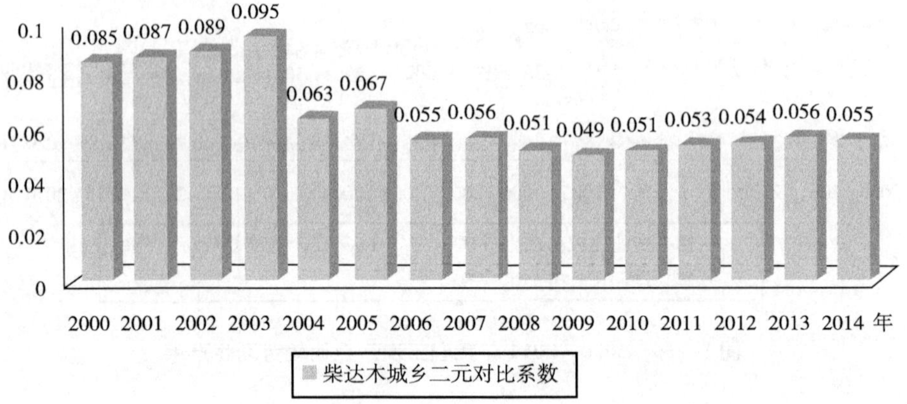

图 5－18　柴达木盆地 2000—2014 年城乡二元对比系数

造成柴达木盆地城乡二元对比系数偏低，一是城乡产业封闭运行。柴达木盆地的工业具有采掘强、制造弱、产业链短的显著特征，主要向市场提供初级工业品，与农牧业经济体系互不关联、各成一体。二是受到生活门槛、就业门槛、教育门槛限制，农牧业人口难以自由转入城市和非农行业，非农就业竞争力弱。三是城乡资金投放失衡，从全社会固定资产投资在城乡的分配来看，2014 年第一产业投资仅为3.5%，第二产业投资为62.4%，且重点集中在化工、天然油开采、有色金属矿采选及电力等领域。[33]

从第四章柴达木盆地农牧业现代化与新型城镇化相关关系实证分析结果也可以看出，柴达木盆地农牧业现代化水平低，农牧民收入少，消费能力不足，阻碍新型城镇化发展。

（六）社会公共服务设施不完善，制约新型城镇化

完善的社会公共服务设施是城镇化可持续发展的重要保障，包括教育服务设施、商业金融配套设施、环卫、文体与医疗保健设施等。柴达木盆地公共服务设施数量少、水平低，建设布局不合理，不能满足居民生产生活需要。从第二章分析可知，柴达木盆地 2014 年每千人拥有医院和卫生院床位数 5.08 张，每万人普通中小学专任教师 87 人，公共图书馆总藏书量 579.2 千册，人均仅 1.1 册，教育经费占 GDP 的比重为2.59%。

通过调查还得知，柴达木盆地水利及市政设施建设不足，防灾水平

低。一是水利设施建设不足，使控水及蓄水能力有限，全州水库库容仅占径流总量的3%；耗水多，用水效率低，灌溉利用系数仅0.34，人均用水量为全国平均的5.4倍；万元GDP用水量为全国的1.74倍，浪费严重。二是市政建设滞后，污水、环卫设施严重不足。农牧区整体缺乏市政设施，供水普及率仅为60%，尚有部分偏远地区未通电，污水处理设施、环卫设施基本没有。而盆地城乡布局分散，市政基础建设难度大、成本高。三是消防站建设数量不足，大部分乡镇和广大农村牧区消防水源建设几乎是空白。城乡防洪体系尚未健全，抵御洪水能力差。此外，工业“三废”污染严重，这与新型城镇化建设的要求相违背，这些因素也是柴达木盆地发展的“瓶颈”。

（七）自然条件和区位劣势，持久影响区域城镇化

区位因素是影响一个地区发展的重要因素之一。经济区位本身有优劣之分，优势区位能够给生产者带来成本节约和外部经济性，为居民和消费者带来更多就业机会和额外效用满足。尤其是一个地区的区位条件还决定了该地区参与社会分工，吸纳资金、技术、信息等生产要素的成本与效率。柴达木盆地各区域发展条件见表5－27。

表5－27　柴达木盆地各区域发展条件对比

市县	行政区域面积（万 km^2）	海拔高程（米）	户籍人口（万人）	人口密度（人/平方公里）	乡镇数量（个）	
					乡	镇
格尔木	11.92	2850	13.59	1.14	2	2
德令哈	2.78	2980	7.66	2.76	1	3
乌兰县	1.23	2960	3.7	3.01	0	4
都兰县	4.52	3180	7.39	1.63	4	4
天峻县	2.55	3408	2.26	0.89	7	3
大柴旦	2.09	3176	0.98	0.47	0	2
冷湖	1.75	2755	2.26	1.29	0	1
茫崖	3.23	2940	3.41	1.06	0	2

资料来源：2015年《青海省统计年鉴》。

从表5－27可以看出，柴达木盆地总体海拔高，其中格尔木市海拔2850米，天峻县海拔高达3408米。高寒缺氧，恶劣的自然环境对于居民的吸引力不足，城镇规模难以增大。柴达木盆地人口密度小，格尔木市

1.14 人/平方公里，德令哈市 2.76 人/平方公里，天峻县人口密度最小，仅 0.89 人/平方公里。区域人口密度小，城镇分布分散，建设成本大，集聚效益差，制约盆地新型城镇化发展。

综上所述，柴达木盆地作为典型的资源型区域，在依托矿产资源开发建立工业化体系的发展进程中，出现明显的资源对财富的挤出效应、资源的产业挤出效应、资源的技术和人才挤出效应、资源的消费挤出效应、资源的环境挤出效应，阻碍区域城镇化与可持续发展。但柴达木盆地同时属于西部偏远的少数民族聚居区，因此当地自然条件、区位特点，以及人口状况也深刻影响城镇化发展。事实上，柴达木盆地城镇化发展就是受到经济基础、人口、资源、产业、科技、环境、基础设施等因素综合作用的结果。

参考文献

[1] 龚胜生，敖荣军. 可持续发展基础 [M]. 北京：科学出版社，2009.

[2] UNDP. Human Development Report 1990, 1992 , 1993, 1994 , 1995 and 1996 [R]. New York: Oxford University Press, 1997.

[3] U. K. Department of Environment, Indicators of Sustainable Development for the United Kingdom [M]. London: MUSO, 1996.

[4] 牛文元，毛志峰. 可持续发展理论的系统解析 [M]. 武汉：湖北科学技术出版社，1998.

[5] 陆大道. 科学的可持续发展要有新思维 [J]. 中国人口资源与环境，2006，(03).

[6] 刘同德，赵黎明. 青藏高原区域可持续发展：PRED 模型修正与发展原则研究 [J]. 现代管理科学，2009，(05).

[7] 朱崇琳. 青海省区域可持续发展指标体系及其评估 [D]. 西北民族大学，2007.

[8] 李杰兰，陈兴鹏，王雨，等. 基于系统动力学的青海省可持续发展评价 [J]. 资源科学，2009 (09).

[9] 胡萍．青海省龙羊峡库区可持续发展能力实证研究 [J]．经济研究导刊，2010 (3)．

[10] 李玲琴，沙占江．论柴达木盆地自然资源开发战略 [J]．盐湖研究，2004，12 (3)．

[11] 张尧庭，方开泰．多元统计分析引论 [M]．北京：科学出版社，1979.

[12] 刘小楠，崔巍．主成分分析法在汾河水质评价中的应用 [J]．中国给水排水，2009 (18)．

[13] 叶得明，杨婕妤．石羊河流域农业经济和生态环境协调发展研究 [J]．干旱区地理，2013，36 (1)．

[14] 徐建华，卢艳，岳文泽，等．区域可持续发展水平综合评价排序计算模型研究——以三西地区为例 [J]．干旱区地理，2002，25 (01)．

[15] 韩延玲，高志刚．新疆可持续发展动态分析与评价 [J]．干旱区地理，2007，30 (02)．

[16] 丁生喜，等．区域经济学 [M]．西宁：青海人民出版社，2012.

[17] 甘佩娟，丁生喜，霍海勇，等．柴达木盆地经济可持续发展评价研究 [J]．中国农业资源与区划，2014 (6)．

[18] 杨时民．中国生态安全评价 [M]．北京：中国林业出版社，2011.

[19] 秦成，王红旗，田稚楠，姚治华．资源环境承载力评价指标研究 [J]．中国人口资源与环境，2011 (12)．

[20] 吴珠．长株潭城市群资源环境承载力研究 [D]．湖南师范大学，2011.

[21] 苟延农，等．基于经济文化强省建设目标的山东综合人口承载力预测 [J]．中国人口资源与环境，2012 (9)．

[22] 李叶．关天经济区生态环境承载力研究 [D]．西安理工大学，2012.

[23] 阮幸．陕西环境承载力的分析及研究 [D]．西安建筑科技大学，2012.

[24] 李勇等．青海城镇化中人口与资源环境承载能力研究 [J]．攀登，2013 (2)．

[25] 吴海昆．青海省主体功能区规划及相关资料汇编 [R]．青海省发展和改革委员会，2014.

[26] 丁生喜，王晓鹏，诸宁扬等．青海省重点开发区域人口资源环境承载力评价研究 [R]．青海省发展和改革委员会“十三五”规划前期课题，2014.

[27] ZHU Ning-yang, DING Sheng - xi. A Dynamic Evaluation of Eco - environment Carrying Capacity in Key Development Regions in Qinghai Province [C]. 2015 International Conference on Public Administration (ICPA 11th), December 9 - 11, 2015: 206 - 212.

[28] 王晓鹏，曹广超．基于多元统计和 GIS 的环境质量评价研究 [M]．北京：科学出版社，2013.

[29] 赵桂慎等．生态经济学 [M]．北京：化学工业出版社．2009.

[30] 孙婉娟，张智民．柴达木盆地水资源与城市发展 [J]．西北水资源与水工程，2000 (2)．

[31] 丁生喜，曲波，殷颂葵，等．区域经济理论与青海区域经济发展研究 [M]．北京：中国经济出版社，2015.

[32] 青海省统计局．青海统计年鉴 (1999—2015) [M]．北京：中国统计出版社．

[33] 青海省志．青海国土资源年鉴 [R]．西宁：青海国土资源志编纂委员会办公室，2012.

[34] 海西州域城镇体系规划 (2013—2030) [R]．北京：北京建工建筑设计研究院，2014 - 01.

[35] 丁生喜，王晓鹏，诸宁扬．基于人口 - 经济 - 生态协调发展的青海省新型城镇化研究 [J]．生态经济，2015，31 (3)．

[36] 丁生喜，王晓鹏，诸宁扬等．海西州“美丽城镇”、“美丽乡村”建设研究 [R]．海西州发改委“十三五”规划研究课题，2015.

[37] 殷颂葵，丁生喜，等．海西州“十三五”时期就业与收入分配问题研究 [R]．海西州人力资源和社会保障局，2015.

第六章　柴达木盆地新型城镇化发展的思路与对策

城镇化是人类文明进步和社会经济发展的大趋势，城镇化水平是一个区域经济体发展程度的重要衡量指标。柴达木盆地同时具备资源开发型区域和西部偏远少数民族区域的复合型特征，因此，必须因地制宜规划其城镇化发展路径，推动特色城镇化。[1]

第一节　柴达木盆地新型城镇化建设原则与思路

在党的十八大报告中提出“必须以改善需求结构、优化产业结构、促进区域协调发展、推进城镇化为重点，着力解决制约经济持续健康发展的重大结构性问题。”在2012年的中央经济工作会议上，也强调“积极稳妥推进城镇化，着力提高城镇化质量”。可以看出，在推进城镇化进程中，已经从单纯注重城镇化速度转向注重城镇化质量、从土地城镇化转向以人为核心的人口—生态—经济协调发展的新型城镇化。

一、基于人口—生态—经济协调发展的新型城镇化内涵

从前文可知，对于城镇化的内涵，既有侧重于空间变迁的“空间城市化”“乡村城市化”观点，也有侧重于人的发展的“人口城市化”观点。我国学者大致认为城镇化是将传统落后的乡村社会转变成现代先进的城市社会的自然历史过程，其中包含着产业结构升级、消费水平提高、城市文明发展和人口素质提高。[2-4]城镇化质量是在城镇化进程中与城镇化数量相对的反映城镇化优劣程度的一个综合概念，是考察城市化进程中聚集起来的社会资源的使用效率、结构效益，以及对整个社会经济发展的作用和影响。[5-6]城镇化质量提升的过程应该体现为改善城市生活质量，促进空间和谐、社会和谐以及环境和谐，建设可持续城市、和谐城市。[7-8]

新型城镇化的内涵更为丰富，一是城镇化与工业化、信息化、农业现

代化协调互动，通过产业发展和科技进步推动产城融合，实现城镇带动的城乡统筹发展和农村文明延续；二是人口、经济、资源和环境相协调的可持续的城镇化；三是空间结构布局合理，以城市群为主体、大、中、小城市与小城镇协调发展；四是实现人的全面发展，建设包容、和谐的城镇。[9]

二、柴达木盆地新型城镇化发展应遵循的原则

（一）预防和化解“资源诅咒”的传导机制

根据本研究报告第二章中关于资源型区域经济发展的一般规律，资源型区域极易陷入“资源诅咒”陷阱。柴达木盆地是国务院颁布的《全国资源型城市可持续发展规划（2013—2012 年）》中成长型的资源城市。① 作为典型的资源型区域，其健康发展必须预防和化解“资源诅咒”的传导机制。

1. 控制资源的财富挤出效应

由于资源型区域依托自然资源本身就能够获取可观的收益，因此那些拥有资源开发权利的主体不会重视生产管理和技术创新。在比较利益驱使下，资源型区域管理者会忽视优势资源以外的其他生产要素的综合利用，最终导致偏重于单一优势自然资源开发，而挤出了其他可能获得经济财富的机会，阻碍区域经济全面发展。作为柴达木盆地的管理者——各级地方政府而言，应当采取经济和税收、法律法规等手段，控制资源开发权利主体的利益分配，协调资源开发主体与其他经济主体的利益关系，确保区域各项资源得到综合开发利用，增加区域综合效益水平。

2. 改变资源的产业挤出效应

资源型区域依赖自然资源开发形成的主要是资源密集型和资金密集型产业，在资金缺乏的区域经济发展初期阶段，有限资金都会优先投资于能够带来直接经济收益的资源密集型产业，而忽视对区域基础设施、

① 中华人民共和国国务院．全国资源型城市可持续发展规划（2013—2020 年）［Z］．国发〔2013〕45 号，2013 - 11 - 12.

教育以及科技等领域的投资，使区域第三产业发展受阻。从前文分析可知，柴达木盆地目前以资源型工业为主导，工业化率超过70%。但盆地资源型工业的产业链短、产业关联性差，产品单一并且附加值低。根据大宗产品理论，这种比较单一的资源型产品生产和销售对其他关联产业的需求和带动能力十分微弱，阻碍区域技术密集型产业发展。[①] 因此，柴达木盆地未来发展不能够再偏向资源型产业优先发展，而应当充分扶持有特色和竞争力的第一产业和第三产业发展，使盆地各产业都得到应有的发展机会。

3. 监督资源开采引发的寻租效应

自然资源开采能够带来巨大经济收益，因此在法律法规不完善的情况下，经营者通过对掌握自然资源开采权利的部门和人员的寻租行为，获取巨额收益。这种寻租行为破坏资源型区域的社会经济秩序，滋生腐败，严重影响居民和生产者的利益。柴达木盆地未来发展过程中，应当通过严格实施审批监督制度，杜绝资源开采环节的寻租行为，使盆地有限资源在阳光下开发，使盆地居民利益不受侵害，并且能够通过资源开发和加工产业的发展带动区域致富。

4. 减轻资源的技术和人才挤出效应

第一方面，资源型区域中的资源开采型产业部门通过简单的技术手段，就可以获得垄断的高额收益，因此这些产业部门根本没有采用新技术或实施技术创新的动力。第二方面，资源开发的高回报，打击区域内其他加工制造业发展的积极性，使其不愿意通过技术研发和技术创新实现产业升级，转而也投资回报高的资源开采型生产活动，由此遏制技术这一项重要的生产要素对区域经济发展的推动作用，阻碍区域技术创新发展。第三方面，由于资源型区域各产业部门忽视技术研发与技术创新，有创新能力的专业技术人才不能充分实现其自身价值，导致资源型区域专业技术人才流失。

对柴达木盆地而言，目前发展中已经凸显出比较严重的资源挤出技

---

① 关于资源型区域大宗产品理论的内容，参见本研究报告第一章。

术、资源挤出人才的现象，对盆地经济转型发展十分不利。应当密切结合新型城镇化发展的要求，积极推进资源型经济结构升级，通过技术创新政策的实施，促进和监督资源型产业部门采用先进技术改造传统生产工艺，提高资源利用效率，增加产品附加值，提高区域产业部门技术创新的积极性。在促进技术进步和创新发展过程中，为专业技术人才事业发展和个人价值实现提供平台，同时提高专业技术人才的收入水平，确保盆地留住人才，使创新充满活力。

5. 防止资源的收入和消费挤出效应

首先，资源型区域基本是“外来投资+本地资源开采”的发展模式，外来资金在本地区通过资源开发获得的收益很少在本地区消费，因此对消费的带动作用极其微弱。其次，资源型产业对本地劳动力的需求很少，因此本地人口很难通过分享资源开发带来的收益而提高收入水平，收入水平不能提高，这就会阻碍本地市场消费需求的扩张。

从前面章节分析可知，柴达木盆地人均GDP水平很高，但是人均收入水平较低，主要原因是资源型产业吸收劳动力数量少，只有极少数劳动力能够分享资源开发的收益，大部分从事第一、第三产业的劳动力收入水平低，因此整个盆地消费水平低，这反过来又阻碍第三产业的发展。因此，柴达木盆地应当积极实施产业结构调整，使盆地资源型工业化发展转型，促进更多人参与其中；提高农牧业现代化水平，将更多农牧业人口转入非农产业部门，同时提高农业部门劳动生产率，改善二元结构，提高农牧民收入水平。本地居民收入水平提高，就会产生对各产业产品和服务的消费需求，进而刺激产业发展，形成良性循环。

6. 减轻资源的环境挤出效应

由于资源型区域过度依赖自然资源禀赋建立产业结构体系，在自然资源采掘和开发利用过程中，必然损害生态环境。尤其是开发资源的资金主要是引进区外资本，为了引进资金，区域地方政府往往没有严格实施相应的资源开发生态环境保护约束与补偿机制，或者流于形式，最终导致“资源耗竭了，青山绿水没有了”，资源开发带来严重的、不可逆转的生态环境危害。① 自西部大开发以来，柴达木盆地资源开发带来的环境污染已经十分严重，为了使柴达木盆地成为持续存在的“聚宝盆”，而不是环境污染物的“垃圾盆”，必须实施绿色发展战略，实现资源节约型、环境友好型新型城镇化建设目标。

（二）预防和避免陷入资源性经济衰退

根据区域经济发展阶段理论，地区经济的衰退按其形成原因，大体可分为4种类型：②

第一种是区位性衰退。是由于大区域空间中重要交通干线的修建或改建，使某地区运输地理位置优势丧失带来区域经济衰退，或者由于技术进步导致产业布局指向出现变化使原有区位优势丧失，导致经济增长出现衰退。

第二种是资源性衰退。在经济结构单一的以资源型产业为主导的地区，由于地区内关键性资源发生枯竭，但没有接续资源，导致经济失去依托发生衰退，或者是由于技术进步出现资源的替代品以及其他区域出现低价竞争者，导致对本区域某特定资源需求的急剧减少，引发经济衰退。

第三种是结构性衰退。根据工业生产生命周期理论，各种工业产品都会顺序经历导入期、成长期、成熟期，然后进入衰退期。当区域主导产业进入衰退期，而又没有新的主导产业取代其发展，就会使地区经济衰退。另外，在主要企业中由于关键设备技术落后，造成原有产业和产品的比较优势丧失，也会导致本区域衰退。

第四种是消聚性衰退。是指特定区域空间集聚了过多产业和经济活动，使“空间不易转移”的要素如土地和房租价格上涨，并伴随交通拥堵、排污费增加，生活成本提高等集聚不经济的现象，导致一些生产要素流失、一些企业和居民迁出，使地区从繁荣走向衰退或发展速度减缓。[10]

---

① 根据本项目组实地调研可知，位于柴达木盆地的天峻县在煤炭开采过程中引进外来企业投资生产，但该企业在采矿完成之后，以无资金为由，并未对矿坑进行填埋，更没有恢复植被。这显然就是前期招商引资过程中，没有重视生态保护与补偿机制的建立与实际运作造成的后果。而这种现象在资源型区域绝不是偶然出现，因此必须引起高度重视。

② 陈栋生等．区域经济学［M］．郑州：河南人民出版社，1993：32.

对柴达木盆地而言，由于盆地属于典型资源型区域，最容易出现的是资源性衰退和结构性衰退。原因是柴达木盆地建立在资源禀赋基础上的产业结构相对单一，以盐湖化工、煤炭、石油开采等资源型产业为主导，这些矿产资源都属于不可再生资源，难免出现资源枯竭，同时柴达木盆地主要资源型产业部门都属于夕阳产业，在生命周期中处于成熟期，若不实施适当的技术改造升级，也不可避免会进入衰退阶段，这都会导致区域经济衰退。因此，柴达木盆地资源型区域要避免衰退，关键是要发展产业集群，延长盆地产业链，改变单一的经济结构。除了进行工业结构的重组和改造，还应当扶持特色农牧业产业化和现代服务业发展，并建立与此相适应的体制机制。

（三）坚持绿色发展，保护盆地生态安全

发展绿色经济是21世纪全球经济发展的一个重要命题，绿色经济与绿色产业有着密切的联系。绿色经济的发展包括生产、流通、交换、消费在内的整个经济活动过程，绿色产业是绿色经济发展的具体体现。绿色产业是应用绿色技术提供安全产品和服务，从而有利于资源保护和生态环境改善，有利于人类健康和社会经济可持续发展的产业。通过对传统产业实施绿色技术改造，使其生产经营过程和产品有益于环境和人类健康，就可称为绿色产业。除了绿色制造业外，还有绿色交通、绿色能源、绿色材料、绿色旅游、绿色医药及环保业等。从绿色发展的内涵上来讲，包括资源节约，提高能源利用效率，绿色消费，环境友好，可持续发展，以人为本等。[11-17]柴达木盆地发展绿色产业有助于不断改善民生，保护盆地生态安全。

1. 有助于实现资源节约

柴达木盆地有许多不可再生矿产资源，通过绿色产业发展，在生产、流通、消费等领域，切实保护和合理利用各种资源，运用先进技术，提高资源利用效率，以尽可能少的资源消耗获得更多的经济效益和社会效益。在生产和消费过程中，最大限度地回收利用各种废弃物，发展循环经济，用尽可能少的资源、能源消耗，创造更多的财富。

2. 有助于促进环境友好

柴达木盆地自然地理构造决定了其生态环境脆弱，修复成本极高，而且生产生活造成的环境污染很难通过参与区外循环实现净化。通过绿色产业发展，采取有利于环境保护的生产方式、生活方式、消费方式，建立人与环境良性互动的关系。例如，在柴达木盆地农牧业发展中，减少使用化肥、农药和塑料地膜；在资源型工业发展中，采用无污染或低污染的生产技术、工艺，加强对尾矿回收利用；在城镇服务业发展中，倡导绿色服务，采用更多环保措施；根据盆地生态环境特点，因地制宜调整产业布局与安排；形成少污染与低损耗的产业结构；在居民中宣传推广垃圾分类投放，节水节电；实施基于环境保护和居民健康的绿色开发建设活动，形成人人关爱环境的社会风尚和绿色文化氛围。

3. 有助于实现舒适宜居

舒适宜居是一个全方位的概念，强调区域在经济、社会、文化、生态环境等各个方面协调发展，居民对当地工作、生活和居住条件都感到满意，并愿意长期继续居住下去。通过本书对柴达木盆地主要居民点（格尔木市、德令哈市）的问卷调查结果可知，生态环境质量差是居民对盆地最不满意的因素之一。坚持绿色发展，重视生态林建设和生态环保产业发展，使盆地林地覆盖率稳定增加，能够有效减轻风沙，改善环境质量，才能够建成良好的居住和空间环境，吸引居民、留住居民，集聚人气，促进柴达木盆地新型城镇化繁荣发展。

三、柴达木盆地新型城镇化与可持续发展的识别标志

根据区域可持续发展理论，作为典型资源型区域的柴达木盆地实现新型城镇化与区域可持续发展应当有以下识别标志：①

一是区域人口数量方面，区域人口数量和结构保持基本的动态平衡。盆地生态环境承载力有限，不能承载过多人口，因此，新型城镇化首先要

① 牛文元．走向可持续发展的判断准则［J］．地理知识，1996（12），转引自朱传耿，沈山，仇方道．区域经济学［M］．北京：中国社会科学出版社，2001：158.

保持人口数量与结构的动态平衡。

二是区域经济财富方面，区域经济总量不断增加，自然财富（土地资源、水资源、矿产资源、生物资源等）总量与人均量保持稳定。柴达木盆地自然资源大多属于不可再生的资源，因此，特别要注重资源综合利用水平提高。协调可再生资源与不可再生资源开发利用，优化配置资源开发收益，使区域收入结构呈现纺锤形，收入分配公平程度提高，城乡收入二元结构有所改善。使资源开发真正能够带动区域居民收入水平增加，摆脱“富饶的贫困”，实现社会经济协调发展。

三是区域科技方面，区域科技进步贡献率进一步提高，科技创新成为重要的生产要素，其对经济增长的贡献不断增加。柴达木盆地资源型区域在自然资源综合开发利用和环境污染治理、生态保护修复方面，更加需要依赖先进的科学技术，因此要营造有利于科技创新的硬环境和软环境，重视科技人才的引进和培养。将柴达木盆地资源“聚宝盆”打造成创新创业的“大摇篮”，通过科技创新和孵化服务，使柴达木盆地成为科技人才愿意施展才华的一个平台、创新型企业发展的一个高地。

四是区域自然资源方面，柴达木盆地必须重视自然资源开发利用与养护相结合，实现草原的牧养量与承载力的动态平衡、地下水的抽取量与补给量保持稳定的动态平衡、耗竭性资源开采量与探明储量的动态平衡等。

五是区域环境质量方面，受到盆地自然地理环境和地质构造的影响，柴达木盆地与区外的物质能量循环十分缓慢，因此生产生活废弃物与污染物容易堆积在盆地，导致盆地生态环境质量下降。因此，必须始终坚持“循环经济”的理念，尽可能减少生产和生活方面的环境污染物的排放，不断加强环境保护措施。柴达木盆地应当全面实施产业生态化战略，推动绿色产业发展理念，控制工业三废排放，实施生活垃圾无害化处理，达到环境污染源的物质排放量与环境自净能力基本平衡。

六是区域社会管理方面，营造良好的投资环境与人居环境，在区域经济政策选择上重视效率与公平的关系，追求经济发展和文化传承与保护的协调。柴达木盆地既是自然资源富集区，同时也是青藏高原少数民族聚居区和资源型产业集聚地，因此盆地城镇化发展，必须重视尊重和保护传统文化，充分挖掘柴达木精神，将城镇建设、产业开发、经济发展与民族传统文化、区域开发文化有机结合，营造良好的、充满民族风情、高原盆地特色的产业体系与生产生活环境。

四、柴达木盆地新型城镇化建设背景与目标

（一）柴达木盆地新型城镇化建设背景

我国正处在工业化、城镇化中期阶段，为了实现经济发展与人口、资源、生态、环境、社会发展相互协调，建设美丽中国，就成了新时期的发展理念。美丽中国建设包括“美丽城镇”与“美丽乡村”，是经济美、环境美、生活美、社会美、百姓美的总和，强调城乡协调一体化发展。生态文明与美丽中国紧密相连，建设美丽中国，核心就是要按照生态文明要求，实施生态、经济、产业、文化及社会建设，而这也就是新型城镇化建设的衡量标准。

国新办《国家新型城镇化规划（2014—2020年）》对新型城镇化的建设要求可以归纳为：紧紧围绕全面提高城镇化质量，加快转变城镇化发展方式，以人的城镇化为核心，以城市群为主体形态，以综合承载能力为支撑，以体制机制创新为保障，走以人为本、四化同步、优化布局、生态文明、文化传承的中国特色新型城镇化道路。其中的四项重要任务：一是有序推进农业转移人口市民化，二是优化城镇化布局和形态，三是提高城市可持续发展能力，四是推动城乡发展一体化。实施新型城镇化发展的主要改革措施有：统筹推进人口管理、土地管理、资金保障、城镇住房、生态环境保护等制度改革，完善城镇化发展体制机制。① 青海省新型城镇化的基本途径是以人的城镇化为核心，加快城镇基础设施建设、公共服务设施、城镇保障房建设，发展特色产业，建立城镇管理长效机制，着力提升城镇综合承载力。[18]

我国经济发展进入新常态，社会、经济、宏观、微观的运行体系都面临重大调整，针对经济下行压力，我国不再实施强刺激做法，由过去的总

---

① 《国家新型城镇化规划（2014—2020年）》，2014年3月19日10：23，来源：国新办。

量调控改为"区间调控"，投资方式由"大水漫灌"改为"喷灌"和"滴灌"；投资投向由以往的粗放式"面投"改为精准式"定投"；更加注重向补齐城乡基础设施等短板倾斜。

随着国际国内形势发生新变化，青海省也面临新的挑战和机遇。重要机遇有：第一，2020年全面建成小康社会；第二，国家对青海省生态战略定位提升；第三，国家重视藏区经济社会发展；第四，共建丝绸之路经济带的良好区域合作开放契机；第五，"新四化"深度融合发展；第六，全面深化改革激发新活力。面临的主要挑战：一是发展差距大，不仅与发达省区间存在差距，西部省区比较也存在差距，尤其是经济结构、发展动力机制的差距；二是生态环境恶化趋势没有从根本上遏制，处于生态文明建设的关键时期；三是区域间、城乡间发展不平衡，处于统筹城乡发展的关键阶段；四是基础设施薄弱仍是基本省情。①

柴达木盆地作为典型的资源型区域与西部偏远少数民族聚居区，应当充分认清新型城镇化发展的背景，因地制宜，有特色、可持续地推进新型城镇化建设。

（二）柴达木盆地新型城镇化建设总体思路

柴达木盆地作为全省循环经济的核心区、经济发展的领先区，统筹城乡发展的示范区，本书在综合考虑国情和省情新变化，以及柴达木盆地新型城镇化动力机制特点的基础上，提出柴达木盆地新型城镇化建设总体思路是：

以党中央、国务院2020年全面建成小康社会为总目标，以保护青海省生态环境质量为原则，以共建丝绸之路经济带、全面深化改革、国家支持青海省藏区经济社会发展和新一轮西部大开发为契机，以"新四化"深度融合发展为主要方式，以加强城乡公共服务设施建设和基础设施配套建设为重点，全面实施统筹城乡发展战略和四个发展总体要求，坚持以人为本，切实改善和提高城乡经济结构和生活水平，进一步改变城乡面貌，使城镇和乡村有层次、有差别，能够彰显文化、民族特色；通过生产方式现

① 根据青海省发改委"十三五"规划前期省情分析报告整理。

代化推进生活方式现代化，充分发挥现代经济体系中的信息、物流、交通对区域经济发展的推动作用，坚持物质文明建设与生态文明建设、精神文明建设同步协调发展，促进柴达木盆地建成一批突出特色、生态、多元、文明的新型城镇和美丽乡村，促进城乡经济社会协调发展，加快城乡一体化进程，实现可持续发展的人居环境建设。

（三）柴达木盆地新型城镇化建设目标

新型城镇化是我国现代化建设进程中的大战略和历史性任务，党的十八大和中央经济工作会议对我国新型城镇化发展进行了顶层设计和总体部署，新型城镇化将成为影响中国未来发展的战略规划。

1. 柴达木盆地新型城镇化建设的基本目标

柴达木盆地应当依据国家和青海省经济发展新背景，参照城镇总体规划要求和区域经济发展阶段特征，开展新型城镇化建设。对柴达木盆地而言，新型城镇化建设的基本目标就是提升产业技术水平，将资源型经济转向资源加工型经济；要改善生产生活方式，从高能耗转向低能耗；要提升城镇化质量，从重视城镇化率向提高城市综合质量转变；要确保资源可持续利用与收入水平增加相协调；要改变发展理念，从以牺牲环境获取经济增长向经济生态和谐发展转变。

2. 柴达木盆地新型城镇化建设具体目标

柴达木盆地位于青藏高原，海拔高、自然条件恶劣、基础设施薄弱，对区域经济持续健康发展产生明显制约。因此，新型城镇化建设的具体目标有：

一是要实现道路、信息通畅。确保盆地城镇与区外有通畅快捷的交通通信联系，盆地内部各城镇和乡村居民点之间有便捷的交通和通畅的信息网络，以满足各项生产要素流动和各族人民生活的需要。

二是要实现环境优美。从自然地理特征来看，盆地干旱，风沙大，温差大；从盆地生产经济活动来看，长期以来注重资源开发，忽视环境保护。因此，新型城镇化建设就是要通过产业结构调整优化，发展循环经济，减轻生产生活污染；通过生态治理与修复，增加森林覆盖率，提高生态环境质量，形成宜产宜居的新型高原生态城镇。

三是要重视生活便利。盆地产业结构比较单一，大量生活用品需要从区外调入，造成盆地生活成本高，城乡居民恩格尔系数高；教育医疗服务设施少，居民生活不方便。盆地通过新型城镇化建设，不仅要实现人口、物资运输的方便快捷，更要通过产业结构调整，发展特色经济，提高服务业水平，增加区内供给的产品与服务的数量和质量。

四是要实现生产先进。盆地特殊的地理构造决定了产生的环境污染很难排出盆地，因此，柴达木盆地必须实施产业生态化和循环经济发展，既包括生产活动循环，也包括城乡居民生活循环，最大限度地利用先进技术手段，减少污染排放，加强环境污染治理。

五是要实现城乡一体。新型城镇化不是要消灭乡村，而是城乡各有特色，和谐统筹发展。柴达木盆地属于多民族聚居区，在新型城镇化发展进程中要充分保持民族特色产业发展与柴达木盆地文化传承，使城镇与乡村生活环境共同改善，生活质量共同提高。

六是要实现民主文明。柴达木盆地新型城镇化建设进程中，应当通过严格制定和实施各项法律法规，完善市场机制建设，使资源开发、开采等重要事项公开透明，减少权力寻租，重要事项由居民参与听证等。民主、法制、文明的社会环境，才能更好地吸引外来投资，吸引人才，促进盆地可持续发展。

第二节　柴达木盆地新型城镇化发展定位与路径

柴达木盆地城镇化发展大多与矿产资源开发有直接关系，从所形成的城镇职能类型来看，基本都属于“工矿城镇”。这些工矿城镇分为两种类型，一种是城镇建设直接服务于资源开发，因此城镇区位条件差，集聚能力弱，自身不具备集聚成长性（如冷湖、大柴旦、锡铁山等镇）；另一种是区域中心城镇，在初期阶段主要服务于资源开发，随着经济发展，城镇凭借相对较好的区域中心地的条件，成为区域增长极，产生集聚经济效应，城镇职能从单一向多元化发展，如格尔木市已成为具有工矿职能、行政职能、交通枢纽职能、服务职能、旅游职能等多种职能的综合性城市。

一、柴达木盆地新型城镇化发展定位

根据青海省新型城镇化规划（2014—2020年），柴达木地区（包括海西州格尔木、德令哈尔市和乌兰、都兰、冷湖、大柴旦、茫崖）的主要任务是引导城镇建设与国家循环经济试验区建设相融合，加快发展循环经济和劳动密集型产业，进一步提升区域重要交通枢纽、电力枢纽和资源加工转换中心地位。壮大格尔木、德令哈等城市规模，着力打造13个重点城镇，建设成为全省城乡一体化发展示范区、产城融合先导区、吸纳就业重要地区。到2020年，城镇人口达到43万，占全省城镇人口的12%，常住人口城镇化率75%左右。①

柴达木盆地是青海省主体功能区规划中的重点开发区域之一，在省内经济发展方面有举足轻重的地位。柴达木盆地新型城镇化发展必须根据现有不同城镇发展特点和未来发展趋势，合理进行城市定位，才有助于指导城市健康发展。

1. 格尔木市的发展定位

格尔木市的城市性质：格尔木市是青海省次中心城市，全国重要新型工业化基地、循环经济试验区和支持青海省跨越发展的增长极。

格尔木市的城市职能：格尔木市是我国重要的综合交通枢纽、信息通信枢纽、电力枢纽、资源加工转化中心和物流集散中心；我国循环经济产业发展示范区；青藏高原上重要的现代化宜居城市；区域现代化、高品质的现代化服务业聚集区；区域旅游服务基地和组织中心；区域农贸中心和特色产品集聚区。[19]

从以上《青海省城镇体系规划（2015—2030年）》对格尔木市的城市性质界定和城市职能描述，可以看出未来格尔木市要在全省乃至全国城镇体系中发挥重要作用。为此，格尔木应当充分发挥区域性中心城市的作用，优化城市空间格局，合理配置资源，提高综合承载能力。通过产业引导、政策优惠吸引农牧民转移，促进城市人口增长。充分发挥丝绸之路经

① 中共青海省委，青海省人民政府关于印发《青海省新型城镇化规划（2014—2020年）》的通知，2014年5月12日。

济带中重要节点城市的功能，进一步提升综合交通运输能力，加强与新疆、西藏等周边省区的联系，促进全省向西开放。加快推进新区建设，提升城市发展水平。加强发展公共服务、产业研发和教育文化，使城市在具备工矿职能、交通枢纽职能、服务职能、旅游职能的基础上，具备综合服务和休闲观光职能，提升城市的集聚能力。最重要的一点是提升格尔木市的行政等级，使其更好地承担社会经济发展职能。

2. 德令哈市的发展定位

德令哈市的城市性质：德令哈市是柴达木盆地海西蒙古族藏族自治州的州府，是柴达木地区中心城市，以盐碱化工业为主导的资源加工、转化基地，是高原绿洲城市。①

德令哈市的城市职能：德令哈市是柴达木盆地海西州政治中心和集金融、商业、文化、科教于一体的综合服务中心，柴达木地区的盐碱资源型工矿业基地、青藏交通干线上的综合交通节点和物流集散地。

从《青海省城镇体系规划（2015—2030年）》对德令哈市的城市性质界定和城市职能描述，可以看出未来德令哈市要在柴达木盆地乃至青海省城镇体系中发挥重要作用。从德令哈市的实际情况出发，应当科学利用水资源，推进节水型城市建设。加强基础设施和公共服务能力建设，不断提高常住人口公共服务水平和质量。推进荒漠化土地治理，扩大绿洲、湿地等生态屏障面积，提高城市绿化水平，增强人口承载能力。使城市充分发挥行政职能、服务职能，特色产业发展职能，为柴达木盆地经济社会综合发展提供优质服务。

3. 重点城镇和工矿区发展定位

柴达木盆地目前仅有2座城市，城市密度小。因此，可以将条件较好、人口经济规模较大、生态承载力较强的城镇升级为城市，增加盆地对外交流合作的平台。比如，在察汗乌苏镇、希里沟镇、新源镇、大柴旦、冷

① 《青海省城镇体系规划（2015—2030年）》http：//www. qhcin. gov. cn/info/1241/2941. htm。事实上，目前柴达木盆地常住人口城镇化率已经达到75. 05%，但这并不表明未来发展规划的标准定得过低，而是强调随着盆地人口增加，城镇化率始终保持在75%左右这个水平，这种规划目标也与城镇化发展的三阶段规律相符。

湖、花土沟镇等条件较好的城镇中选择1～2个重点培育为小城市，能够有效改善区域城镇体系结构。

在城镇化进程中，可以结合地区实际，引导农牧民在农田牧场工作，在城镇居住。推进“基础设施城镇化、生活服务社区化、生活方式市民化”的新型农村牧区城镇化模式，以住房建设、基础设施和公共服务设施配套建设、环境综合整治为主要内容，打造一批田园美、村庄美、生活美的青藏高原美丽小城镇和美丽乡村。加强清洁能源在新型农牧区社区的使用推广，在条件具备的社区适度发展旅游服务、农畜产品加工、特色手工、餐饮等产业，引导农牧民向城镇、中心村集中。[20]

二、柴达木盆地新型城镇化发展路径

柴达木盆地既是青海省城乡一体化示范区，也是“四区两带一线”的重要功能区，还位于兰青、青藏铁路沿线城镇发展带，社会经济地位极其重要。

根据本研究报告第四章、第五章相关分析可知，柴达木盆地城镇化发展在生态承载力条件、新型工业化水平、现代服务业发展，以及农业现代化发展方面存在问题，结合表5－25、表5－26柴达木盆地城镇与重点乡村具体发展条件对比，可以看出盆地地域范围广，生产生活条件差异大，因此本研究密切围绕《青海省新型城镇化规划（2014—2020年）》对柴达木盆地的要求和盆地主要城市的发展定位，并依据盆地不同地区发展条件，因地制宜，设计提出柴达木盆地新型城镇化的发展路径。

（一）盆地新型城镇化总体发展路径——双中心型发展

根据城镇体系理论，在一些地区的城镇体系中，最大的城市无论在规模，还是在经济社会地位上都与第二位城市不相上下，这样的城镇体系被称为双中心型城镇体系。在双中心型城镇体系中，两个最大的城市发展对区域经济起着举足轻重的作用。如果两个城市分工合理，相互协作，则可以产生1＋1＞2的效果，能够更好地带动整个地区城镇体系的发展；相反，如果两个中心城市相互盲目竞争，都搞“大而全”，城市之间必要的经济技术合作也难以开展，那么必然造成巨大的浪费和低效率。

柴达木盆地目前有两座城市，经济中心格尔木市和行政中心德令哈市，基本具备双中心型城市体系发展条件。但是格尔木市和德令哈市的发展规模小，对地区经济发展的辐射带动作用较小，要改变这种现状就必须合理规划两城市的功能定位，建立合理的分工合作机制，提升中心城市的极化效应和扩散效应，更好地带动区域经济的发展。为此，应当加快基础设施建设，加强作为中心城市的教育、卫生、科技和文化等公共服务设施配套建设，提高城市承载能力，为服务业发展提供良好的发展平台和发展载体。

要依托资源优势、强化技术创新、培育优势产业、实现循环发展，形成各产业间纵向延伸、横向拓展，资源、产业和产品多层面联动发展的循环型产业新格局。做大做强两个中心城市，构建盆地城市体系框架，增强中心城市的辐射带动作用。提升、优化产业结构，发展现代服务业，强化其对整个盆地的综合服务能力。

（二）盆地西部工矿城镇发展路径——产城一体化发展

根据区域城市化规律可知，城市化与区域经济发展是相辅相成的关系，城市化水平和质量不断提升，能够为区域创造更多就业岗位，并不断提升区域竞争力。

柴达木盆地西部资源型小城镇较多，发展较早，迫切需要提升城镇化质量，走以循环经济为主导、新型工业化和农业现代化发展为支撑的产城一体的新型城镇化道路。柴达木盆地西部地区要依托矿产资源优势，有序可持续的开发资源，加强生态环境保护，提升产品附加值。城镇建设要与园区发展相结合，重点完善其服务职能。使柴达木“聚宝盆”的功能持续发挥，为青海城乡一体化和区域经济可持续发展作出更大贡献。

1. 重视发展资源型特色产业

产品与服务的独特性是避免和克服昂贵的交易成本与规模经济不足的重要措施，更是培育强大的区域竞争力的重要的手段。依据柴达木盆地的自然资源特色和经济发展的趋势，要提升柴达木循环经济试验区的特色工业发展质量。依托主要的交通干线和优势资源，发展特色产业，延伸“油气—盐化工”“煤—焦—盐化工”“煤化工—盐化工—建材”“有色金属—

天然气—盐化工”和“铁矿—焦炭—钢铁”五大循环产业链。各资源型城镇大力发展绿色、环保的光伏产业，以及柴达木盆地枸杞产业等特色农牧业，使资源型区域城镇化体现区域资源优势、依托资源优势，并形成持续利用资源优势的能力。

2. 用“新四化”的思路来规划园区的发展

园区是一个地区集聚经济发展的重要载体，也反映了一个地区经济发展的水平，园区是走新型工业化、信息化、城镇化、农业现代化道路，实现“新四化建设”的重要载体。

对柴达木盆地来说，要根据本地区的特点，因地制宜，集中力量办好有地区特色的产业园区，使其能够发挥“带头、示范、辐射”的作用，能够产生“规模、集聚、洼地”的效应。要重视建立入园企业评价机制，要大力吸引那些对本地经济发展具有较强辐射与带动作用，且技术含量高、对环境的污染少，又有利于充分的发挥本地区的比较优势的企业。重点扶持一批产业布局合理、产业集中度较高，区域特色十分明显，成长性好的工业园区、农业园区。[21]注重产、城一体化发展，发挥园区基础设施的生产支持功能与生活服务功能，可以大大减少投资，并且方便生产生活，也有助于柴达木盆地人口较少村庄的搬迁、集中安置。

（三）盆地东部特色城镇发展路径——文化旅游服务驱动发展

柴达木盆地东部地区要依托资源优势和农牧区特点，结合“美丽乡村”建设、牧民定居计划和扶贫开发行动，整体规划城镇和农牧区建设，突出抓好小城镇建设，完善基础设施配套。对盆地东部条件较好的乡镇，要调整产业结构，优化空间布局。

调整农业生产结构，将包括粮食在内的大宗农作物的种植向少数自然条件或市场销售适宜的地区集中，同时因地制宜地扩大畜牧养殖，林木、果蔬等经济效益较高的产业，形成有特色的农业产业化生产基地，严格控制城市占地规模，严格控制耕地和淡水资源的使用，以确保农业和粮食生产、保护生态和环境为基础，实现城镇化与农业现代化协调发展，确保盆地农产品供应和农村经济发展。

依托高产、优质、高效的高原绿洲生态种植业及生态畜牧业，积极发展农牧产品加工业，以农牧产业化龙头企业为主要载体，加快发展农畜产品深加工、民族工艺品和牧区生产生活用品等工业部门。[22-23]通过发展农牧区经济，以城带乡引导农牧民职业身份转换，促使生产要素、生活要素向城镇（村落）集中，由传统分散生产方式向现代城镇集约化生产方式转变，促进城乡经济协调发展。

以县域为单位统筹三次产业发展，调整服务业结构，围绕特色旅游业发展，重视“吃、住、行、游、购、娱”系列服务设施建设和服务业发展，扶持发展科技服务、教育、卫生、社会保障、社会福利业、文化、体育和娱乐业等新兴服务业，并重新规划布局，增强区域经济持续发展的新活力。

注重在新城新区建设中注入传统文化元素，发展有历史记忆、文化脉络、地域风貌、民族特点的小城镇，建设历史文化底蕴厚重、时代特色鲜明的人文城市。

（四）腹地规模较小乡镇——功能完善独立单元“点—轴”发展

从表 5-25、表 5-26 都可以看出，柴达木盆地有许多规模很小的乡村，布局分散，远离主要交通干线。对这些规模小的乡村而言，可以采取迁移合并或就地完善生活功能两种建设模式。将地理条件艰苦、投资建设难度大的小型村、中型村，经过认真调查，提出切实可行的搬迁建设规划，集中安置在自然条件、经济条件较好的区域，最好是沿主要交通干线选址建设。[24]通过交通轴线将村落居民点串联起来，形成“点-轴”发展模式，这样一方面可以节约建设资金，减轻管理压力，另一方面通过集中建设乡村公共配套设施，也有助于集中解决供水、供电等生产生活基础设施建设，改善农牧民生活质量。在建设过程中，要充分考虑农牧区民族文化、生产特点和生活习惯，建设各具特色的田园乡镇。[25]对于不能搬迁的中型村和大型村，则可以根据青海省村庄的分级标准，结合村庄所处的地理位置和交通条件等诸多因素，按照相应等级配建公共配套设施，形成功能齐备，生产生活方便的现代化生活社区。

第三节　柴达木盆地新型城镇化发展的保障措施

深入推动新型城镇化与新型工业化、信息化和农业现代化同步发展，这是当今中国现代化建设的必然要求。工业化是发展的动力，农业现代化是发展的根基，信息化为发展注入新活力，城镇化则是搭建平台。“新四化”相辅相成，融合互动，从而推动现代化建设的进程。

青海省政府召开的2014年美丽城镇建设专题会议，强调加快推进新型城镇化和美丽城镇建设工作，突出“地方、民族、高原、特色”的标准。①柴达木盆地作为全省城乡一体化的示范区，要继续保持全省城乡建设的领先示范作用，必须重视启动新型城镇化建设的保障措施。

一、加强科技人才队伍的建设，提升人力资源质量

科学技术是第一生产力，人力资本对经济增长的贡献不断增加。科技人才是人力资本的载体和科技知识的传播者，是充满活力的新生产要素，是经济发展中最重要的资源。[26]本书研究结果显示，柴达木盆地在新型工业化、现代服务业和农业现代化发展方面，遇到的最重要的“瓶颈”要素之一就是人力资源少，人力资本不足。柴达木盆地新型城镇化发展过程中要加快科技人才队伍的建设，引进、培养高素质科技人才，为柴达木盆地创新发展注入活力。

在人才引进方面，要充分考虑区域实际情况，引进有能力、有责任心、团结协作的科技人才队伍。例如，海西州天峻县在人才招聘中实施了部分岗位限本州户籍，部分岗位要求汉藏双语，部分放宽至国民教育专科学历。②通过认真考核，选拔真正留得住、下得去、用得上的农牧区专业技术和管理人才。这种做法既保证能够招聘到区外的优秀人才，也能够照顾当地户籍的本专科毕业生的就业问题，有助于本地人才学有所用。而且

① 青海省政府召开2014美丽城镇建设专题会议，2014－08－15 08：24：00 来源：金融时报，作者：胡冰，杨占忠。

② 尖措．《关于解决天峻县当地少数民族大学毕业生就业问题的建议》，http：//www. haixi. gov. cn/。

通过就业示范效应，能显著促进盆地农牧民转变教育观念，重视子女教育，这样就能从根本上提升柴达木盆地人力资源质量。

在人才培养方面，要重视人力资本投资和劳动力培训机构建设。柴达木盆地实施资源型经济结构向资源加工型转变，要确保产业转型升级过程中，各类从业人员及时便利地得到技能培训和提升，使其适应市场对人力资源的需求。要制订切实可行的人才培训计划，采取灵活多样化的培训学习方式。

柴达木盆地要重视对农民工就业专项培训，提高农民工技能和素质，培养和提高农牧民的从业能力和综合素质，让他们学会使用网络平台进行商业经营和对外交流。促进农民工融入企业，子女融入学校，家庭融入社区，群体融入社会。在新型城镇化进程中，确保农牧民进城有工作，上岗有培训，劳动有合同，报酬有保障，参保有办法，维权有渠道，住宿有改善，生活有文化，子女有教育，发展有目标。

二、强化社会服务和行政管理

社会服务和行政管理等“软环境”建设能够体现“民主文明”进程，对于柴达木盆地新型城镇化具有重要的作用。[①] 社会服务包括生产领域和生活领域。生产领域的社会服务主要指有关产业发展和产品营销的咨询、信息、科技、宣传、物流方面的服务，随着新型工业化、农业产业化、专业化、规模化发展，社会服务环节的质量和效率已经成为影响产业发展效益的重要因素。生活领域的社会服务包括居民日常衣食住行各方面，高质量的社会服务能够大大增加城镇居民和农牧区居民的消费效用，减少生活成本，提高生活满意度。行政管理主要指政府对产业发展中原材料供应、

① 本课题组在课题调研期间多次赴柴达木盆地州府德令哈市和中心城市格尔木市开展调研和问卷调查，从课题组成员的直接感受和调查问卷反馈的信息来看，柴达木盆地各级政府的主要管理部门行政管理高效有序，社会服务细致精准。例如通过调研感受到格尔木市政府、海西州发改委、州统计局、格尔木市统计局、格尔木市旅游局、格尔木市教育局、格尔木市规划局、格尔木市财政局、州人力资源和社会保障局等部门分工明确，工作效率高，服务态度好。这些部门作为柴达木盆地对外联络的窗口，对柴达木盆地发展和集聚人气起到积极作用。（相关调查问卷统计结果见本研究报告第三章。）今后，应加强各部门的行政管理效率，使柴达木盆地不断提高“软环境”质量，能够有效弥补“硬环境”的不足。

技术创新等方面的组织管理，这些环节关系到产业化发展的规模与水平。政府加强行政管理与服务，协调科技部门、财政税收部门、中介机构等与企业的关系，有助于提升企业市场竞争力。[27]柴达木盆地由于地理位置偏僻、自然条件艰苦、基础设施水平较低，区域“硬环境”质量不高，在这种情况下，通过加强社会服务和行政管理效率，营造公平公正、民主文明的社会“软环境”，能够有效弥补“硬环境”的不足，提升区域的集聚能力和综合竞争力。

三、重视小城镇建设，为劳动力就近转移提供平台

根据前文分析可知，柴达木盆地存在严重的产业偏离，具体表现在第二产业产值比重远远大于就业比重，第一产业产值比重明显小于就业比重，第三产业产值比重与就业比重都比较低。依据梯度推移理论，柴达木盆地应当根据区内经济发展基础、人口规模、资源状况和环境承载能力，在柴达木盆地建设特色鲜明的工业区、旅游区和商贸服务区，强化地域分工与合作，使各县、市、镇作为不同的发展梯度地区，在盆地区域经济发展中承担特定职能，为盆地区域经济优化发展发挥特定作用。同时，对部分城镇，尤其是资源型城镇，及早规划产业结构转型，可以根据自身情况实行不同程度的“退二进三”政策，培育服务业发展。

海西州目前农牧民总共有46274户，伴随户籍制度改革，已经转户32617户，这些人口大多数将在非农产业就业。① 从国内许多地方农村劳动力大规模向区外转移就业的情况来看，存在的负面影响极大，包括造成留守儿童问题、空巢老人问题、迁出地农业经济衰退等。因此，柴达木盆地少数民族地区农牧业人口非农化的最佳选择是就地城镇化，而不应该丢掉“金饭碗”外出打工。但由于柴达木盆地地域空间范围大，人口分布不集中，单纯依靠现有两个城市吸纳劳动力转移的作用有限，因此要重视中心城镇和小城镇建设。

首先，小城镇离农牧区最近，农牧业人口转移较方便，所以应该改善城镇基础设施，规划发展有区域特色的劳动力密集型产业和城镇服务业，

① 这是课题组2014年底的从海西州取得的调研数据。

使农牧民能够就近得到就业机会，同时能减轻各种生活成本。其次，小城镇的发展空间大，城镇化的成本相对较低，加快小城镇建设，使更多的农牧区人口向小城镇转移，能够为盆地农牧业产业化和规模化发展腾出空间。最后，农牧业人口城镇化并不是表面身份变化，更不能从农牧民转变成城市贫民或加入城市失业人群。根据柴达木盆地农牧民中少数民族人口比重大的特点，在柴达木盆地新型城镇化进程中特别要注意农牧业产业化与农牧业人口城镇化协调发展，通过农牧业产业化发展，在“种—养—加”和“产—供—销”环节创造适合农牧民转型就业的岗位，使他们有适宜的居住场所，能够安居乐业，传承文化。

四、完善基础设施建设，改善发展环境

区域发展环境包括硬环境和软环境，前者主要是通过基础设施水平来体现，后者则包括制度、文化、创新环境等。良好的基础设施是高效组织生产、提高人民生活质量的保证，是区域可持续发展的基础；良好的软环境则有助于增强区域凝聚力和提升区域竞争力。柴达木盆地必须从区域特点出发，合理规划城市布局、增加对交通、通信等基础设施的财政投入，建设公共服务项目，改善基础设施条件，同时重视“软环境”建设，提升区域形象，改善经济发展的环境。[28]

1. 促进柴达木盆地交通和物流发展，缩小城乡区域差距

利用交通干线，在物流发展方面，积极引导现有物流企业向园区集中，通过资产整合、信息整合和功能整合，实现传统物流向现代化物流转型，实现物流业向专业化、多元化、规模化发展。推进流通业结构调整，实现企业体制创新，建立现代企业制度；支持流通企业充分运用现代技术，推动连锁经营、物流配送和电子商务发展，实现技术创新；推进流通企业管理制度和管理方式变革，创造具有区域特色、切合流通企业实际的现代管理模式，实现管理创新。要抓好市场体系、现代流通体系和商贸信用体系建设，充分积聚后发优势，促进商贸流通业发展。推动物流配送服务业建设，基本完成物流园区、物流中心、物流配送三级物流体系构架，形成服务便捷、配送增值的城市和农牧区生活品物流体系。

2. 促进信息化发展，提升城乡信息化水平

柴达木盆地是我国西部的偏远地区，区位劣势明显，推进电子网络经营平台的建设，能克服地域空间的限制。充分发挥柴达木盆地市区及各乡镇范围因特网基础设施的作用，利用大容量程控交换、数据通信等多种技术手段的立体化现代通信网络，全面建设盆地数字化服务业。通过数字电视的开通，扩大各行各业及城市居民家庭利用计算机、电视机、手机等终端访问因特网。建设“数字柴达木”综合信息平台，并与国内外著名搜索引擎建立相关链接，扩大信息发布功能。实施社区综合服务和社区物流配送体系的电子商务平台建设工程，扶持购物中心、超市建立网上商城。以网络为基础，以信息资源开发利用为核心，以政务信息化带动行业信息化和企业信息化；紧密结合扩大内需和市场建设，大力发展新型营销方式和新兴流通产业，提高经济效益，同时方便居民生活。

3. 城镇化建设中应当重视自然灾害预防和环境卫生工程建设

应对自然灾害方面，建设和开发中应做好地质勘察，按地质勘察报告设计施工，禁止盲目建设，防止隐患。已规划为绿地的陡坡地带，不得强行建设建筑物。各建筑区域应尽量避免大挖大填，防止次生灾害。可能产生滑坡或岩崩的陡坡、陡岩地带或其他危害现有建筑物安全的地带，应做好抗滑抗崩等防灾治理，并禁止在危险区域内建设和开发。环卫工程设施建设方面，要统筹包括垃圾转运站建设、生活垃圾的无害化处理、工业固体废弃物的收运处理、危险废物的收运、处理设施；医疗垃圾无害化处置设施、环卫车辆配置等，都必须高标准建设，不能留下污染环境的隐患。

4. 营造良好的区域创新环境

随着经济全球化和知识经济发展，区域创新已成为区域经济发展的重要动力，区域创新环境是影响一个区域获得竞争优势的决定性因素。区域创新环境是创新行为主体之间在合作与交流的基础上所形成的相对稳定的系统，是国家和区域创新政策法规、管理体制、市场和服务的统称。人才是创新的根本，改善盆地创新环境必须重视培养和引进高级专业人才，建立恰当的激励机制，为人才提供良好的职业发展平台。应重视盆地大中型工业企业的科技创新，使企业真正成为科技开发与自主创新主体，从而优

化区域创新环境。要加强对外开放的制度保障，完善招商引资的法律法规和服务体系，营造良好法制环境。完善市场机制，规范市场运行秩序，健全市场信用体系，使企业在市场经济环境中，生产更有效率，创新更有动力。[29]

五、优化产业结构，建设生态文明

生态文明是指人类既向自然索取又向自然还利，既要利用自然又要保护自然，以保持人与自然和谐共生的关系。生态文明是工业文明后的人类文明形态，是人类文明发展的一个新的阶段，它不仅要求实现人类与自然的和谐，而且要求实现人与人的和谐，是全方位的和谐。绿色经济是围绕人的全面发展，以生态环境容量、资源承载能力为前提，实现自然资源持续利用、生态环境持续改善和生活质量持续提高、经济持续发展的一种经济发展形态。生态文明建设与绿色发展密切相关，发展绿色产业，发展循环经济是柴达木地区推进新型工业化进程，优化经济结构，实现从“量”的扩张到“扩量提质”转变的必由之路。

柴达木盆地作为青海省资源富集区和循环经济先行先试区，必须尊重自然生态规律，将产业结构调整和城镇化纳入生态文明建设进程，实现产业生态化发展。切实转变发展方式，有效避免资源型区域的环境挤出效应，实现“生产发展、生活富裕、生态良好”。

柴达木盆地主要的工矿城镇，实施绿色经济发展和产业生态化必须以产业转型为基本实现途径。产业转型是资源型工矿城镇转型的核心，城镇功能转型是产业转型的前提。坚持绿色发展，尤其是促进生态农牧业、生态旅游业，生态资源加工业发展；倡导绿色消费，建设绿色城镇，促进形成节约能源资源和保护生态的产业结构和消费模式；应当提高矿产资源回采率与综合利用率，推动矿产工业的转型升级；积极发展循环经济，按清洁生产方式组织生产，推广节能、环保技术，实现资源利用的“减量化”、产品“再使用”和废弃物“资源化”的再循环。应当推进工矿旅游业发展，促进工矿城镇服务业发展，提高绿色产业对人口的集聚能力。

1. 发展生态农牧业

以资源的永续利用和生态环境保护为前提，通过食物链网络化、农业废弃物资源化，发挥资源潜力和物种多样性优势，建立良性物质循环体系，促进农牧业经济、社会、生态效益的统一。

2. 发展生态工业

根据工业结构高度化规律，柴达木盆地应当从单纯依赖化石能源转向开发利用清洁能源和可再生能源；从“资源—产品—废弃物”的单程经济模式向“资源—产品—再生资源”双程经济模式转变；提高矿产资源利用效率，提高生产过程的技术水平，延长产业链，实现生产过程的生态化，工业产品的生态化，降低资源的使用量，减少污染物排放。

3. 发展绿色服务业

在交通、商业、餐饮等服务行业，倡导绿色交通，杜绝餐桌浪费，使用可循环消耗品等理念，使城镇成为干净、环保的聚居地。

柴达木盆地通过对传统生产方式进行生态化改造，大力发展生态经济，特别是发展循环经济和绿色产业，以最有效的利用自然资源、切实保护生态环境为基础，改变生产方式，将经济社会发展建立在生态环境可以承受的基础上，在保证自然再生产的前提下扩大经济再生产，优化产业结构，提高资源利用率和环境承载力，不断增强经济实力，形成生态和经济良性循环，构建经济、社会、资源环境协调发展的经济体系，既不为加速经济发展而牺牲生态环境，也不为单纯保护环境而放弃经济发展。

六、完善相关体制机制和配套政策措施，促进城乡一体化

新型城镇化要求城乡经济社会一体化发展，不是把农村都变成城市，不是城乡一样化，而是按照城乡各自发展规律，走差别化的协调发展道路，这是新型城镇化与传统城镇化的主要区别。从本研究分析可知，柴达木盆地既存在“富饶的贫困”现象，更存在明显的城乡二元结构。柴达木盆地农牧区不仅在农牧民收入与消费水平上与城镇存在差距，在基础设施建设水平、公共服务与产业发展效率上更存在显著差异，这种二元结构不利于盆地可持续发展，也不符合小康社会建设的要求。应当完善相关体制机制，加强政策配套，促进盆地城乡一体化发展。

1. 积极落实各项政策措施

根据《国务院关于进一步推进户籍制度改革的意见》，国家户籍改革迈出了至关重要的一步。但重要的不是转换“农”和“非农”的称呼，而是所有居民权利和福利的真正平等化。柴达木盆地要统筹推进户籍制度改革与基本公共服务均等化，但户籍改革需要生产和生活领域改革做支撑，因此，一方面，要建立新型城镇化发展中的城乡平等关系、现代农牧业和现代工业与服务业的平等关系、农牧业从业人员和非农就业人员的平等关系。另一方面，要改进惠农补贴方式，提高农牧业产业补贴。

2. 实施制度创新

创新土地管理制度，以土地利用总体规划为引导，建立城乡土地资源统一优化配置的新机制。探索建立农村产权交易市场，促进农村土地使用权有序流转。改革财税体制，通过财政杠杆撬动盆地重点城镇的基础设施和公共服务设施建设，改善新型城镇化发展的“硬环境”。促进金融业发展，创新投融资模式，拓宽城镇建设投融资渠道。鼓励合作社发展，除了种植、养殖合作社外，探索养老合作社、旅游合作社、医疗合作社等，支持盆地“美丽乡村”的发展。创新资源开发补偿机制，在推进资源型工矿城镇转型发展中，加快建立以资源开发补偿机制、衰退产业援助机制和资源性产品价格形成机制为主要内容的城镇转型长效机制。①

3. 中央政府给予政策倾斜

根据2010年国务院批复实施的《柴达木循环经济试验区总体规划》，柴达木地区的定位是国家西部大开发特色优势产业基地，也是青藏高原地区重要的新型工业基地和高原特色产业发展的核心地区。② 根据全国资源型城市可持续发展规划（2013—2020年）中的分类可知，柴达木地区资源开发处于上升阶段，资源开发潜力大，对经济社会发展有保障，属于成长型城市（区域），通过规范资源开发秩序，形成一批重要矿产资源战略接

① 苏海红．加快青海资源型工矿城镇转型发展的思考［J］．青海社会科学，2013（1）．

② 李良才，孙凌宇，郭海君．中国背景下的地方循环经济发展研究报告—聚焦柴达木循环经济试验区［J］攀登，2011（5）．

续基地，将是我国能源资源的供给和后备基地。①

根据资源型城市产业多元化的政策选择理论可知，柴达木盆地属于当地矿产开发企业经营效益较好，而且区域发展了有稳定人口规模的集聚中心城市，这种区域应该在政府支持下实现资源永续开发与城市可持续发展。② 但是，拥有资源“聚宝盆”的海西州2014年地区财政收入为130.1亿元，地区财政支出则达到132亿元。因此，国家应当给予制度和政策支持，为该地区制定有针对性、倾斜的政策。

当前最重要的是以下几个方面的政策支持：一是通过转移支付帮助提高盆地公共基础设施建设水平，对于新兴产业发展和资源型企业技术改造给予专项资金支持；二是对资源收益的分配比例加以调整，留给盆地较充足的发展资金；三是提升盆地主要城市格尔木市的行政等级，可以从县级市提升为地级市。这样做不仅有助于柴达木盆地承担全国资源型城市可持续发展规划（2013—2020年）中成长型城市的重要职能，成为重要矿产资源战略接续基地，成为我国能源资源的供给和后备基地，也为柴达木盆地新型城镇化和可持续发展提供良好的发展环境，实现柴达木资源“聚宝盆”的永续开发利用。

参考文献

[1] 丁生喜，王晓鹏，诸宁扬等．海西州“美丽城镇、美丽乡村”建设研究［R］．海西州“十三五”规划研究项目，2015.

[2] 高佩义．中外城市化比较研究［M］．天津：南开大学出版社，1991.

[3] 叶裕民．中国城镇化质量研究［J］．中国软科学，2001（7）.

[4] 丁生喜，王晓鹏，诸宁扬．基于人口—经济—生态协调发展的青

---

① 中华人民共和国国务院．全国资源型城市可持续发展规划（2013—2020年）［Z］．国发［2013］45号，2013-11-12.

② 资源型城市产业多元化的政策选择理论参见本研究报告第一章。

海省新型城镇化研究［J］. 生态经济，2015，31（3）.

［5］吴颖婕. 中国生态城市评价指标体系研究［J］. 生态经济，2012（12）.

［6］沈正平. 优化产业结构与提升城镇化质量的互动机制及实现途径［J］. 城市发展研究，2013（5）.

［7］王玲杰. 新时期推进新型城镇化的路径及难点辨析［J］. 生态经济，2014（5）.

［8］联合国人居署. 和谐城市：2008/2009 世界城市状况报告［M］. 北京：中国建筑工业出版社，2008.

［9］张占斌. 新型城镇化的战略意义和改革难题［J］. 国家行政学院学报，2013（1）.

［10］陈栋生等. 区域经济学［M］. 郑州：河南人民出版社，1993.

［11］徐春. 对生态文明概念的理论阐释［J］. 北京大学学报（哲学社会科学版），2010（1）.

［12］高吉喜，等. 21 世纪生态发展战略［M］. 贵阳：贵州科技出版社，2000.

［13］孙发平，刘傲洋. "四个发展"的理论贡献与实践指导作用——青海践行科学发展观的重大创新成果［J］青海社会科学，2011（4）.

［14］李良才，孙凌宇，郭海君. 中国背景下的地方循环经济发展研究报告—聚焦柴达木循环经济试验区［J］攀登，2011（5）.

［15］苏海红. 加快青海资源型工矿城镇转型发展的思考［J］. 青海社会科学，2013（1）.

［16］熊田田. 生态文明及其构建的研究［D］武汉科技大学，2010.

［17］仇保兴. 新型城镇化：从概念到行动［J］. 行政管理改革，2012（11）.

［18］中华人民共和国国务院. 全国资源型城市可持续发展规划（2013—2020 年）［Z］. 国发［2013］45 号，2013－11－12.

［19］青海省城镇体系规划（2015—2030 年）. http：//www. qhcin. gov. cn/info/1241/2941. htm.

［20］丁生喜，王晓鹏. 青藏高原少数民族地区特色城镇化动力机制

分析—以环青海湖地区为例［J］. 地域研究与开发，2012（1）.

［21］苏海红，德青措. 依托园区构建青海特色城镇化发展研究［J］. 青海社会科学，2013（4）.

［22］邓琳. 海西州生态畜牧业发展浅议［J］. 柴达木开发研究，2013（7）.

［23］巴明德. 加快农牧业发展增加农牧民收入——海西州农牧业发展综述［J］. 柴达木开发研究，2013（5）.

［24］海西州域城镇体系规划（2013—2030），北京建工建筑设计研究院，2014 年 01 月.

［25］青海将打造 80 个“美丽城镇”，2014 年 5 月 13 日 11：00：46 来源：新华网.

［26］孙秀珊，丁生喜. 青海省科技发展水平动态评价研究［J］. 特区经济，2015（9）.

［27］国家新型城镇化规划（2014—2020 年），中央政府门户网站 www. gov. cn，2014 - 03 - 1621：20 来源：新华社.

［28］甘佩娟，丁生喜. 柴达木盆地经济可持续发展评价研究［J］. 中国农业资源与区划，2014（3）.

［29］丁生喜，王晓鹏. 青海省区域创新环境对科技创新绩效影响的实证分析［J］. 科技管理研究，2016（5）.

结论与展望

柴达木盆地是我国四大盆地之一，也是青藏高原最大的盆地。柴达木盆地区位独特，资源富集，生态脆弱。柴达木盆地是矿产资源的“聚宝盆”，是50万各民族人口集聚发展的“摇篮”，是青海省经济社会发展最具活力的区域，是青海省地方实施三江源保护的主要经济来源和财力支撑地区，是支撑全省经济社会可持续发展的重要增长极，是全省主体功能区规划的重点开发区域，承担着支撑青海省经济社会和谐发展的重任。柴达木盆地城镇化健康发展不仅关系到民族地区城镇化水平的提高，也影响全国资源能源战略保障。

但是柴达木盆地属于典型的资源型区域，通过资源开采催生的专业化工矿城镇规模小，功能单一，自我发展能力差，很容易陷入“资源陷阱”。加之盆地自然条件恶劣，产业结构不合理，资源枯竭极易导致城镇衰落，因此，科学的宏观调控对于盆地城镇化与可持续发展至关重要。

一、主要研究结论

（1）柴达木盆地是典型的资源型区域，新中国成立以来，主要依托资源开发，带动盆地工业化发展和人口增长，柴达木盆地的城市建设水平逐步提高。但盆地经济发展存在区域不平衡，盆地东部区域以农牧业为主，盆地西部以工矿业为主。柴达木盆地的城镇化以西部格尔木和东部德令哈两个城市为中心向两翼发展，形成了“哑铃状”的发展格局。

柴达木盆地城镇化各发展阶段都有“推力—拉力—阻力”耦合成的独特动力机制和发展特点：①1954—1978年，是柴达木盆地城镇化快速发展时期，特点是城镇经济和人口规模快速增长，城镇化率由1954年的11.25%上升到1978年的51.84%，工矿业生产功能突出，但城镇影响范围小。从动力机制来看，城镇化的推力主要有人口增加和农牧业发展；城镇化的拉力包括行政建制改变、交通条件改善和资源开发推动；但城镇化的阻力则有自然条件与生态环境制约和相对不利的经济区位影响。②1979—1999 年，是盆地城镇化成长期，盆地城镇化率从 1978 年的 51.84%上升到 1999 年的 63.95%，年均增长 0.19%。基本特点是城镇经济规模与人口规模有所增加，盆地城市出现工矿业生产功能与生活功能的分区，城市经济对腹地的影响开始明显。从城镇化的动力机制来看，城镇化的推力包括经济体制改革、资源型工业和农牧业发展；拉力主要包括行政区划变动和城镇基础设施水平提高；城镇化的阻力则是来自恶劣的自然生态环境和比较落后的区域交通基础设施制约。③2000—2010 年，是柴达木盆地城镇化多元化跨越发展时期，城市经济规模扩大，经济结构调整，生产生活功能在城市功能分区更加明晰，城市影响范围扩大，城镇化率稳定在 63.12%～67%。从此发展阶段城镇化动力机制来看，城镇化的推力包括西部大开发政策和区域资本合作等推动；拉力主要是城镇基础设施改善、投资软环境改善；而城镇化的阻力则包括生态环境破坏、第三产业发展规模小和人口素质较低。④“十二五”以来，是柴达木盆地城镇化的稳定成熟时期，特点是城市经济、人口规模基本稳定，城镇服务功能开始增强，城市空间环境美化，城市与周边腹地联系紧密。此阶段城镇化动力机制更加复杂，城镇化的推力主要包括新一轮西部大开发政策的推动、园区经济和循环经济发展推动、青海省主体功能区规划中将柴达木盆地作为重点开发区域，以及《柴达木循环经济试验区总体规划》上升为国家战略的推动；拉力包括第三产业发展、农牧业产业化和资源型工业结构转型；而城镇化的阻力主要是环境污染、人力资本不足、城乡二元结构、产业技术制约和水资源制约。

（2）通过建立评价指标体系，对我国各民族自治州城镇化水平进行因子分析和聚类分析结果显示，位于青藏高原柴达木盆地的海西蒙古族藏族自治州在全国 30 个民族自治州中综合城镇化水平最高；从分项指标来看，人口城镇化和经济城镇化排名在第一位，城镇化发展动力排在第三位，说明发展潜力巨大；社会城镇化水平则排在第四位，说明有待提高。通过因子分析显示，2000—2014 年柴达木盆地城镇化发展综合水平稳步上升，从 2000 年的 -3.95 上升到 2014 年的 10.22，并且 2006 年以来发展速度明显加快，说明“十一五”以来在柴达木国家级循环经济试验区建设带动和各项政策的支持下，柴达木盆地城镇化发展态势良好。但从城镇化各因子变动来看，经济基础始终是支撑城镇化的重要贡献因素，科技教育和居民生活质量因子贡献较小，说明柴达木盆地城镇化单纯靠经济拉动远远不够，需要通过提升科技教育水平和改善居民生活质量方面提升城镇化质量。

（3）柴达木盆地是典型的资源型区域，在资源开发推动下的城镇化进程与产业结构发展并不协调，柴达木盆地仍然是资源型产业占主导，第二产业占 GDP 比重过高，资源挤出效应导致第三产业发展比较缓慢，产业结构演进明显滞后于城镇化的发展。

①运用因子分析法计算出柴达木盆地新型工业化水平在逐年提升，其中经济规模因子对新型工业化贡献较大，但是人力资源因子以及科技因子对新型工业化发展的贡献较小。说明目前的新型工业化还主要依赖外延扩大再生产，依赖增加投资规模驱动发展，新型工业化的重要影响因素人力资源和科技没有发挥应有的作用，新型工业化才刚刚起步。

②从柴达木盆地城镇化与服务业发展的相关性研究结果来看，服务业发展水平提升能够有效促进盆地城镇化质量提高，两者存在密切的相关性。但是盆地服务业产值比重小，比较劳动生产率低，第一层次服务业产值占服务业总产值比重较大，服务业内部结构比较落后。从服务业动态发展变化来看，虽然总体水平有所上升，但是受到资源型区域就业挤出效应的影响，服务业规模和就业人口没有逐步增长，制约盆地服务业发展和城镇化水平提高。

③通过运用多元统计中的因子分析法，测算出西部大开发以来柴达木盆地农牧业现代化发展水平指数逐步上升，其中农业机械化与产业化因子是农业现代化的最主要影响因子，农业科技水平与信息化因子的贡献先上升后下降。柴达木盆地城镇化与农牧业现代化水平有显著正相关关系。但从两者发展的协调度来看，“十一五”以前，农业现代化滞后于城镇化发展，随后逐步协调。说明要保障柴达木盆地新型城镇化实现，必需持续提高农牧业现代化发展水平。

（4）通过对柴达木盆地社会经济发展现状的综合分析，筛选出 37 个与社会经济可持续发展关系较为密切的评价指标，并根据其相互关系构成多层次分析模型，采用主成分分析方法对柴达木盆地社会经济可持续发展进行评价，结果表明西部大开发以来柴达木盆地可持续发展总体水平稳定上升。也说明未来柴达木盆地经济可持续发展一定由过去依靠总量规模增加转向依靠产业结构调整、人力资源和社会基础设施条件改善来实现。

①结合人口资源环境承载力理论，从人口经济活动支撑力、资源供给支持力、生态环境承载力三个方面构建评价指标体系，运用分层构权 GP-CA 模型测算的结果表明，柴达木重点开发区域人口资源环境承载力综合指数总体优于青海东部重点开发区域，未来发展潜力比较大。自西部大开发以来，柴达木盆地人口资源环境承载力综合指数逐年上升，其中人口经济活动支撑力指数稳定增加，资源供给支持力指数不稳定，生态环境承载力指数则出现缓慢下降趋势，不容乐观。柴达木盆地综合承载力较好的是盆地西部的工矿业区，包括格尔木市、冷湖镇、茫崖镇、大柴旦镇；综合承载力较差的是盆地东部农牧业经济区，包括德令哈市、都兰县、乌兰县和天峻县。这种显著差距主要是地区间产业结构差异所致，位于盆地西部的工矿业区人口较少，主要从事资源加工业，经济承载力较强；东部农牧业区人口较多，产业结构以农牧业为主，经济承载力偏弱。

②运用生态足迹模型，计算出柴达木盆地人均生态足迹需求与生态足迹供给水平都高于全国平均水平，目前存在生态赤字。从需求足迹构成来看，化石燃料用地生态足迹占到盆地总生态足迹的 93.9%，如果不考虑化石燃料生态足迹，则柴达木盆地存在人均生态盈余。总体来看，柴达木盆地资源型工业是导致生态赤字的根本原因。自西部大开发以来，柴达木盆地各区域的万元 GDP 生态足迹都处于下降的趋势，表明柴达木盆地资源利用效率逐步提高，社会生产生活方式正在改进，但盆地东部农牧业县由于产业结构比较落后，技术水平较低，造成该区域万元 GDP 生态足迹明显高于盆地西部工矿业区。

（5）通过柴达木盆地新型城镇化的外部环境分析可知，青海省城镇空间分布与发展不均衡，省会城市极化效应显著影响柴达木盆地盆地城镇化发展；县域经济发展水平滞后于城市地区，基本公共服务不平衡；城镇体系等级结构不合理，城市功能发挥不足；柴达木资源型区域存在“富饶的贫困”现象。柴达木盆地新型城镇化发展的制约因素主要有：产业结构不合理；生态环境承载力下降；科技投入不足；基础设施建设水平低；城乡二元结构明显；社会公共服务设施不完善；自然条件和区位劣势，影响区域城镇化发展。

（6）柴达木盆地新型城镇化发展应当坚持的基本原则：一是预防和化解“资源诅咒”的传导机制，控制资源的财富挤出效应，改变资源的产业挤出效应，监督资源开采引发寻租效应，减轻资源的技术和人才挤出效应，防止资源的消费挤出效应，减轻资源的环境挤出效应；二是预防和避免陷入资源性经济衰退；三是坚持绿色发展，保护盆地生态安全。

柴达木盆地应当根据区域资源特点、人口分布、产业基础和资源环境综合承载力水平差异，来选择新型城镇化路径。盆地总体新型城镇化发展路径为“双中心型发展”，即合理规划格尔木市、德令哈市的城市功能定位，建立合理的分工协作机制，提升中心城市的集聚效应和扩散作用，更好地带动区域经济的发展；盆地西部工矿城镇新型城镇化发展路径为“产城一体化发展”，重视发展资源型特色产业，用“新四化”的思路来规划园区的发展；盆地东部新型城镇化发展路径为“文化旅游服务驱动特色城镇发展”；盆地腹地规模较小的乡镇实施功能完善独立单元“点－轴”发展路径。提出柴达木盆地新型城镇化发展的保障措施，一是加强科技人才队伍的建设，提升人力资源质量；二是强化社会服务和行政管理；三是重视小城镇建设，为劳动力就近转移提供平台；四是完善基础设施建设，改善经济发展环境；五是优化产业结构，建设生态文明；六是完善相关体制机制和配套政策措施，促进城乡一体化。

二、研究中的不足与后续研究展望

通过本书开展《柴达木盆地城镇化发展现状与制约因素研究》，系统梳理了新中国成立以来柴达木盆地城镇化发展的历史脉络，系统分析了柴达木盆地各历史阶段城镇化发展的动力机制与现状特点。特别实施了西部大开发以来，柴达木盆地城镇化与三次产业发展协调性实证分析，柴达木盆地可持续发展能力测度，柴达木盆地人口资源环境综合承载力水平评价以及生态足迹分析。通过柴达木盆地城镇化发展外部环境与制约因素系统分析，提出了柴达木盆地新型城镇化发展的原则、思路、路径与对策。

在本书中，将海西州与全国其他民族自治州城镇化水平进行了对比研究，并将柴达木盆地与具有相似特征并且同处西部的资源型区域内蒙古自治区鄂尔多斯市、新疆自治区克拉玛依市和甘肃省酒泉市进行GDP、人均GDP、产业结构、就业结构以及城乡居民收入水平的对比分析。但没有将柴达木盆地与国内其他资源型区域进行发展水平综合评价，原因一是掌握资料有限，系统分析缺乏数据支持；二是各资源型区域发展差异性很大，也很难用同一套指标体系去衡量，这是本研究中的不足之处。

柴达木盆地新型城镇化是一个受到多因素干扰的动态过程，从目前情况来看，特别需要对柴达木盆地绿色经济发展开展系统的定量分析与评价，对柴达木盆地城镇化发展过程中农牧民市民化问题开展深入分析，尤其需要对柴达木盆地经济发展与环境污染的关系问题进行全面分析。以上问题都是在本书研究过程中逐步发现的，也是今后本团队将要持续进行研究的重要领域。

附件1　关于“柴达木盆地城镇发展”问题的调查问卷

【调查问卷目的说明】：

您好！我们是青海大学师生。这次调查的目的在于对柴达木盆地城镇发展质量进行研究。每题都没有标准答案，请在符合您情况或意见的选项前方框处画“√”。本次调查不署名，希望您在填写时不要有任何顾虑。谢谢您在百忙之中抽出时间，为我们填写这份问卷！

1. 您的年龄：

□16～20岁　□21～30岁　□31～40岁　□41～50岁

□50岁以上

2. 您目前的就业情况：

□种植业　□畜牧业　□服务业（商业、餐饮、运输、劳务等）

□工矿企业　□政府或事业单位　□其他

3. 您的民族：

□汉族　□藏族　□蒙古族　□其他少数民族

4. 您的月平均收入是：

□1500元以下　□1501～2000元　□2001～3000元

□3000元以上

5. 您在本城镇的户口和居住情况：

□无本地户口，临时居住　□无本地户口，长期居住

□有本地户口，长期居住　□其他

6. 您对本城镇自然环境条件的评价：

□满意　□比较满意　□基本满意　□不满意

7. 您对本城镇的空气质量是否满意：

□满意　□比较满意　□基本满意　□不满意

8. 您对本城镇绿化是否满意：

□满意 □比较满意 □基本满意 □不满意

9. 您对本城镇规划设计布局的评价：

□满意 □比较满意 □基本满意 □不满意

10. 您对本城镇环境卫生条件的评价：

□满意 □比较满意 □基本满意 □不满意

11. 您对近几年本城镇面貌总体评价：

□有明显改善 □有一定改善 □没有改变

12. 您对本城镇的教育条件是否满意：

□满意 □比较满意 □基本满意 □不满意

13. 您对本城镇的医疗条件是否满意：

□满意 □比较满意 □基本满意 □不满意

14. 您对本城镇的文化休闲设施是否满意：

□满意 □比较满意 □基本满意 □不满意

15. 您对本城镇的供水供电条件是否满意：

□满意 □比较满意 □基本满意 □不满意

16. 您对本城镇公共交通条件是否满意：

□满意 □比较满意 □基本满意 □不满意

17. 您对本城镇金融、通信服务网点布局的评价：

□满意 □比较满意 □基本满意 □不满意

18. 您对本城镇的社会治安是否满意：

□满意 □比较满意 □基本满意 □不满意

19. 您对本城镇政府管理水平的评价：

□满意 □比较满意 □基本满意 □不满意

20. 您对本城镇行政部门服务质量的评价：

□满意 □比较满意 □基本满意 □不满意

21. 您对本城镇政府的政策落实执行情况评价：

□满意 □比较满意 □基本满意 □不满意

22. 近几年您的收入水平变化情况：

□收入提高 □收入不变 □收入下降

23. 您对本城镇近几年居民社会保障水平变化的评价：

□有明显提高　　□没有变化　　□下降

24. 您认为本城镇居民社区生活是否便利：

□十分便利　　□一般　　□生活很不方便

25. 近几年您的生活质量变化情况：

□有明显提高　　□没有变化　　□下降

26. 您对本城镇基本物价水平的评价：

□物价太高　　□物价一般　　□物价较低

27. 您对本城镇房价水平的评价：

□房价太高，负担重　　□一般，能够承受　　□房价较低

28. 您对于进城务工和居住的农牧民的态度：

□接纳　　□排斥　　□无所谓

29. 您认为本城镇面临最主要的发展问题是：（可以选多个答案）

□位置偏僻，交通不便　　□生活服务设施不完善，生活不方便

□城镇规模小，没有吸引力　　□环境污染严重

□就业机会少　　□乡村发展落后，影响城镇形象

□自然环境恶劣　　□其他（请写在此处：　　）

30. 您想离开本城镇到其他城市定居吗？

□想　　□不想　　□不确定

问卷至此结束，如果您还有哪些想法或建议，请写在下面的空白处：

附件2　关于“柴达木盆地乡村发展”问题的调查问卷

【调查问卷目的说明】：

您好！我们是青海大学师生。这次调查的目的在于对柴达木盆地乡村发展质量进行研究。每一道题都没有标准答案，请在符合您情况或意见的选项前的方框处画“√”。本次调查不署名，希望您在填写时不要有任何顾虑。谢谢您在百忙之中抽出时间，为我们填写这份问卷！

1. 您的年龄：

□16～20岁　□21～30岁　□31～40岁　□41～50岁

□50岁以上

2. 您的就业情况：(可以选多个答案)

□种植业□畜牧业　□服务业（商业、餐饮、运输、劳务等）

□工矿企业　□政府或事业单位　□其他

3. 您的民族：

□汉族　□藏族　□蒙古族　□其他少数民族

4. 您的月平均收入是：

□1000元以下　□1001～2000元　□2001～3000元

□3000元以上

5. 您在本地乡镇的户口和居住情况：

□无户口，临时居住　□无户口，长期居住　□有户口，长期居住

□其他

6. 您对本地乡镇自然环境条件的评价：

□满意　□比较满意　□基本满意　□不满意

7. 您对本地乡镇的空气质量是否满意：

□满意　□比较满意　□基本满意　□不满意

8. 您对本地乡镇绿化是否满意：

□满意　□比较满意　□基本满意　□不满意

9. 您对本地村庄规划布局的评价：

□满意　　□比较满意　　□基本满意　　□不满意

10. 您对本地乡镇环境卫生条件的评价：

□满意　　□比较满意　　□基本满意　　□不满意

11. 您对目前所在乡镇居住环境条件的评价：

□满意　　□比较满意　　□基本满意　　□不满意

12. 您对本地乡镇的教育条件是否满意：

□满意　　□比较满意　　□基本满意　　□不满意

13. 您对本地乡镇的医疗条件是否满意：

□满意　　□比较满意　　□基本满意　　□不满意

14. 您对本地乡镇金融、信息、生活服务网点的评价：

□满意　　□比较满意　　□基本满意　　□不满意

15. 您对本地乡镇的供水供电质量是否满意：

□满意　　□比较满意　　□基本满意　　□不满意

15. 您对本地乡镇交通条件的评价：

□满意　　□比较满意　　□基本满意　　□不满意

16. 您对本地乡镇的文化休闲设施是否满意：

□满意　　□比较满意　　□基本满意　　□不满意

17. 您认为本地农牧民在乡镇生活是否便利：

□十分便利　　□一般　　□生活很不方便

18. 您对本地乡镇的社会治安是否满意：

□满意　　□比较满意　　□基本满意　　□不满意

19. 您对本地乡镇政府工作效率的评价：

□效率高　　□比较满意　　□基本满意　　□效率低

20. 您对本地乡镇政府各部门服务质量的评价：

□满意　　□比较满意　　□基本满意　　□不满意

21. 您对本地乡镇政府的政策落实执行情况评价：

□满意　　□比较满意　　□基本满意　　□不满意

22. 您对近几年当地农牧民的收入水平变化情况：

□收入提高　　□收入不变　　□收入下降

23. 您对近几年本地农牧民社会保障水平变化的评价：

□有明显提高　　□没有变化　　□下降

24. 您对近几年本地农牧区生活物资市场供应情况的评价：

□供应充足，购买方便　　□供应基本充足，购买基本方便

□供应不足，购买不便

25. 您的闲暇时间主要是：

□看电视　　□进城闲逛　　□打牌打麻将　　□上网

□阅读报刊杂志　　□参加辅导或培训　　□体育锻炼　　□其他

26. 您所在乡镇条件改善明显的是：

□教育条件　　□医疗卫生条件　　□交通基础设施

□电力、通信条件　　□文化娱乐条件　　□环境卫生　　□其他

27. 近几年您的生活质量变化情况：

□有明显提高　　□没有变化　　□生活质量下降

28. 您对近几年本地农牧区和城镇发展差距的评价：

□差距拉大　　□差距缩小　　□没有明显差距

29. 您认为本地乡镇面临最主要的发展问题是：（可以选多个答案）

□远离城镇，交通不便　　□基础设施落后　　□乡镇规模小，生活不方便

□环境污染严重　　□乡镇管理落后　　□就业机会少，收入水平低

□自然环境恶劣　　□其他（请写在此处：　　）

30. 您想离开本地乡镇到其他城镇定居吗？

□想　　□不想　　□不知道

问卷至此结束，如果您还有哪些想法或建议，请写在下面的空白处：

人名索引表

重要术语索引表

目录